臺灣歷史與文化 研究輯刊

十四編

第 13 冊

志賦、試賦與媒體賦
——臺灣賦之三階段論述(下)

王淑蕙 著

花木蘭文化事業有限公司

國家圖書館出版品預行編目資料

志賦、試賦與媒體賦——臺灣賦之三階段論述（下）／王淑蕙
著 — 初版 — 新北市：花木蘭文化事業有限公司，2018〔民
107〕
目 6+172 面；19×26 公分
（臺灣歷史與文化研究輯刊十四編；第 13 冊）
ISBN 978-986-485-596-4（精裝）
1. 賦 2. 文學評論 3. 臺灣
733.08   107012702

ISBN-978-986-485-596-4

9 789864 855964

臺灣歷史與文化研究輯刊
十四編　第十三冊   ISBN：978-986-485-596-4

志賦、試賦與媒體賦
——臺灣賦之三階段論述（下）

作　　者　王淑蕙
總 編 輯　杜潔祥
副總編輯　楊嘉樂
編　　輯　許郁翎、王筑　美術編輯　陳逸婷
出　　版　花木蘭文化事業有限公司
發 行 人　高小娟
聯絡地址　235 新北市中和區中安街七二號十三樓
　　　　　電話：02-2923-1455／傳眞：02-2923-1452
網　　址　http://www.huamulan.tw 信箱 hml 810518@gmail.com
印　　刷　普羅文化出版廣告事業
初　　版　2018 年 9 月
全書字數　272504 字
定　　價　十四編 16 冊（精裝）台幣 38,000 元

志賦、試賦與媒體賦
——臺灣賦之三階段論述（下）

王淑蕙 著

目

次

上　冊

第一章　緒　論 …………………………………………… 1

　第一節　研究動機 …………………………………… 1

　第二節　文獻回顧 …………………………………… 2

　　一、單篇論文 …………………………………… 3

　　二、學位論文 …………………………………… 8

　第三節　論題意識與研究方法 ……………………… 10

　　一、論題意識的提出 …………………………… 10

　　二、研究範疇 …………………………………… 12

　　三、研究方法 …………………………………… 16

　第四節　論述架構 …………………………………… 18

　　一、「志賦」階段 ……………………………… 18

　　二、「試賦」階段 ……………………………… 19

　　三、「媒體賦」階段 …………………………… 20

第二章　以賦佐志——沈光文〈臺灣賦〉、季麒光
　　　　〈客問〉 …………………………………… 21

　第一節　沈光文之賦作特色 ………………………… 24

　　一、踏察緣起與賦作特色 ……………………… 24

　　二、「以賦佐志」之肇始 ……………………… 26

第二節　〈客問〉之版本、體裁與模擬 ⋯⋯⋯⋯ 37

一、〈客問〉之刪減與佐志 ⋯⋯⋯⋯⋯⋯⋯ 38

二、【六條】版與《蓉洲》版 ⋯⋯⋯⋯⋯ 45

三、臺灣現存最早之「七」體 ⋯⋯⋯⋯⋯ 50

四、承繼沈光文之創作精神 ⋯⋯⋯⋯⋯⋯ 56

第三章　志賦之收錄與書寫 ⋯⋯⋯⋯⋯⋯⋯ 61

第一節　臺灣志賦之肇始 ⋯⋯⋯⋯⋯⋯⋯ 63

一、賦之地理情懷 ⋯⋯⋯⋯⋯⋯⋯⋯⋯ 63

二、《大清一統志》與臺灣志賦 ⋯⋯⋯⋯ 65

第二節　志賦收錄準則 ⋯⋯⋯⋯⋯⋯⋯⋯ 69

一、〈藝文志〉收錄賦作準則 ⋯⋯⋯⋯ 70

二、〈凡例〉收錄賦作準則 ⋯⋯⋯⋯⋯ 72

第三節　以賦佐志之書寫特色 ⋯⋯⋯⋯⋯ 77

一、以賦代序——王必昌〈臺灣賦〉 ⋯ 79

二、以賦佐志——卓肇昌〈臺灣形勝賦〉 ⋯ 82

三、以賦代志——屠繼善〈遊瑯嶠賦〉 ⋯ 85

四、從官方賦到私人賦 ⋯⋯⋯⋯⋯⋯⋯ 87

第四章　以賦佐治——鄭逆與王師之敘事模式 ⋯ 93

第一節　鄭逆、王師與盛世（聖世） ⋯⋯ 96

一、重塑鄭成功在臺形象 ⋯⋯⋯⋯⋯⋯ 96

二、王師與聖世論述 ⋯⋯⋯⋯⋯⋯⋯ 102

第二節　宦臺賦家之敘事模式 ⋯⋯⋯⋯⋯ 103

一、以「文德教化、王師」締造「大一統」
的敘事模式——以「學」為背景的林謙光
〈臺灣賦〉 ⋯⋯⋯⋯⋯⋯⋯⋯⋯⋯ 105

二、開創「鄭逆、王師與聖世」的敘事模式
——以「治」為背景的高拱乾〈臺灣賦〉
⋯⋯⋯⋯⋯⋯⋯⋯⋯⋯⋯⋯⋯⋯ 107

三、「王師」與「大一統」的敘事模式
——以「軍」為背景的周澎〈平南賦〉· 109

四、以客觀史筆寫「鄭史」與「王師」
——以「史」為背景的王必昌〈臺灣賦〉
⋯⋯⋯⋯⋯⋯⋯⋯⋯⋯⋯⋯⋯⋯ 113

　　　五、「鄭逆」形象與孟子「王師」說之敘事

　　　　模式分析 ……………………………………… 114

　　第三節　臺籍賦家「鄭逆與王師」之運用 ……… 116

　　　一、淡化鄭清對抗──李欽文〈紅毛城賦〉、

　　　　〈赤嵌城賦〉 ………………………………… 116

　　　二、肯定鄭氏、簡化對抗敘事 ………………… 118

　　　三、總結臺籍賦家作品之「鄭逆」形象 ……… 120

第五章　以賦取士──試賦形成之原因與背景 … 123

　　第一節　文教政策與試賦發展 …………………… 125

　　　一、科考名額與寄、冒籍政策 ………………… 127

　　　二、試集編纂與官方創作意識 ………………… 131

　　第二節　書院對試賦教育的養成 ………………… 137

　　　一、童蒙與習賦教育 …………………………… 138

　　　二、專攻科考的賦學教育 ……………………… 139

　　第三節　科舉仕宦與試賦創作 …………………… 144

　　　一、「臺字號」的官場觀感 …………………… 146

　　　二、寧為臺紳 …………………………………… 149

　　　三、影響賦作保存之因 ………………………… 150

下　冊

第六章　試賦準則與題韻關係 …………………… 153

　　第一節　試賦之御定準則 ………………………… 156

　　　一、宗唐為正路 ………………………………… 157

　　　二、清真雅正的風尚 …………………………… 159

　　第二節　御定準則與題韻關係 …………………… 164

　　　一、宗唐的運用 ………………………………… 164

　　　二、典實的運用 ………………………………… 172

　　第三節　試賦與臺灣賦發展之關係 ……………… 179

　　　一、試賦對志賦書寫的影響 …………………… 180

　　　二、抑制作家的創作自主 ……………………… 183

　　　三、偏離「清真雅正」──李逢時〈銅貢賦〉

　　　　………………………………………………… 185

第七章　超越御定準則之生命書寫——曹敬賦之
　　　　「仕」與「隱」⋯⋯⋯⋯⋯⋯⋯⋯⋯ 187
　第一節　艱難的應舉之路——清代臺灣文人的
　　　　　共同經歷⋯⋯⋯⋯⋯⋯⋯⋯⋯⋯⋯ 188
　　一、生逢「科舉累人」之世⋯⋯⋯⋯⋯⋯ 189
　　二、曹敬、洪繻、陳宗賦賦作的主題偏好⋯ 191
　　三、「仕進」與「隱逸」⋯⋯⋯⋯⋯⋯⋯⋯ 193
　第二節　理想自我與反向作用⋯⋯⋯⋯⋯⋯ 196
　　一、實現「理想自我」的法則⋯⋯⋯⋯⋯ 197
　　二、壓力下的「反向作用」⋯⋯⋯⋯⋯⋯ 201
　第三節　王佐之材與兩種隱逸⋯⋯⋯⋯⋯⋯ 204
　　一、「餘暇」而「學成」——〈種蕉學書賦〉 204
　　二、王佐之材——〈夏雨雨人賦〉、〈白蓮賦〉
　　　⋯⋯⋯⋯⋯⋯⋯⋯⋯⋯⋯⋯⋯⋯⋯⋯ 205
　　三、兩種隱逸——〈淵明歸隱賦〉、〈濠上觀魚
　　　賦〉（之二）⋯⋯⋯⋯⋯⋯⋯⋯⋯⋯⋯ 206

第八章　御令與神諭——日治時期鸞賦之「批判
　　　　殖民」與「代天治民」⋯⋯⋯⋯⋯⋯ 213
　第一節　鸞賦發展的時代背景⋯⋯⋯⋯⋯⋯ 216
　　一、舊記憶與新連結⋯⋯⋯⋯⋯⋯⋯⋯⋯ 216
　　二、隱身寺廟的菁英⋯⋯⋯⋯⋯⋯⋯⋯⋯ 218
　第二節　批判與抵抗意識⋯⋯⋯⋯⋯⋯⋯⋯ 223
　　一、「緬懷前清」與「批判現況」⋯⋯⋯⋯ 224
　　二、抵抗意識——無道則隱⋯⋯⋯⋯⋯⋯ 227
　第三節　延續前清志業——鸞賦中的「代天治民」
　　　⋯⋯⋯⋯⋯⋯⋯⋯⋯⋯⋯⋯⋯⋯⋯⋯ 228
　　一、著書留名⋯⋯⋯⋯⋯⋯⋯⋯⋯⋯⋯⋯ 230
　　二、由人爵而天爵⋯⋯⋯⋯⋯⋯⋯⋯⋯⋯ 231
　　三、代天治民⋯⋯⋯⋯⋯⋯⋯⋯⋯⋯⋯⋯ 235

第九章　以賦寫志——後科舉時代之報刊雜誌賦· 239
　第一節　頌揚與依附——臺籍文人之日資報刊
　　　　　雜誌賦（一）⋯⋯⋯⋯⋯⋯⋯⋯⋯ 241
　　一、頌揚⋯⋯⋯⋯⋯⋯⋯⋯⋯⋯⋯⋯⋯⋯ 242
　　二、依附⋯⋯⋯⋯⋯⋯⋯⋯⋯⋯⋯⋯⋯⋯ 245

第二節　抑鬱與悲秋——臺籍文人之日資報刊
　　　　雜誌賦（二）……………………… 247
　　一、日籍文人賦評與賦作——「文曲意悲」
　　　　的審美意識 ………………………… 248
　　二、臺籍文人賦作——「神女」與「傷春、
　　　　悲秋」書寫的發揚 ………………… 251
第三節　沈潛與昂揚——臺籍文人之臺資報刊
　　　　雜誌賦 ………………………………… 256
　　一、沈潛與自信 ……………………… 257
　　二、昂揚與奮發 ……………………… 259
第十章　結　　論 ……………………………… 263
　　一、研究成果 …………………………… 263
　　二、研究價值 …………………………… 268
　　三、未來展望 …………………………… 270
參考書目 ………………………………………… 273
附錄一　開臺舉人蘇峨（1639～1698）墓誌銘全文
　　　　………………………………………… 289
附錄二　賴世觀（1857～1918）〈玉壺冰賦〉 … 293
附錄三　黃爾璇〈春山如笑賦〉 ……………… 295
附表一　清代臺灣方志〈凡例〉與賦作收錄表… 297
附表二　目前所見日治時期臺灣報刊雜誌賦列表 303
附表三　目前所見臺灣鸞賦列表……………… 317

第六章　試賦準則與題韻關係

　　唐代實施科舉取士制度，出身庶民的士子，只要肯下苦功，便有機會改善原本的生活與地位，改變六朝以來「上品無寒門，下品無士族」僵化的社會結構，促進社會階層的流動。賦作為唐代科舉考試其中一項，於有限的應試、閱卷時間，與力求絕對公平、防止預作的考量下，發展出：對偶、限韻、起首點題的律賦形式。康熙帝學唐以律賦取士，因此清代賦集、賦選、賦論、賦話、賦格各類選本空前繁盛。各類選本，有針對科舉應試的館閣賦抄者，亦有各別賦家的賦學研究心得，林林總總，不勝枚舉。然而現存清代臺灣賦學文獻，無論是館閣作品，或者是方志收錄「塾規、學約、學規」等士子習賦、作賦之教導，多止於「入門」或「大方向」的指引，未有更深入的論述。

　　賦作為應試項目，臺灣施行科舉多年始終未能孕育出「一家之言」的賦論，並非單一因素。首先，初期移民甘冒黑水溝的凶險，自中原閩粵地區渡海來臺，多出自於嚮往臺地富庶生活改善生計的目的〔註1〕，應試意願普遍不高。隨著經濟環境的改善，富戶為子弟延聘內地師資到府授課，形成應試風氣，但整個科舉應試所費不貲，根據日本宮崎市定教授的估計，明末清初，考取舉人進士的過程，大約花費百萬臺幣左右。〔註2〕其次，科舉應試在臺施

行的時間不夠長，乾隆二十年（1755）「嚴禁冒籍應考條例碑」之前本地考生不多，閩粵考生以寄冒籍的方式頂替臺生應試者層出不窮，因此嚴格來說，從乾隆二十年（1755）臺籍士子大量出現之前，至乙未（1895）割臺取消科舉為止，總計臺生大量投入賦學領域的時間僅百餘年。由於本地士人投入科舉的時間晚，前後又僅僅百餘年的時間，缺乏蘊釀豐富賦集、賦選、賦論、賦話、賦格等的客觀條件。

現存清代臺灣律賦（含志賦 7 篇）約有 74 篇，由於志賦與試賦之創作動機與目的不同，於此暫時排除 7 篇志賦，僅以 67 篇律賦為主要研究對象。此 67 篇律賦又可分為官方與私人賦集兩大類。官方有（《瀛州校士錄》6 篇及 3 篇試賦〔註3〕）共 9 篇〔註4〕，私人賦集以曹敬（1818～1859）〔註5〕20 篇、

例如，得了進士之後，要送禮給老師，要送小費給當差報喜訊的，這些加起來，根據日本宮崎市定教授的估計，在明末清初，想做一個生員，生員的階級不算，考舉人進士的話，至少要紋銀六百萬兩才可。所以說，唸書不是光靠螢雪之功。六百萬兩銀子大概有多少錢呢？……換算成新台幣的話，大概要一百多萬元。」林衡道口述，楊鴻博整理：《鯤島探源：台灣各鄉鎮區的歷史與民俗》，《貳》（臺北：稻田，1996 年 5 月），頁 951～2。

〔註3〕 現存三篇清代臺灣應舉試賦，分別是：道光二十七年（1847）曹敬 31 歲，以〈露香告天賦〉（以「知我者其天乎」為韻）經當時學政取錄為一等一名，成為增生。光緒三年（1877）丘逢甲 14 歲，以〈窮經致用賦〉（以題為韻）應試該年臺灣府學閩粵經古科，經主考官取錄為第二名。光緒年間賴世觀以〈玉壺冰賦〉（以「一片冰心在玉壺」為韻），得縣試首覆第四名。按：賴世觀（1857～1918），現存律賦〈玉壺冰賦〉（以「一片冰心在玉壺」為韻）一首，此賦原未被《全臺賦》、《臺灣賦集》二書收錄，〈玉壺冰賦〉全文詳見：附錄二。賴辰雄主編，〈嘉義賴家開臺五世祖賴世觀傳記（1857～1918）〉《法曹詩人壺仙賴雨若詩文全集》，頁 17。

〔註4〕 清代臺灣方志〈藝文志〉收錄以律賦形式寫志賦者，共有 7 篇：王必昌〈澎湖賦〉（以「雲島接連風潮無極」為韻）、卓肇昌〈臺灣形勝賦〉（以「化日普照，聖澤無涯」為韻）、〈鳳山賦〉（以「碧霄盼來儀」為韻）、〈三山賦〉（以「瓊臺瑤島，金城玉關」為韻）、陳洪圭〈秀峰塔賦〉（以「騰蛟起鳳，紫電清霜」為韻）、鍾天佑〈庚寅恆春考義塾賦〉（以「二月十二當堂考課」為韻）、康作銘〈瑯嶠民番風俗賦〉（以「性情言語彼此不同」為韻）。這 7 篇均屬臺灣律賦之研究範疇，然而志賦作者有其特殊之創作目的，如「志載藝文，務關治理，苟有裨於斯郡，宜無美而不收。」（〔清〕高拱乾纂輯，〈凡例〉，《臺灣府志》，（臺北：文建會，2004 年 11 月），頁 46。）「雜文、詩、賦必於風土有相關涉、文足傳世者，始為採入；非是，雖有鴻儒著述，不登焉。」（〔清〕王禮主修，〈凡例〉，《臺灣縣志》，（臺北：文建會，2005 年 6 月），頁 35。）

〔註5〕 凡本文所引之臺灣文人生卒年，均引自施懿琳、廖美玉主編，《臺灣古典文學大事年表‧文人索引》（臺北：里仁書局，2008 年 11 月），頁 755～797。

洪繻（1867～1929）13 篇〔註6〕、陳宗賦（1864～1928）19 篇爲主〔註7〕。以及少部分的私人賦作，如施瓊芳（1815～1868）2 篇、鄭用錫（1788～1858）1 篇、陳維英（1811～1869）1 篇、李逢時（1829～1876）1 篇、丘逢甲（1864～1912）1 篇〔註8〕，總計 67 篇。

　　清代臺灣賦深受科舉應試影響而以律賦形式爲主，本章第一節首先論述**試賦之御定準則**，官方志書刊載康、雍、乾三帝對全國考官、考生諭令「宗唐」與「清眞雅正」的拔文準則，以及「塾規、學約、學規」等，教導學子習賦、作賦準則。於力求功名的時代氛圍下，上有所求，下必從之。因此第二節論述「**御定準則與題韻關係**」，依「宗唐」與「清眞雅正」爲準則，分析現存 67 篇律賦之命題、限韻趨向。由於「清眞雅正」是含賦在內的所有試文，檢視現存相關臺灣文獻，並無「清眞雅正」如何落實於賦作的記載，本文以乾隆年間朱一飛《國朝律賦揀金錄註釋・賦譜》的論述說明之。清代臺灣賦既以律賦爲主，句法、結構、限韻等均有極其嚴謹的科場限制，加上必須符合「宗唐」與「清眞雅正」的拔文準則，必然產生抑制賦家自主創作的問題，故於第三節論述「**試賦與臺灣賦發展之關係**」。

〔註6〕　洪繻律賦共有 17 篇，由於洪氏作品多有標示創作年月，其中明確標示創作時間的，清光緒十一年（1885）閏四月初四日的〈澎湖賦〉，至清光緒二十年（1894）十一月十八夜半的〈西螺柑賦〉，共有律賦 13 篇。本文既以御定拔文準則，論述清代臺灣律賦「題、韻」之設計，因此僅選取割臺前之 13 篇律賦。
　　　　又洪氏未標識日期的 4 篇律賦，其中 3 篇以李白入典的賦作，即〈李白春宴桃李園賦〉（以題爲韻）一、〈李白春宴桃李園賦〉（以題爲韻）二、〈采香徑賦〉（以「吳王宮裏西施」爲韻）未標示日期，此三篇引李白詩文爲韻的賦作，很有可能寫於日治之時，因此不便列入清代試賦的討論範圍。〔唐〕李白〈烏棲曲〉：「姑蘇臺上烏棲時，吳王宮裏醉西施。」《全唐詩》5 冊 162 卷（北京：中華書局，1990 年 2 月），頁 1682。
〔註7〕　陳宗賦與洪繻同爲橫跨清、日兩代的賦家，洪繻賦作因習慣標示日期，因此容易推測寫於清代之賦作，陳宗賦現存賦作 20 篇，其中或有寫於日治之後的，但因無法判斷因此只得將陳賦全納入清代臺灣賦的討論範圍。
〔註8〕　施瓊芳 2 篇：〈海旁蜃氣象樓臺賦〉（以題爲韻）、〈廣學開書院賦〉（以題爲韻）；鄭用錫 1 篇：〈謙受益賦〉（以「謙卦六爻皆吉」爲韻）；陳維英 1 篇：〈賣花聲賦〉（以「一竿紅日賣花聲」爲韻）；李逢時 1 篇：〈銅貢賦〉（以「銅貢立文魁區賦」爲韻）；丘逢甲本有 2 篇：〈窮經致用賦〉（以題爲韻）因屬試賦，故歸於官方一類，私人的部分爲〈澎湖賦〉（以「洗盡甲兵長不用」爲韻）刊於《臺灣文藝叢誌》第二年第二號〈臺灣名人遺稿〉單元，發行日爲大正 9 年（1920）5 月 15 日，雖然刊行日已進入日治，然而〈臺灣名人遺稿〉單元亦有收錄清代作品，無法確認著作時代之下，暫將丘氏〈澎湖賦〉（以「洗盡甲兵長不用」爲韻）列入清代臺灣賦的範圍。

第一節　試賦之御定準則

康熙四十五年（1706）〈御定歷代賦彙序〉云：「賦者，……唐宋則用以取士，其時名臣偉人，往往多出其中。迨及元而始不列于科目。朕以其不可盡廢也，閒嘗以是求天下之才。故命詞臣考稽古昔，搜采缺逸，都爲一集，親加鑑定，令校刊焉。爲敘其源流興罷之故，以示天下，使凡學者知朕意云。」此爲清代應舉取賦走向宗唐律賦的開始。

晚唐以前並沒有專門論賦的著作，律賦史觀的確立及理論的批評，最早產生於清乾隆二十五年（1760）湯稼堂平隴刊刻的《律賦衡裁》。湯稼堂（？～1769）乾隆元年進士到乾隆二十年任職江西布政使期間，歷任考功司主事、陝西鄉試正考官、提督江西學政等禮闈官職，編纂《律賦衡裁》教授學子正是職責所在。因此《律賦衡裁》編纂的原因在於指導學子聲律門徑，享有時譽。〔註9〕《律賦衡裁》選賦 123 篇，兼取唐宋，其實以唐代律賦爲主。〔註10〕

清代賦論中最早承襲《律賦衡裁》宗唐論點的是李調元〔註11〕《雨村賦話》，該書完稿於乾隆四十三年（1778）六月連州試院，爲賦學史上第一部「賦話」。由〈序〉可知其寫作的原因：

> 古有詩話、詞話、四六話，而無賦話。……予視學粵東，經藝之外，與諸生講論，尤津津於聲律之學。凡歲試月課之餘，有兼工賦者，莫不擊節歎賞，引而啓迪之，而苦未有指南之車也。因于敝簏中見杭郡湯稼堂前輩刻有《律賦衡裁》一書，頗先得我心，爰出予少時芸窗所藝習者，並列案頭，以日與諸生相指示。時用紙條摘錄其最典麗者各數聯以教之，使知法；而又間以稼堂所評隲者拈出之，……新舊所得漸多，因彙爲一集，名曰《賦話》，付諸梓，以示諸生。使諸生一一披閱而尋味之，亦足以代予之諄諄告誡面訓也乎。〔註12〕

〔註9〕　許結，〈湯稼堂《律賦衡裁》與清代律賦學〉，《賦體文學的文化闡釋》（北京：中華書局，2005 年 9 月），頁 323。

〔註10〕　許結，〈湯稼堂《律賦衡裁》與清代律賦學〉，《賦體文學的文化闡釋》（北京：中華書局，2005 年 9 月），頁 326。

〔註11〕　〔清〕李調元（1734～1802），字羹堂，號雨村，別號童山。綿州羅江人，乾隆二十八年進士，欽點翰林院庶吉士。

〔註12〕　〔清〕李調元，〈序〉，詹杭倫等校正，《雨村賦話》，（臺北：新文豐出版，1993 年 6 月），頁 1。

乾隆四十二年（1777）八月，李調元奉旨提督廣東學政，十一月到任，從事科舉考試與教學。其父李化楠乾隆七年（1742）進士，稟性正直，曾教導之：「從來紈綺習氣，大半皆望捐納，不肯讀書；汝如不秀才，不必來任所，吾斷不汝捐也！」（〈誥封奉政大夫同知順天府北路事石亭府君行述〉）〔註13〕由於李父嚴格教子，踏實讀書的態度，影響李調元對於提督廣東學政一職克盡職守投入極大的心血。任職提督學政期間，對於「聲律之學」尤為喜好，特別於歲試月課作品中選取工賦者予以啓迪。初時以《律賦衡裁》中「最典麗者」作為習賦典範，再配合湯稼堂的評定內容教導諸生。李氏於康熙四十二年十一月到任，一邊主持試務，一邊留心編纂，所得漸多，逐漸彙成一集，《賦話》完稿於乾隆四十三年（1778）六月連州試院，四十五年十二月任滿，四十六年正月返京。據〈序〉文所云，《賦話》完稿付梓後，留予諸生披閱。名曰「雨村」者正足以代其諄諄告誡面訓，苦心孤詣，溢於言表。康熙帝開啓唐代律賦取士的同時，也開啓科舉律賦的宗唐傾向，所謂上以是求、下以是應，乾隆年間《律賦衡裁》選賦明顯以宗唐為主，李調元《雨村賦話》亦承繼宗唐風格。

　　現存文獻所見，清代臺灣並沒有專門論賦的著作，賦學論述多保留於志書中「學規」、「學約」中，因此賦學觀多遵循清代應舉試賦的拔文標準，茲依「宗唐為正路」、「清真雅正的風尚」論述於下。

一、宗唐為正路

　　根據〈御定歷代賦彙序〉所云：「賦者，……唐宋則用以取士，其時名臣偉人，往往多出其中。」表面似乎唐、宋並重，其實康、雍、乾三朝形成的「清、真、雅、正」拔文標準，使得清代應舉取賦逐漸走向「宗唐」的路徑。清代最早形成的律賦宗唐論述，即清乾隆二十五年（1760）湯稼堂平隴刊刻的《律賦衡裁》：

> 宋人律賦大率以清便為宗，流麗有餘而琢煉不足，故意致平淺，遠遜唐人。〔註14〕

承襲《律賦衡裁》的李調元《雨村賦話》亦也相同看法：

〔註13〕詹杭倫等，〈前言——李調元和他的《雨村賦話》〉，頁 1～2。
〔註14〕〔清〕湯稼堂《律賦衡裁》說律，錄自許結，〈論清代科制與律賦批評〉，《賦體文學的文化闡釋》（北京：中華書局，2005 年 9 月），頁 310。

宋人所尚者，清便流轉，好用現成語，乏鍛鍊刻琢之功，欲語雷同，畦町不化，所以不逮唐人也。〔註15〕

科舉試賦的時代風氣下，臺士不可避免的趨向宗唐的賦學意識。如嘉慶十五年（1810）彰化知縣楊桂森〔註16〕撰寫〈白沙書院學規十二條〉，有關習賦教育的學規，如：

讀賦：律賦始於唐，亦莫精於唐，宋人賦則單薄矣。讀者於古賦、律賦，俱要尋求正路，不可扯雜。〔註17〕

楊桂森以一邑之長引領書院讀賦法則，指出唐律賦為「正路」，宋賦相對於唐賦因少對偶、聲律等雕琢，顯得單薄。

林豪（1831～1918），福建金門人，咸豐九年（1859）中舉。同治七年（1868）應邀主講澎湖文石書院，居二年，內渡居家，專心著述。光緒四年（1878）再度擔任文石書院講席〔註18〕，光緒二十年（1894）刊行的《澎湖廳志》（上）卷四〈文事‧續擬學約八條〉下註【主講林豪撰】，可見此學約寫於擔任書院主講期間。〈文事‧續擬學約八條〉中相關宗唐的習賦教育學約，如：

古學則以唐律為根柢，而行以館閣格式。……宜購《律賦新編》及《賦學指南》二書，以資講習，為入門之徑。〔註19〕

林氏指出律賦以唐律為基礎，並以余丙照《賦學指南》作為習賦者入門之書。

《賦學指南》確實也偏重唐賦：

余謂初學作賦，總宜按部就班，取法唐賦為是。〔註20〕

《賦學指南》選賦六十篇，其中唐賦十五篇、清賦三十四篇，多達八成的律賦選文比例，顯然著重律賦。由〈續擬學約八條〉中的「續擬」，亦可得知澎湖文石書院原有「學約」，加上彰化知縣楊桂森撰寫的〈白沙書院學規十二

〔註15〕〔清〕李調元撰，詹杭倫等校正，《雨村賦話》，頁 31。

〔註16〕〔清〕楊桂森，嘉慶四年（1799）進士，嘉慶十五年（1810）正月，調任彰化知縣。

〔註17〕〔清〕周璽總纂，《彰化縣志》（上）卷四《學校志》（臺北：文建會，2006年 12 月），頁 256。

〔註18〕張光前，〈點校說明〉，〔清〕林豪總修，《澎湖廳志》（上）（臺北：文建會，2006 年 6 月），頁 13。

〔註19〕〔清〕林豪總修，《澎湖廳志》（上）卷四《文事》（臺北：文建會，2006 年 6 月），頁 193。

〔註20〕〔清〕余丙照，《賦學指南校正》，陳文新主編，《歷代律賦校注》（附錄三），《歷代科舉文獻整理與研究叢刊》（武漢：武漢大學出版社，2009 年 9 月），頁 716～818。

條〉，與澎湖文石書院主講林豪撰寫的〈續擬學約八條〉，可見當時書院多以
學約規範生徒，以達試文養成的目的。即使書院學約佚失不少，由目前僅存
的文獻爬梳清代臺灣士子學賦趨向與中原內地並無二致。

二、清眞雅正的風尚

（一）康、雍、乾三帝御定準則

康熙帝大開律賦選士之門，康熙四十一年（1702）親撰〈御製訓飭士子
文〉直接指導取士原則：

> 國家建立學校，原以興行教化、作育人材，典至渥也。朕臨御以來，
> 隆重師儒，加意庠序；……文章歸於淳雅，毋事浮華；……茲訓言
> 頒到，爾等務共體朕心，恪遵明訓。一切痛加改省，爭自濯磨，積
> 行勤學，以圖上進。國家三年登造，束帛弓旌，不特爾身有榮，即
> 爾祖、父亦增光寵矣。逢時得志，寧俟他求哉？〔註21〕

康熙帝以「文章歸於淳雅，毋事浮華」爲文體之正律，以取得功名後三代崢
嶸，勸戒學子「務共體朕心，恪遵明訓」，可謂恩威並進，吸引傑出學子投身
科舉。由康熙帝開啓的「淳雅文章」之御定準則，雍正帝亦承繼此說，雍正
十年（1732）頒布〈諭正文體〉：

> 近科以來，文風亦覺丕變。但士子逞其才氣詞華，不免有冗長浮靡
> 之習。是以特頒此旨，曉諭考官：所拔之文，務令雅正清眞，理法
> 兼備；雖尺幅不拘一律，而支蔓浮夸之言所當屛去。秋闈期近，該
> 部可行文傳諭知之！特諭。〔註22〕

康熙帝以「恩威並施」的手法，頒布〈御製訓飭士子文〉利誘士子，但雍正
帝於即位十年秋闈之前頒布〈諭正文體〉，諭令考官繼承康熙御定之「淳雅文
章」準則的基礎上，加上「清眞」合爲「雅正清眞」，直接曉諭考官於「所拔
之文，務令雅正清眞，理法兼備。」其後乾隆亦從二帝之說：

> 乾隆十年四月初四日上諭：「國家設制科取士，……我皇考有清眞
> 雅正之訓。……至於詩賦，扢藻敷華，雖不免組織渲染；然亦必眞

〔註21〕〔清〕劉良璧纂輯，《重修福建臺灣府志》（上）《聖謨》（臺北：文建會，2005
　　　　年6月），頁78～9。

〔註22〕〔清〕劉良璧纂輯，《重修福建臺灣府志》（上）《聖謨》（臺北：文建會，2005
　　　　年6月），頁102。

氣貫乎其中，乃爲佳作。⋯⋯嗣自今其令各省督學諸臣，時時訓飭
鄉、會考官，加意區擇。凡有乘於先輩大家理法者，擯棄勿錄；則
詭遇之習可息，士風還淳，朕有厚望焉。該部通行曉諭中外知之」。
〔註23〕

乾隆帝下達之諭令與雍正諭令考官之說相同，由各省督學訓飭鄉試（舉人）、
會試（進士）考官執行，凡有踰越此理法者，均擯棄不錄。康熙之「淳雅」、
雍正之「雅正清眞」、乾隆之「清眞雅正」，可謂一脈相成之論述。如乾隆三
十年（1765）澎湖通判胡建偉〔註24〕撰寫之〈學約十條〉：

八曰正文體。文所以載道也，穠纖得中，修短合度，莫不有體焉；
是體也者，文之規矩準繩也，而可不正乎？今朝廷取士重科舉之業，
文取清眞雅正，上以是求，下以是應，固已文無不約、體無不正矣，
平淡濃奇，各具一體，均堪入彀。〔註25〕

其中「今朝廷取士重科舉之業，文取清眞雅正，上以是求，下以是應，固已
文無不約、體無不正矣」，說明帝王引導的取士風尙，確實風行於主流場屋之
文學風格中。終清之世，後繼帝王雖未如康、雍、乾三帝直接下達取士原則，
然而「清眞雅正、正文」說始終不變。再如光緒二十年（1894）稿成而未刊
行之《恒春縣志・塾規》：

詩文之課：文以清眞雅正爲宗，詩以溫柔敦和爲則。〔註26〕

生徒十年寒窗，只爲一舉成名，得以崢嶸三代。「清眞雅正」於康、雍、乾三
帝接力形成拔取試文之標準後，從此試賦風格千篇一律，以應舉爲最高目的，
配合科舉考試的書院教育，亦以此爲方針。

（二）「清眞雅正」的文學思想

清初三帝親自引領全國士子創作與審美的方向，並陸續欽定幾部文法教

〔註23〕 〔清〕王瑛曾編纂，《重修鳳山縣志》（上）卷六《學校志》（臺北：文建會，
2005 年 6 月），頁 260。
〔註24〕 廣東三水縣人，乾隆戊午科舉人，己未科進士。乾隆三十年由署閩縣知縣陞
澎湖。於乾隆三十一年二月十九日到任，三十四年秩滿，任內創建文石書院，
並勸各社設塾，獎勵澎士文風。詳見：〔清〕胡建偉纂輯，《澎湖紀略》，（臺
北：文建會，2004 年 12 月），頁 13，108。
〔註25〕 〔清〕林豪總纂，《澎湖廳志》（上）卷四《文事》（臺北：文建會，2006 年 6
月），頁 188。
〔註26〕 〔清〕屠繼善，《恒春縣志》卷十《義塾・塾規》（臺北：文建會，2007 年 12
月），頁 244。

科書，如康熙二十四年（1685）《御選古文淵鑒》、乾隆元年（1736）《欽定四書文》以及乾隆三年（1738）《御選唐宋文醇》等。《四庫全書》「總集」類中以「御選」、「御定」、「御制」等，作爲書名的總集將近二十種。〔註27〕乾隆元年方苞（1668～1749）主修《欽定四書文》，「欽定」即承上意，奉「清眞雅正」爲準則編纂通行全國士林範本〔註28〕。此書「欽定」代表士林準則，過去汗牛充棟的時文選本皆可棄之不觀。

　　雍正、乾隆雖然對士習文風定下「清眞雅正」的拔文準則，但並未說明細則與標準，方苞於〈欽定四書文凡例〉中則有所論述：

> 唐臣韓愈有言，文無難易，惟其是耳；李翱又云，創意造言各不相師，而其歸則一；即愈所謂「是」也。文之清眞者，惟其理之是而已，即翱所謂「創意」也；文之古雅者，惟其辭之是而已，即翱所謂「造言」也。而依於理以達其詞也，則存乎氣；氣也者，各稱其資材，而視所學之淺深以爲充歉者也。

> 欲理之明，必溯源六經，而切究乎宋、元諸儒之說；欲辭之當，必貼合題義，而取材於三代、兩漢之書；欲氣之昌，必以義理洒濯其心，而沈潛反覆於周秦盛漢唐宋大家之古文，兼是三者，然後能清眞古雅而言皆有物。〔註29〕

方氏引韓愈、李翱對古文創作的理念，作爲「清眞雅正」的論述基礎。具體而言，需以六經之理路、三代兩漢書籍之博富、周秦盛漢唐宋大家古文氣等，才能落實「清眞古雅」的準則。學者陸德海以爲，清帝樹立「清眞雅正」的新文法標準，根本違背唐宋古文家提倡創造革新精神的文法理論。〔註30〕

〔註27〕 嚴賀，〈御選唐詩與清代文治〉，《山西大學學報》第 30 卷第 1 期（2007 年 1月），頁 57。

〔註28〕 「顧時文之風，尚屢變不一，苟非明示以準的，使海內學者於從，違去取之，介曉然知所別擇，而不惑於歧趨，則大比之期，主司何所操以爲繩尺？士子何以守以爲矩矱？……今朕欲裒集有明及本朝諸大家制義精選數百篇，彙爲一集，頒布天下，學士方苞於四書文義法夙嘗究心，著司選文之事務。」〔清〕清高宗，〈序〉，《欽定四書文》收入《文津閣欽定四庫全書》第 485 冊（北京市：商務印書館，2005 年），頁 1。

〔註29〕 〔清〕方苞，〈欽定四書文凡例〉，《欽定四書文》，收入《文津閣欽定四庫全書》第 485 冊（北京市：商務印書館，2005 年），頁 3。

〔註30〕 陸德海，《明清文法理論研究》，（上海：上海古籍出版社，2007 年 10 月），頁178。

　　「清眞雅正」的文法標準，不僅用以評量八股文（四書文），亦爲場屋應試評賦之標準。如李調元《雨村賦話》引述清乾隆二十五（1760）年湯稼堂平隲刊刻的《律賦衡裁》，即直言「唐律賦」與「清眞雅正」間的關係：

> 唐初進士……不試詩賦，之時專攻律賦者尚少。大歷、貞元之際，
> 風氣漸開；至大和八年，雜文專用詩賦，而專門名家之學，樊然競
> 出矣。……大都以<u>清新典雅</u>爲宗。……抽其芬芳，振其金石，亦律
> 體之正宗，詞場之鴻寶也。〔註31〕

湯稼堂認爲唐代律賦以「清新典雅」爲主，因此清代御定之「清眞雅正」即由「清新典雅」而來，這是清代律賦宗唐最直接的證據。後繼者乾隆四十三年（1778）李調元《雨村賦話》進一步以「清、雅」評唐律賦：

> 唐貫餗〈太阿如秋水賦〉……刻琢中仍帶<u>清</u>勁。（頁 44）
>
> 樂天<u>清</u>雄絕世，妙悟天然。（頁 45）〔註32〕
>
> 初唐四子……王勃〈九成宮東臺山池賦〉如〈序〉所云，「金石千聲，
> 雲霞萬色」，莊<u>雅</u>濃麗，遂爲館閣諸公所撏撦。（頁 4）
>
> 唐人琢句，<u>雅</u>以流麗爲宗。（頁 10）
>
> 唐李鐸〈密雨如散絲賦〉……極力形容，非不巧合，但刻劃傷<u>雅</u>，
> 便入纖小家數矣。（頁 6～7）〔註33〕

有時偏重「清眞」、有時偏重「雅正」、有時揉合「清正」，顯然「清眞雅正」並不需要同時俱備〔註34〕，如清代臺灣舉人陳維英亦曾以「清雅可人」總評曹敬〈海月賦〉，〔註35〕再如《雨村賦話》以「雅、正」之評，作爲宋代《文

〔註31〕　〔清〕李調元撰，詹杭倫等校正，《雨村賦話》，（臺北：新文豐出版，1993
　　　　　年 6 月），頁 3。
〔註32〕　按：李調元以「雅」評唐人律賦，仍有諸多例子，不勝枚舉，謹舉數例如下
　　　　　——唐宋言〈漁父辭劍賦〉「清詞麗句」。（頁 60）唐黃滔〈漢宮人誦洞簫賦〉
　　　　　「清新雋永」。（頁 60）
〔註33〕　〔清〕李調元撰，詹杭倫等校正，《雨村賦話》，（臺北：新文豐出版，1993
　　　　　年 6 月），頁 6～7。按：李調元以「雅」評唐人律賦，仍有諸多例子，不勝枚
　　　　　舉，謹舉數例如下——
　　　　　唐人王損之〈曙觀秋河賦〉「句甚娟雅」。（頁 27）唐人無名氏〈七夕賦〉「清
　　　　　麗芊眠，雅與題稱」。（頁 29）唐人林滋〈陽冰賦〉「刻劃工細，雋不傷雅」。（頁
　　　　　33）唐人王起〈墨池賦〉「詳雅安和，不露刻劃痕跡」。（頁 34）
〔註34〕　高明揚，《科舉八股文專題研究》，（浙江：浙江大學人文學院中國古典文獻學
　　　　　博士論文，2005 年 11 月），頁 85。
〔註35〕　許俊雅等主編，《全臺賦影像集》（下）（臺南：國家臺灣文學館籌備處，2006

苑英華》收錄梁末迄唐五代間的取捨標準爲代表：

> 《英華》所收，顧從其略，取舍自有定則，固以雅正爲宗也。〔註36〕

至於「清、眞、雅、正」如何落實於清代場屋律賦，朱一飛《國朝律賦揀金錄註釋・賦譜》有較詳細的說明：

> 四品之目，曰：「清以氣格言也。」曰：「眞以典實言也。」所謂詩
> 人之賦麗以則，則者法之；煉字必取其雅，用意必歸於正，所謂詞
> 人之賦麗以淫，淫者謹之。〔註37〕

「清」著重在「氣格」，「眞」落實在「典實」，此爲作賦者可遵循創作的法則，至於琢句在「雅」，文意必需持「正」，此爲作賦者需謹愼提防之處。總之，因科舉考試的嚴格訓練，使得通古文、精道學、制義清眞雅正，成爲清代金榜題名的飽學之士的共同標識。〔註38〕

　　「清眞雅正」是清朝御定周知之拔文準則，現今所見之臺灣文獻史料，僅止於書院「學約」、「學則」中有關習賦尊唐之說，尚未見得直接相關之賦論〔註39〕，然而由臺灣律賦之主題與用韻，仍可從中看出臺士爲符合拔文準

年 12 月），頁 450。

〔註36〕〔清〕李調元撰，詹杭倫等校正，《雨村賦話》，（臺北：新文豐出版，1993年 6 月），頁 25。

〔註37〕〔清〕朱一飛著，〔清〕蕭誠參訂，〔清〕劉喧校閱，《國朝律賦揀金錄註釋・賦譜》，（哈佛大學漢和圖書館藏本）。

〔註38〕【美】本傑明・艾爾曼（Benjamin Elman），《經學・科舉・文化史──艾爾曼自選集》（北京：中華書局，2010 年 4 月），頁 227。

〔註39〕李元春（1769～1854）字仲仁，號時齋、桐閣主人，陝西朝邑人。嘉慶三年（1798）舉人，於道光年間來臺，所著之《四書文法摘要》與《臺灣志略》二卷，皆編入所輯之《青照堂叢書》三編九十餘卷，由朝邑劉氏於道光十五年（1835）刊行，《四書文法摘要》編附末。
　〈國朝定文品四字〉「清。眞。雅。正。」
　〈清有四〉「意清。辭清。氣清。要在心清。」
　〈眞有五〉「題中理眞。題外理眞。當身體驗則眞。推之世情、物理則眞。提空議論則眞。」
　〈雅有二〉「自經書出則雅。識見超則雅。」
　〈正有二〉「守題之正。變不失常。」詳見：李元春，《四書文法摘要》，《歷代文話》第 5 冊（上海市：復旦大學出版社，2007 年），頁 5101，5127。
　按：《四書文法摘要》即當時之八股文法，李氏於道光年間來臺，所著《四書文法摘要》並非賦學程式，然而在刊刻的時間與來臺的時點上，可能重疊，又所著《臺灣志略》具有私人撰《志》特質，對臺灣一地有詳細而深入的觀察，故將李氏《四書文法摘要》一書中〈國朝定文品四字〉「清。眞。雅。正。」說列入註解，以備其說。

則之摹擬與書寫。

第二節　御定準則與題韻關係

　　清初三帝以唐代律賦「清眞雅正」作爲御定的拔文標準，取代原本唐宋古文運動的革新精神，成爲新的文法標準。方苞主修的《欽定四書文》奉「清眞雅正」爲準則，編纂通行全國士林範本。〈凡例〉中對士子如何具備「清眞雅正」的學養，提出具體的作法：需以六經的理路、三代、兩漢典籍之博富、周秦盛漢唐宋大家古文氣格爲基礎，才能落實「清眞雅正」的拔文標準。此原則不僅針對「八股文」（四書文），也適用於場屋試賦的拔取。朱一飛《增訂律賦揀金錄初刻·賦譜》，將「清眞」結合「詩人之賦麗以則」，「雅正」結合「詞人之賦麗以淫」，也就是說習賦者應學習「清、氣格（氣韻和風格）」與「眞、典實（典故）」，需謹愼提防琢句未「雅」與文意不「正」的問題。

　　以上述標準檢視臺灣律賦對「清眞雅正」拔文標準的回應，首先，「清、氣格（氣韻和風格）」方面：彰化知縣楊桂森認爲「<u>律賦始於唐</u>，亦莫精於唐，宋人賦則單薄矣。讀者於古賦、律賦，俱要尋求正路，不可扯雜。」澎湖文石書院主講林豪認爲「<u>古學則以唐律爲根柢</u>，而行以館閣格式。」此爲臺灣試賦「宗唐」的論述，事實上臺灣律賦 67 篇律賦亦以「宗唐」風格爲多。其次，賦學發展史上，律賦句法來自駢賦四六對句，對偶本需相應的典故，與方苞所謂落實「清眞古雅」，需以六經的理路、三代、兩漢典籍之博富等，可爲朱一飛《增訂律賦揀金錄初刻·賦譜》中「眞、典實（典故）」的基礎。最後謹愼提防琢句未「雅」與文意不「正」的問題，矯枉過正的情況下，容易造成「負面」的影響。以「雅」爲例，如：清代律賦學唐，琢句雅麗，乾隆二十九年（1764）《重修鳳山縣志》收錄鳳山縣教諭朱仕玠〈夾竹桃賦〉，夾竹桃爲臺灣常見植物，朱氏極力求雅引歷代「桃、竹」典故寫志賦，造成引述歷代著名中原典故，取代臺地物產的結果。「正」的部分，如賦末經常以曲終奏雅、謳歌盛世的書寫策略，即使與賦題不相關，亦能發揮皇猷的筆法，讚頌聖天子云云，凡此均於第三節「清眞雅正」的影響與偏離」論述之。本節首先探討臺灣律賦對「清眞雅正」的學習與回應，分執「宗唐的運用」及「典實的運用」二端論述之。

一、宗唐的運用〔註40〕

乾隆年間，朱一飛《增訂律賦揀金錄初刻・賦譜》言「清以氣格言也」，即以氣韻、風格作爲律賦對御定拔文準則「清」的落實。所謂「氣韻、風格」可有不同的詮釋，然而清代以律賦取士，爲使學子有所遵循，上至御定賦集，下至考官、學政所編纂之應試賦集，莫不以宗唐爲尙。清代臺灣士子於科舉試賦的時代風氣下，不可避免地趨向宗唐的賦學意識。彰化知縣楊桂森〈白沙書院學規十二條〉、澎湖文石書院主講林豪〈文事・續擬學約八條〉均以古賦、律賦、館閣格式等應以唐賦爲依歸，可見以應舉爲目標的臺灣書院，其試賦教學內容與中原並無不同。律賦宗唐的風氣下，生徒大量吸收唐人詩文、歷史等內容，表現於賦作的賦題與用韻上。

（一）以唐詩（文）為題、韻

澎湖文石書院主講林豪以《賦學指南》作爲學子習賦的入門用書，該書卷一〈論押韻〉、卷二〈論詮題〉，如下：

> 作賦先貴煉韻。〔註41〕

> 賦貴審題，拈題後不可輕易下筆，先看題中著眼在某字，然後握定題珠，選詞命意，斯能掃盡浮詞，獨詮眞諦。〔註42〕

〔註40〕浦銑《復小齋賦話》云：「唐人賦有以詩句爲題者，如〈窗中列遠岫〉、〈日暮碧云合〉、〈直如朱絲繩〉、〈月映清淮流〉諸賦是也。」〔清〕浦銑，《復小齋賦話》，王冠輯，《賦話廣聚》第四冊（北京：北京圖書館出版，2006 年 12月），頁 713。
依趙成林考證，「窗中列遠岫」出自謝朓〈郡內高齋閑望答呂法曹詩〉；「日暮碧云合」出自江淹〈休上人怨別〉；「直如朱絲繩」出自鮑照〈白頭吟〉。詳見：趙成林，《唐賦分體敍論》（湖南：湖南大學出版社，2009 年 6 月），頁 81。
顯然唐人律賦亦有「以題爲韻」者，其中以詩句爲題者，多以六朝詩爲多，此亦綰合律賦變化自駢賦的賦史脈絡。
又同治七年（1868）、光緒四年（1878）間，主講澎湖文石書院的金門舉人林豪（1831～1918），曾爲文石書院生徒撰寫〈學約八條〉，推薦余丙照《賦學指南》一書。余氏於《賦學指南》卷一云：「天下好賦皆自韻出。」、「余謂初學作賦，總宜按部就班，取法唐賦爲是。」此或許是清代臺灣律賦多以「唐詩、文史、佚事」爲題、韻之主因。詳見：〔清〕余丙照，《賦學指南校正》，陳文新主編，《歷代律賦校注》（附錄三），《歷代科舉文獻整理與研究叢刊》（武漢：武漢大學出版社，2009 年 9 月），頁 723，716～818。

〔註41〕〔清〕余丙照，（附錄三）《賦學指南校正》，陳文新主編，《歷代律賦校注》，《歷代科舉文獻整理與研究叢刊》（武漢：武漢大學出版社，2009 年 9 月），頁 722。

〔註42〕註同上，頁 722。

律賦限韻，有官韻之稱，通常題目與官韻均爲下筆極難，需審慎思考、鍛鍊，以求能脫穎而出。尤其「題、韻」之間含意相同有相輔助之處，如下表：

「唐詩題、韻」表

作者	賦篇	用韻	唐代詩人
洪繻	寒梅著花未賦	以題爲韻	王維〈雜詩〉三首之二：「來日綺窗前，寒梅著花未？」〔註43〕
洪繻	寒梅著花未賦（二）	以題爲韻	同上
洪繻	桃花源賦	以「桃花源裏人家」爲韻	王維〈田園樂〉七首之三：「杏樹壇邊漁父，桃花源裏人家。」〔註44〕
洪繻	唐明皇宣李白賦清平調賦	以「沉香亭北倚闌干」爲韻	李白〈清平調〉：「解釋春風無限恨，沈香亭北倚闌干。」〔註45〕
洪繻	劉阮同入天台山遇神女賦	以「別有天地非人間」爲韻	李白〈山中問答〉：「桃花流水窅然去，別有天地非人間。」〔註46〕
曹敬	海月賦	以「挂席拾海月」爲韻	李白〈敘舊贈江陽宰陸調〉：「挂席拾海月，乘風下長川。」〔註47〕
許式金	雁來紅賦	以「鴻雁幾時到」爲韻	杜甫〈天末懷李白〉「鴻雁幾時到，江湖秋水多。」〔註48〕
丘逢甲	澎湖賦	以「洗盡甲兵長不用」爲韻	杜甫〈洗兵馬〉：「安得壯士挽天河，淨洗甲兵長不用！」〔註49〕
洪繻	澎湖賦	以「洗盡甲兵長不用」爲韻	同上

〔註43〕〔唐〕王維，〈雜詩〉三首之二，《全唐詩》4 冊 128 卷（北京：中華書局，1990年 2 月），頁 1304。

〔註44〕〔唐〕王維，〈田園樂〉七首之三（一作〈輞川六言〉），《全唐詩》4 冊，128卷（北京：中華書局，1990 年 2 月），頁 1305。

〔註45〕〔唐〕李白，〈清平調〉，《全唐詩》5 冊 164 卷（北京：中華書局，1990 年 2月），頁 1703。

〔註46〕〔唐〕李白，〈山中問答〉，《全唐詩》5 冊，178 卷（北京：中華書局，1990年 2 月），頁 1813。

〔註47〕〔唐〕李白，〈敘舊贈江陽宰陸調〉，《全唐詩》5 冊 169 卷（北京：中華書局，1990 年 2 月），頁 1744。

〔註48〕〔唐〕杜甫，〈天末懷李白〉，《全唐詩》7 冊 225 卷（北京：中華書局，1990年 2 月），頁 2424。

〔註49〕〔唐〕杜甫，〈洗兵馬〉，《全唐詩》7 冊 217 卷（北京：中華書局，1990 年 2月），頁 2279。

曹敬	草色入簾青賦	以「草色遙看近卻無」爲韻	韓愈〈早春呈水部張十八員外〉二首之一：「天街小雨潤如酥，草色遙看近卻無。」〔註50〕
曹敬	業精於勤賦	以題爲韻	韓愈〈進學解〉「業精於勤荒於嬉」
曹敬	霜葉賦	以「霜葉紅於二月花」爲韻	杜牧〈山行〉「停車坐愛楓林晚，霜葉紅於二月花。」〔註51〕
曹敬	競渡賦	以「果然奪得錦標回」爲韻	盧肇〈競渡詩〉「向道是龍剛不信，果然奪得錦標歸。」〔註52〕
曹敬	嚴子陵釣臺賦	以「嚴光萬古高風在」爲韻	吳融〈富春〉「嚴光萬古清風在，不敢停橈更問津。」〔註53〕
陳宗賦	春兼三月閏賦	以題爲韻	喻坦之〈送友人游東川〉：「春兼三月閏，人擬半年遊。」〔註54〕
陳宗賦	海客談瀛洲賦	以題爲韻	李白〈夢遊天姥吟留別〉：「海客談瀛洲，煙濤微茫信難求。」〔註55〕
陳宗賦	易重一劢賦	以「講易見天心」爲韻	張說〈恩制賜食於麗正殿書院宴賦得林字〉：「誦時聞國政，講易見天心。」〔註56〕
賴世觀	玉壺冰賦〔註57〕	以「一片冰心在玉壺」爲韻	王昌齡〈芙蓉樓送辛漸〉二首之一：「洛陽親友如相問，一片冰心在玉壺。」〔註58〕

〔註50〕〔唐〕韓愈，〈早春呈水部張十八員外〉，《全唐詩》10冊344卷（北京：中華書局，1990年2月），頁3864。

〔註51〕〔唐〕杜牧，〈山行〉：「停車坐愛楓林晚，霜葉紅於二月花。」《全唐詩》16冊524卷（北京：中華書局，1990年2月），頁5999。

〔註52〕〔唐〕盧肇，〈競渡詩〉，《全唐詩》17冊551卷（北京：中華書局，1990年2月），頁6384。

〔註53〕〔唐〕吳融，〈富春〉「嚴光萬古清風在，不敢停橈更問津。」《全唐詩》20冊687卷（北京：中華書局，1990年2月），頁7895。

〔註54〕〔唐〕喻坦之，〈送友人游東川〉：「春兼三月閏，人擬半年遊。」《全唐詩》21冊713卷（北京：中華書局，1990年2月），頁8199。

〔註55〕〔唐〕李白，〈夢遊天姥吟留別〉，《全唐詩》5冊174卷（北京：中華書局，1990年2月），頁1779。

〔註56〕〔唐〕張說，〈恩制賜食於麗正殿書院宴賦得林字〉：「誦時聞國政，講易見天心。」《全唐詩》3冊87卷（北京：中華書局，1990年2月），頁945。

〔註57〕賴世觀（1857～1918），字士仰，號東萊。嘉義縣人。光緒三年（1877）取中臺灣府學生員，光緒五年（1879）補廩生。光緒十八年（1892）以第一名膺選歲貢生分發儒學教職。現存律賦〈玉壺冰賦〉（以「一片冰心在玉壺」爲韻）一首，得縣試首覆第四名，此賦尚未被已出版之賦集收錄，全文詳見：附錄

律賦「以唐詩爲題、韻」又可分爲下列三種：

1. 以題為韻

「以題爲韻」即賦題本身又兼限韻，約有以下四例，洪繻〈寒梅著花未賦〉（以題爲韻）一、〈寒梅著花未賦〉（以題爲韻）二、陳宗賦〈春兼三月閏賦〉（以題爲韻）、陳宗賦〈海客談瀛洲賦〉（以題爲韻）。根據江含春《律賦說》：「得題後，先須審題，看何字當著眼，何處當輕帶，何處當極力發揮，就題之曲折以作波瀾。」由於律賦依韻分段，所限之韻即爲唐詩詩句，因此「以題爲韻」的特點完全發揮所限詩句之意，如洪氏兩篇〈寒梅著花未賦〉即以王維他鄉賞梅，引發羈旅之思。陳宗賦〈春兼三月閏賦〉即以閏歲三月宜遊，與喻坦之〈送友人游東川〉詩句相呼應。唯有陳宗賦〈海客談瀛洲賦〉與其他三賦不同，陳賦引李白〈夢遊天姥吟留別〉首句「海客談瀛洲」爲韻，〈夢遊天姥吟留別〉乃李白記夢詩，夢中遊歷「天姥」仙山見聞，陳賦則以「瀛洲」（臺灣）爲主，與其他三賦不同。

2. 以韻解題

「以韻解題」類共有七例：洪繻〈劉阮同入天台山遇神女賦〉（以「別有天地非人間」爲韻）、許式金〈雁來紅賦〉（以「鴻雁幾時到」爲韻）、丘逢甲〈澎湖賦〉（以「洗盡甲兵長不用」爲韻、洪繻〈澎湖賦〉（以「洗盡甲兵長不用」爲韻、曹敬〈草色入簾青〉賦（以「草色遙看近卻無」爲韻）、曹敬〈競渡〉賦（以「果然奪得錦標回」爲韻）、曹敬〈嚴子陵釣臺〉賦（以「嚴光萬古高風在」爲韻）。

不同於「以題爲韻」中完全發揮題、韻間緊密的連結度，「以韻解題」乃以「題」爲主，「韻」爲從。所引唐詩句爲韻，只取該詩句之意，有時已脫離原詩意。如許式金〈雁來紅賦〉以杜甫〈天末懷李白〉中「鴻雁幾時到」爲韻，此賦主旨爲臺灣常見的觀葉植物「雁來紅」，與杜甫懷想李白無關。又如丘逢甲、洪繻二氏之〈澎湖賦〉，俱以「洗盡甲兵長不用」爲韻，杜甫〈洗兵馬〉反映盛唐轉向中唐連年征戰，百姓苦於骨肉傷亡、流離失所，但丘、洪二氏賦作凸顯澎湖一地的居國家重要戰略位置、兼有形勝風物之美，與杜詩反映的時代傷痛不同。亦有與原詩類似的，如曹敬〈草色入簾青〉賦（以「草

二。賴辰雄主編，〈嘉義賴家開臺五世祖賴世觀傳記（1857～1918）〉《法曹詩人壺仙賴雨若詩文全集》，頁 17。
〔註58〕〔唐〕王昌齡，〈芙蓉樓送辛漸〉二首之一，《全唐詩》4 冊 143 卷（北京：中華書局，1990 年 2 月），頁 1448。

色遙看近卻無」爲韻）、曹敬〈競渡〉賦（以「果然奪得錦標回」爲韻）、曹敬〈嚴子陵釣臺〉賦（以「嚴光萬古高風在」爲韻）。

3. 題取自韻

「題取自韻」與「以題爲韻」差不多，只是題與韻之間並非完全一致，稍有不同，共有七例。如曹敬〈霜葉賦〉取杜牧〈山行〉「霜葉紅於二月花」爲韻，杜牧〈山行〉寫二月山間降霜於楓葉的景致，曹敬〈霜葉賦〉不過渲染此主題以成詩體賦。洪繻〈唐明皇宣李白賦清平調賦〉以李白〈清平調〉「沉香亭北倚闌干」爲韻，全賦以天寶年間唐玄宗夜賞芍藥，有楊貴妃相伴，心情大好，召李白立即進宮創作〈清平調〉三首之事爲主。洪繻〈桃花源賦〉以王維〈田園樂〉「桃花源裏人家」爲韻，全賦以陶淵明〈桃花源記〉爲基礎鋪陳。曹敬〈海月賦〉取李白〈敘舊贈江陽宰陸調〉「挂席拾海月」爲韻，全賦虛擬客主問答「海之異產」爲基本結構。賴世觀〈玉壺冰賦〉以王昌齡〈芙蓉樓送辛漸二首〉「一片冰心在玉壺」爲韻，王詩雖旨在送別，但「玉壺」有明志之喻，賴賦亦有所指。陳宗賦〈易重一肟賦〉以張說〈恩制賜食於麗正殿書院宴賦得林字〉「講易見天心」爲韻，張詩則爲皇上賜宴的應制詩，但陳宗賦〈易重一肟賦〉則虛擬「客」與「伊川先生」談《易》。又「題取自韻」，有一例非唐詩，而取自唐文，即曹敬〈業精於勤賦〉引雖韓愈〈進學解〉「業精於勤荒於嬉」。由於方苞引韓愈對古文創作的理念，作爲詮釋「清眞雅正」如何落實的指引，因此韓文亦多爲清代賦家所引爲限韻的資料，因唐文僅有一例，僅補充於此。

（二）以唐人佚事或著作爲題、韻

「唐人佚事或著作題、韻」表

作者	賦篇	用韻	唐人佚事或著作
曹敬	種蕉學書賦	以「書成蕉葉文猶綠」爲韻	唐代以狂草成名的僧人懷素
曹敬	柳汁染衣賦	以「已用柳汁染子衣」爲韻	唐・馮贄《雲仙雜記・卷一・柳神九烈君》的典故〔註59〕

〔註59〕「李固言未第前，行古柳下，聞有彈指聲，固言問之，應曰：『吾柳神九烈君。已用柳汁染子衣矣，科第無疑。果得藍袍，當以棗糕祠我。』固言許之。未幾，狀元及第。」〔唐〕馮贄，《雲仙雜記》卷一，《文淵閣四庫全書・子部・小說家類》《文津閣四庫全書・子部・小說家類》第 1035 冊（北京市：商務印書館，2005 年），頁 644。

| 曹敬 | 攜雙柑酒聽黃鸝賦 | 以「俗耳鍼砭詩腸鼓吹」〔註60〕爲韻 | 唐‧馮贄《雲仙雜記‧俗耳針砭詩腸鼓吹》 |

　　「唐人佚事」部分即曹敬〈種蕉學書賦〉以「書成蕉葉文猶綠」爲韻，說明唐代以狂草成名的僧人懷素，如何以蕉葉習草書之事。「唐人著作」部分，即曹敬另外兩篇賦作，引唐人馮贄《雲仙雜記》內容爲韻〔註61〕，〈柳汁染衣賦〉引《雲仙雜記‧卷一‧柳神九烈君》典故「已用柳汁染子衣」爲韻，說明李固言遇柳神九烈君事。曹敬〈攜雙柑酒聽黃鸝賦〉引戴顒春攜雙柑酒，往聽黃鸝聲的典故「俗耳鍼砭詩腸鼓吹」爲韻，說明文人賞音而起詩興之意。

（三）以唐史爲題、韻

「唐史題、韻」表

作者	賦篇	用韻	唐史
陳宗賦	二三豪傑爲時出賦（一）	以題爲韻	平定安史之亂的豪傑
陳宗賦	二三豪傑爲時出賦（二）	以題爲韻	平定安史之亂的豪傑
陳宗賦	一年七十二風賦（一）	以題爲韻	《舊唐書‧禮儀志》〔註62〕
陳宗賦	一年七十二風賦（二）	以題爲韻	同上
陳宗賦	三箭定天山賦	以「壯士長歌入漢關」爲韻	《新唐書‧薛仁貴傳》〔註63〕
徐德欽	十八學士登瀛洲賦	以題爲韻	《舊唐書‧褚亮傳》〔註64〕

〔註60〕 喻激發詩人創作欲望的音樂。典出馮贄〈俗耳針砭詩腸鼓吹〉，《雲仙雜記》卷二：「戴顒春攜雙柑斗酒，人問何之，曰：『往聽黃鸝聲，此俗耳鍼砭，詩腸鼓吹，汝知之乎？』〔唐〕馮贄，《雲仙雜記》卷二，頁648。

〔註61〕 《雲仙雜記》作者是否爲馮贄，有其他說法，「其作者歷來有爭議，舊題爲唐代馮贄所作，後有人疑爲宋人王銍所作，今尚無定論；朱熹等人又視爲僞書，故長期被淹沒，鮮爲人重視。」參見余霞，〈《雲仙雜記》的主要內容及文學價值〉，《重慶教育學院學報》第19卷第4期（2006年7月），頁44。

〔註62〕 〔後晉〕劉昫撰，楊家駱主編，《舊唐書‧禮儀志‧明堂》：「按《淮南子》，太平之時，五日一風，一年有七十二風，故置七十二條。」（臺北市：鼎文書局，1985年3月），頁861。

〔註63〕 《新唐書‧薛仁貴傳》「軍中歌曰：『將軍三箭定天山，壯士長歌入漢關。』」詳見：〔宋〕歐陽修，宋祁撰，楊家駱主編，《新唐書》（臺北市：鼎文書局，1981年1月），頁4141。

〔註64〕 〔後晉〕劉昫撰，楊家駱主編，《舊唐書‧褚亮傳》（臺北市：鼎文書局，1985年3月），頁2582～3。

陳宗賦〈二三豪傑爲時出賦〉（以題爲韻）（一）、（一）共有二首，均以安史之亂「群雄蠭起揭竿，諸將蟬聯攬轡。收得兩京土宇，具濟時才；縱橫七道旌旗，多逢時器。」〔註65〕賢豪俊傑，如顏常山、張睢陽、封常清、郭子儀、李光弼、王思禮等，撥亂扶危的棟樑豪傑。陳宗賦另有〈一年七十二風賦〉（以題爲韻）二首，原典出於《淮南子》「太平之時，五日一風，一年有七十二風，故置七十二條。」〈一年七十二風賦〉（一）首句以「閒嘗稽禮志於《唐書》，緬盛朝之化日。」顯然讀自《舊唐書・禮儀志・明堂》引用《淮南子》之句。陳宗賦〈三箭定天山賦〉（以「壯士長歌入漢關」爲韻），引《新唐書・薛仁貴傳》唐高宗龍朔二年（662）西征回紇九姓，以「三箭定天山」之事。徐德欽〈十八學士登瀛洲賦〉以《舊唐書・褚亮傳》中秦王選十八學士入文學館，並畫〈十八學士寫眞圖〉藏入書府表示禮賢，後人入文學館者，以「登瀛州」稱譽之。

總計「以唐詩（辭）爲題、韻」18篇〔註66〕、「以唐人佚事或著作爲題、韻」3篇、「以唐史爲題、韻」6篇，共27篇，約占清代臺灣私人律賦67篇總數的40%。若細分官方與私人的比例，此27篇中，官方占3篇（《瀛州校士錄》2篇〔註67〕，試賦1篇〔註68〕），占官方總篇數（9篇）比例的33%；私人24篇，占私人總篇數（58篇）比例的41%，可見彼時臺灣賦深受官方宗唐的影響。另外六朝詩文作爲清代臺灣律賦詩、韻亦有9例〔註69〕。而宋史、詩、文有8

〔註65〕陳宗賦，〈二三豪傑爲時出賦〉，黃哲永、吳福助主編，《臺灣賦集》（臺中市：文听閣圖書，2007年），頁249。按：爲避免註解上的繁瑣，本段落凡引《臺灣賦集》之賦作，僅標示頁數，不再加註。

〔註66〕若僅「以唐詩爲題」的標準，則還有洪繻作於清乾隆十三年的〈春城無處不飛花賦〉，取唐韓翃〈寒食〉詩首句「春城無處不飛花」爲題。

〔註67〕許式金，〈雁來紅賦〉（以「鴻雁幾時到」爲韻）。徐德欽，〈十八學士登瀛洲賦〉（以題爲韻）。

〔註68〕賴世觀以〈玉壺冰賦〉（以「一片冰心在玉壺」爲韻），得縣試首覆第四名。

〔註69〕曹敬〈蘭亭修禊賦〉（以題爲韻）、曹敬〈淵明歸隱賦〉（以「田園將蕪胡不歸」爲韻）、曹敬〈王景略談時務賦〉（以題爲韻）、陳宗賦〈陶淵明歸隱賦〉（以「樂夫天命復奚疑」爲韻）二首、陳宗賦〈鶴立雞群賦〉（以「如野鶴之立雞群」爲韻）、陳宗賦〈五月渡瀘賦〉（以「用兵之道攻心爲上」爲韻）、洪繻〈桃花源賦〉（以「桃花源裏人家」爲韻）、洪繻〈庾亮登南樓賦〉（以「於此處興復不淺」爲韻）。
按：「如野鶴之立雞群」典出《世說新語・容止》「有人語王戎曰：『嵇延祖卓卓如野鶴之在雞羣。』答曰：『君未見其父耳。』」「用兵之道攻心爲上」典出《三國志・蜀書・馬良傳》卷三十九，裴松之注引〈襄陽記〉：「夫用兵之道，

例〔註70〕，即使六朝、宋代兩類合一，也僅 17 例，總體低於「宗唐」比例。

二、典實的運用〔註71〕

朱一飛《增訂律賦揀金錄初刻・賦譜》言「眞以典實言也」，即以典實（典故）作爲律賦對御定拔文準則之二「眞」的落實。咸豐元年（1851）徐宗幹於〈瀛洲校士錄序〉中云：「試竣，集諸生徒於海東書院，旬鍛而月鍊之。解經爲根柢實學，能賦乃著作通才。」〔註72〕頗有將解經實學與賦作通才相對

攻心爲上，攻城爲下，心戰爲上，兵戰爲下。」詳見：〔晉〕陳壽撰，〔宋〕裴松之注，楊家駱主編，《三國志・蜀書・馬良傳》（臺北市：鼎文書局，1993年 2 月），頁 983。「於此處興復不淺」典出〔南朝〕劉義慶，《世說新語・容止》：「庾太尉在武昌……俄而率左右十許人步來，諸賢欲起避之。公徐云：『諸君少住，老子於此處興復不淺！』因便據胡床，與諸人詠謔，竟坐甚得任樂。」〔南朝〕劉義慶，《世說新語・容止》，《文津閣四庫全書・子部・小說家類》第 1035 冊（北京市：商務印書館，2005 年），頁 151，152。

〔註70〕 陳維英〈賣花聲賦〉（以「一竿紅日賣花聲」爲韻）、曹敬〈白蓮賦〉（以「出淤泥而不染」爲韻）、曹敬〈繰了蠶桑又種秧賦〉（以「鄉村四月閒人少」爲韻）、陳宗賦〈子魚通印蠔破山賦〉（以題爲韻）、陳宗賦〈袖中有東海賦〉（以題爲韻）、洪繻〈虞允文勝金人於采石磯賦〉（以「大功乃出一儒生」爲韻）、洪繻〈西樓柑賦〉（以「霜柑籬落寒初熟」爲韻）二首。
按：「鄉村四月閒人少」典出南宋翁卷〈鄉村四月〉「鄉村四月閒人少，繰了蠶桑又插田。」；「子魚通印蠔破山賦」典出北宋黃庭堅〈送曹子方福建路運判兼簡運使張仲謀〉「子魚通印蠔破山，不但蕉黃荔子丹。」；「霜柑籬落寒初熟」典出南宋陸游〈故山〉四首之四，「霜柑籬角寒初熟，野碓雲邊夜自舂。」
〔宋〕黃庭堅，〈送曹子方福建路運判兼簡運使張仲謀〉，《全宋詩》第 17 冊（北京：北京大學出版社，1998 年 12 月），頁 11581。
〔宋〕陸游，〈故山〉四首之四，《全宋詩》第 39 冊（北京：北京大學出版社，1998 年 12 月）頁 24732。
〔宋〕翁卷，〈鄉村四月〉，《全宋詩》第 50 冊（北京：北京大學出版社，1998年 12 月），頁 31426。
〔註71〕 根據趙成林《唐賦分體敘論》對於唐律賦題目之研究，認爲：唐代不論試賦或以外律賦，命題出自經史子集者，爲數最多，確爲唐律賦題目一大特色。有出自諸經、諸史、諸子、詩賦者，詳見：趙成林，《唐賦分體敘論》（湖南：湖南大學出版社，2009 年 6 月），頁 78～82。
又浦銑《復小齋賦話》云：「唐賦限韻，有以題爲韻者。……有以題爲韻次用者。……」〔清〕浦銑，《復小齋賦話》，王冠輯，《賦話廣聚》第四冊（北京：北京圖書館出版，2006 年 12 月）。頁 707～708。
可見唐賦命題多出自經史子集之特色，爲清代律賦重「典實」所承襲，並且影響至臺灣律賦題、韻之設計。
〔註72〕 〔清〕徐宗幹，〈瀛洲校士錄序〉，《斯未信齋文編》，《臺灣文獻叢刊》第 87種（臺北：臺灣銀行經濟研究室），頁 122。

應，書院所讀之應舉科目本爲能賦的基礎。又彼時臺灣士子習賦入門以余丙照《賦學指南》爲主，其中〈賦法緒論〉對典實的運用有如下的看法：

> 貴儲料。平日多閱子史諸部，取其新麗可用，人人易曉者，分摘備用。杜、韓詩句句有用，最宜熟讀。拈題後，就題之四面八方選料，正面之料原有限，妙于用比、用襯、用借、用附，便覺人苦干索，我獨有餘。
>
> 貴用筆。賦之不能使典，筆不活也。〔註73〕

余丙照以多閱子史諸部、杜、韓詩句等學識，以新麗者作爲賦文使典之用，徐宗幹以解經實學爲賦作之根柢，賦兼才學、具博識之能，余丙照、徐宗幹二氏所言有其共通之處，即以博識爲試賦根柢。下列「臺灣學子七歲至十五歲讀書計劃表」，足以印證二氏之說。

<h3 style="text-align:center">「臺灣學子七歲至十五歲讀書計劃表」〔註74〕</h3>

歲數	所讀經書細目
七歲	《三字經》、《大學》、《中庸》正文，以及《論語》〈學而〉、〈述而〉、〈先進〉三篇的正文。
八歲	《論語》〈衛靈公〉正文，及《孟子》〈梁惠王〉、〈天時〉、〈離婁〉、〈告子〉諸篇正文。
九歲	《大學集註》、《中庸集註》，及《論語》〈學而〉、〈述而〉、〈先進〉篇集註。

〔註73〕〔清〕余丙照，《賦學指南校正》，陳文新主編，《歷代律賦校注》，《歷代科舉文獻整理與研究叢刊》（武漢：武漢大學出版社，2009年9月），頁817。

〔註74〕此表據：林衡道口述，楊鴻博整理，《鯤島探源：台灣各鄉鎮區的歷史與民俗》，《貳》（臺北：稻田出版，1996年5月），頁403～4。
　　按：清朝末代科舉探花商衍鎏回憶其應舉讀書計劃與臺士大同小異，引述如下：「六歲開蒙，讀三字經，千字文，能背誦及將字大半認識後，即讀四書。……四書爲考試的基礎，要讀到滾透爛熟，由頭至尾全部背得方止。四書讀後，續讀五經。……背誦之法，與四書略同，但僅讀經文而不讀注，五經于考試亦是重要的書，以鄉會試第二場的題目，是每經出一題，作經文五篇緣故。……尚兼讀《孝經》、《公羊傳》、《穀梁傳》、《周禮》、《爾雅》，中間尚帶讀五、七言的唐宋小詩及聲律啓蒙，學作對句，學調平仄與十七史蒙本。……十二歲以後，學作八股文、詩、賦、策、論等，不但要讀八股文，古文，律賦，文選之類，並要看史書如通鑑、四史、子書如莊、老、韓非各種書籍，俾腹中充實，以備作文之驅遣。」詳見：〔清〕商衍鎏，〈科舉考試的回憶〉，劉海峰編：《二十世紀科舉研究論文選編》《歷代科舉文獻整理與研究叢刊》（武昌：武漢大學出版社，2009年9月），頁150。

十歲	《論語》〈衛靈公〉和《孟子》〈梁惠王〉、〈天時〉集註外，尚增《詩經》正文、《初學群芳》二書。
十一歲	《孟子》〈離婁〉、〈告子〉二篇的集註，續讀《詩經》正文與《初學群芳》，並加讀《書經》正文。
十二歲	《書經》、《易經》、《孝經》正文。
十三歲	《易經》正文與《春秋左氏傳》。
十四歲	《春秋左氏傳》與《禮記精華》。
十五歲	《禮記精華》。

現存三篇清代臺灣應舉試賦：道光二十七年（1847）曹敬以〈露香告天賦〉（以「知我者其天乎」爲韻）經當時學政取錄爲一等一名，成爲增生。光緒三年（1877）丘逢甲以〈窮經致用賦〉（以題爲韻）應試該年臺灣府學閩粵經古科，經主考官取錄爲第二名。光緒年間賴世觀以〈玉壺冰賦〉（以「一片冰心在玉壺」爲韻），得縣試首覆第四名。這三篇試賦中，〈玉壺冰賦〉（以「一片冰心在玉壺」爲韻）是御定拔文準則中「清」的典型、「宗唐」風格試題。至於〈露香告天賦〉、〈窮經致用賦〉俱以御定拔文準則之二「眞」的典實（典故）類試題。由此三篇賦題，可視爲清代在臺舉行之縣試賦題對御定拔文準則的回應。

以下僅就現存清代臺灣律賦中，含有御定拔文準則之二「眞」的典實（典故）類賦作列之於下：

（一）四書

此類目前有《論語》兩篇，曹敬〈止子路宿賦〉（以「殺雞爲黍而食之」爲韻），曹敬〈露香告天賦〉（以「知我者其天乎」爲韻）。

〈止子路宿賦〉（以「殺雞爲黍而食之」爲韻），題韻俱出自《論語·微子》第七章：「子路從而後，遇丈人，以杖荷蓧。……止子路宿，殺雞爲黍而食之，見其二子焉。明日，子路行以告，子曰：『隱者也。』……」〔註75〕《論語·微子》記載孔子周遊列國所遇之隱者，此章記載子路所遇之荷蓧丈人即爲其一。曹敬〈止子路宿賦〉重點爲亂世遇知音，故云「何圖雞黍留賓，隱士竟禮隆特殺。」重現丈人隆禮款待子路的情節，淡化孔子隔日使子路返見荷蓧丈人，轉述孔子重「君臣之義」而不隱居的理念與態度。曹氏第二篇〈露

〔註75〕〔魏〕何晏注，〔宋〕刑昺疏，《論語注疏》，《十三經注疏本》（臺北：藝文印書館，1989年），頁166。

香告天賦）爲道光二十七年（1847）錄取一等一名，成爲增生的應試之作。官韻出自《論語‧憲問》第三十七章「子曰：『莫我知也夫！』子貢曰：『何爲其莫知子也？』子曰：『不怨天，不尤人，下學而上達，知我者，其天乎！』」〔註76〕。以此爲韻）《論語‧憲問》第三十七章在於彰顯孔子一生秉持推行仁政王道的理想，棄高位而遊列國，歷經多次死難，晚年再逢兒子伯魚、高徒顏淵喪生的打擊，展示儒者傲骨與理想的堅持。曹敬此賦依次列舉宋代名臣，以「上不負國恩，下不辜民社」呼應孔夫子一生對仁政王道的施政理念。

（二）六經

乾隆三十九年（1774）《續修臺灣府志》卷八〈學校志〉收錄有臺灣道劉良璧所制訂之〈海東書院學規〉，〈學規〉共有六條，其中第四項爲「崇經史」條：

> 崇經史。《六經》爲學問根源，士不通經，則不明理；而史以記事，歷代興衰治亂之跡，與夫賢佞忠奸，善可爲法、惡可爲戒者，周不備載。學者肆力於經史，則有實用，而時文之根柢亦胥在焉。舍經史而不務，雖誦時文千百篇，不足濟事。〔註77〕

〈海東書院學規〉六條，分別是「明大義」、「端學則」、「務實學」、「崇經史」、「正文體」、「愼交遊」，其中與試賦有關的是「崇經史」與「正文體」。「崇經史」爲場屋應試時行文的基礎，「正文體」即以程朱之理爲正。現存清代臺灣律賦中，以「六經」爲題韻者共有 7 篇，分別是《詩經》1 篇、《禮記》3 篇、《易經》2 篇、《春秋》1 篇，官方選編有 4 篇，私人賦集有 3 篇。

1. 《詩經》

律賦用典宜以經書爲雅，六經中《詩經》多以四言爲句式，一方面符合典雅的要求，同時四言爲一句也是律賦中經常出現的句式，如唐代佚名撰寫之《賦譜》，其中律賦句式，有不少是四字句的部分，如「緊句對」：

> 緊 四字句也。

「隔句對」：

> 輕隔者，如上有四字，下六字。

> 重隔，上六下四。

〔註76〕〔魏〕何晏注，〔宋〕刑昺疏，《論語注疏》，《十三經注疏本》（臺北：藝文印書館，1989 年），頁 129。

〔註77〕〔清〕余文儀主修，《續修臺灣府志》（中）（臺北市：文建會，2007 年 6 月），頁 491。

平隔者，上下或四或五字等。

雜隔者，或上四，下五、七、八；或下四，上亦五、七、八字。〔註78〕

四言的緊句與「輕、重、平、雜」等隔句對，都有四字句式，賦家行文引《詩經》經句，直接套用，或者稍爲變化〔註79〕，即能符合御定拔文準則之二「眞」的典實（典故）特質。

現存以《詩經》經句爲韻的鄧延禧〈丹鳥賦〉，出自道光二十八年（1848）任職臺灣兵備道兼提督學政的徐宗幹所選編的《瀛洲校士錄》。〈丹鳥賦〉以《詩經·豳風·東山》「熠燿宵行」爲韻，〈東山〉爲周公東征三年而歸，征士思家之詩，「町畽鹿場，熠燿宵行」即征士懷想家園三年荒蕪，已然爲鹿場、螢火蟲飛的情景〔註80〕。鄧延禧〈丹鳥賦〉以彼時臺灣常見的螢火蟲爲主題，與征戰思歸的主旨無關。

　2. 《禮記》

現存三篇以《禮記》經句爲韻的清代臺灣律賦，出自道光二十八年（1848）任職臺灣兵備道兼提督學政的徐宗幹所選編的《瀛洲校士錄》。分別是吳敦仁〈投壺賦〉以《禮記·投壺》「矢以柘若棘」爲韻、潘乾策〈忠信爲甲冑賦〉以《禮記·儒行》「忠信爲甲冑賦」爲韻、許廷崙〈禮義爲干櫓賦〉以《禮記·儒行》「禮義爲干櫓賦」爲韻。

吳敦仁〈投壺賦〉以《禮記·投壺》「矢以柘若棘」〔註81〕爲韻，《禮記·投壺》記載自一種流行於先秦至清末的宴飲禮儀、遊戲，亦即投壺之禮。「矢以柘若棘」即執「矢」投壺的材質外形，是以貴重的柘樹做成類似戟的箭。吳氏〈投壺賦〉仿《禮記·投壺》的形式，簡述整個投壺「禮儀、遊戲」的

〔註78〕〔唐〕佚名所撰之《賦譜》，王冠輯，《賦話廣聚》第 1 冊（北京：北京圖書館出版，2006 年 12 月），頁 14～17。

〔註79〕此類例證極多，在此僅引林謙光〈臺灣賦〉爲例：「帝赫厥怒，淵淵闐闐。既昭義問，乃命旬宣。」中四句乃採合《詩經·大雅·皇矣》：「王赫斯怒，爰整其旅。」、合《詩經·小雅·采芑》：「伐鼓淵淵，振旅闐闐。」、《詩經·大雅·文王》：「宣昭義問，有虞殷自天。」、《詩經·大雅·江漢》：「王命召虎，來旨來宣。」等，爲典型的變化《詩經》集句，既有典故，又符合雅句。林謙光，〈臺灣賦〉，簡宗梧、許俊雅等主編，《全臺賦校訂》（臺南：國立臺灣文學館，2014 年），頁 6。

〔註80〕《毛詩注疏》，〔漢〕毛亨傳、鄭元箋，〔唐〕孔穎達等正義，《十三經注疏本》（臺北：藝文印書館，1989 年），頁 295～6。

〔註81〕《禮記注疏》，〔漢〕鄭元注，〔唐〕孔穎達疏，《十三經注疏本》（臺北：藝文印書館，1989 年），頁 968。

進行，「古禮斯存，清商間作。」〔註82〕另外兩篇出自於《禮記・儒行》「儒
有忠信以爲甲冑，禮義以爲干櫓。戴仁而行，抱義而處，雖有暴政，不更其
所，其自立有如此者。」〔註83〕潘乾策〈忠信爲甲冑賦〉（以題爲韻）、許廷
崙〈禮義爲干櫓賦〉（以題爲韻），俱以此爲道光末年鴉片戰爭等外患入侵的
抵抗論述，內容則以修道德制外患的謀略，映現道光末年士人面對強敵壓境
的無力感。

3. 《易經》

　　現存兩篇清代臺灣律賦以《易經》內涵爲韻，分別是鄭用錫〈謙受益賦〉
以《易經・謙卦》「謙卦六爻皆吉」爲韻、陳宗賦〈易重一勔賦〉以「講易見
天心」爲韻。道光三年（1823）開臺進士鄭用錫（1788～1858），精於《易經》，
僅存的一篇賦作即〈謙受益賦〉（以「謙卦六爻皆吉」爲韻）。《易經》六十四
卦，唯謙卦六爻皆吉，鄭用錫雖身爲清代臺籍首位進士，卻能「安不忘危，
卑以自牧」，由個人至家國，「要之文德誕敷，自叶黃裳元吉」。另陳宗賦（1864
～1928）〈易重一勔賦〉以唐張說詩句「講易見天心」〔註84〕爲韻，全賦發揮
程伊川的《易》學思想。清代科舉將「程朱」之學納入考試之中，如〈臺灣
道劉良璧海東書院學規〉「正文體」條：

> 正文體。……我朝文運昌明，名公巨篇，汗牛充棟；或兼收博採，
> 或獨宗一家，雖各隨風氣爲轉移，而理必程朱，法則先正，不能易
> 也。夫不仰泰山，誤止岨峛之高；不窮典謨，妄誇諸子之陋。諸生
> 取法宜正，立言無陂。〔註85〕

可見程朱之理，本爲清代科舉考試的理法、典謨，不能易也，因此陳宗賦〈易
重一勔賦〉全文以伊川先生說《易》爲主旨。

〔註82〕簡宗梧、許俊雅等主編，《全臺賦校訂》，頁115。
〔註83〕《禮記注疏》，〔漢〕鄭元注，〔唐〕孔穎達疏，《十三經注疏本》，頁976。
〔註84〕〔唐〕張說，〈恩制賜食於麗正殿書院宴賦得林字〉：「誦時聞國政，講易見天
　　　心。」《全唐詩》3冊，87卷（北京：中華書局，1990年2月），頁945。
〔註85〕〔清〕余文儀主修，《續修臺灣府志》（中），頁491。
　　　按：〈臺灣道劉良璧海東書院學規〉「端學則」條，亦以「程、董先生云：『凡
　　　學於此者，必嚴朔望之儀，謹晨昏之令，居處必恭、步立必正，視聽必端、
　　　言語必謹，容貌必莊、衣冠必整，飲食必節、出入必省，讀書必專一、寫字
　　　必楷敬，几案必整齊、堂室必潔淨，相呼必以齒、接見必有定，修業有餘功、
　　　游藝有適性，使人莊以恕，而必專所聽。』此白鹿書院教條與鰲峰書院學規
　　　並刊，工夫最爲切近。」頁490。

4. 《春秋》

現存一篇清代臺灣律賦以《春秋‧公羊傳》經句爲韻者，爲曹敬〈夏雨雨人賦〉以「不崇朝雨遍天下」爲韻。「夏雨雨人」取自《說苑‧貴德》：「管仲上車曰：『吾不能以春風風人，吾不能以夏雨雨人，吾必窮矣。』」爲題，韻「不崇朝雨遍天下」取自《春秋‧公羊傳》僖公三十一年「不崇朝而徧雨乎天下者，唯泰山爾。」〔註86〕即上位者如天降甘霖，如雨潤澤萬物般濟世救民。

現存清代臺灣律賦總數 67 篇，依「臺灣學子七歲至十五歲讀書計劃表」，以四書與六經爲題、韻者共 10 篇〔註87〕，再含十三經中的《爾雅》〔註88〕1篇，則以十三經爲題、韻者共 11 篇，約占清代臺灣律賦總數 67 篇中的 16%。雖然「臺灣學子七歲至十五歲讀書計劃表」未含有「史」的部分，但「經史」原爲試賦之根柢，現存清代臺灣律賦取自漢代史書的有 3 篇〔註89〕、宋史 1篇〔註90〕，相對四書、六經類又更少。合經、史總例共得 15 篇，占清代臺灣律賦總比例爲 22%，頗能印證臺灣道劉良璧制訂之〈海東書院學規〉中，「崇經史」的要求。總之，清代臺灣士子經過嚴格的科舉教育，養成窮經穴史的律賦寫作能力，乙未割臺停止科舉應試，部分臺灣文士參與鸞堂事務，與登鸞降筆之神佛仙眞合作鸞賦。鸞賦之形式多以律賦，尤其保留律賦窮經穴史的書寫特質，根據楊晉龍〈神仙佛的經學傳播——臺灣地區民國前扶鸞賦經學訊息探論〉〔註91〕的研究，以 35 年間（1896～1931）完成的 20 部鸞書內

〔註86〕《公羊傳‧僖公三十一年》：「觸石而出，膚寸而合，不崇朝而徧雨乎天下者，唯泰山爾。」《公羊傳注疏》，〔漢〕公羊壽傳、何休解詁，〔唐〕徐彥疏，《十三經注疏本》（臺北：藝文印書館，1989 年），頁 158。

〔註87〕含邱逢甲〈窮經致用賦〉（以題爲韻）在內。

〔註88〕現存清代臺灣律賦以《爾雅》經句爲韻者，出自道光二十八年（1848）任職臺灣兵備道兼提督學政的徐宗幹所選編的《瀛洲校士錄》，毛士釗〈比目魚賦〉以「有比目魚焉」爲韻，取自《爾雅‧釋地》：「東方有比目魚焉，不比不行，其名謂之鰈。」〈比目魚賦〉依此詠物：「是爲比目魚焉，鰈既著名，鰜仍取義。」全賦爲律體小賦，故以比目魚樣態、習性爲主，少比擬與引申。
「東方有比目魚焉。」詳見：《爾雅注疏》，〔晉〕郭璞注，〔宋〕邢昺疏，《十三經注疏本》（臺北：藝文印書館，1989 年），頁 112。
「是爲比目魚焉，鰈既著名，鰜仍取義。」詳見：許俊雅等主編，《全臺賦校訂》，頁 136。

〔註89〕施瓊芳〈海旁蜃氣象樓臺賦〉以（以題爲韻）、曹敬〈淮陰背水出奇兵賦〉以「淮陰背水出奇兵」爲韻、洪繻〈班固燕然山刻石賦〉（以題爲韻）。

〔註90〕洪繻〈虞允文勝金人於采石磯賦〉以（以「大功乃出一儒生」爲韻）。

〔註91〕楊晉龍，〈神仙佛的經學傳播——臺灣地區民國前扶鸞賦經學訊息探論〉，《第

59 篇鶯賦，篩選統計賦中引述的儒家經典文本進行分析，得出出自《四書》者 236 例，來自《五經》者 308 例的成果。

第三節　試賦與臺灣賦發展之關係

　　康熙帝以律賦取士，此風至雍、乾二帝，逐步形成「清眞雅正」之御定拔文準則。爲求國家長治久安，以「文運」結合「國運」，樹立了「清、眞、雅、正」的文法標準，根據朱一飛《增訂律賦揀金錄初刻・賦譜》對「清、眞、雅、正」落實於律賦的論述，「清、眞」乃氣韻風格與典實，以彼時臺灣律賦分析，限於篇幅，僅以賦題、限韻的部分，依「宗唐風格」與「經史典實」（十三經、其他〔六朝、宋代〕）就賦題、限韻的部分分析，所得結果如下表所示：

清代御定拔文準則對臺灣律賦「題、韻」影響表

清代臺灣律賦（含試賦）總數 67 篇〔註 92〕					
官方總篇數有 9 篇			私人律賦總篇數有 58 篇		
宗唐	《瀛州校士錄》2 篇	試賦 1 篇	唐詩文爲題、韻 16 篇〔註 93〕	唐人佚事或著作爲題、韻 3 篇	唐史爲題、韻 5 篇〔註 94〕
	共 3 篇，約占官方比例 33%		共 24 篇，約占私人比例 41%		
	清代臺灣律賦（含試賦），宗唐共 27 篇，約占總比例約 40%				
十三經	《瀛州校上錄》5 篇	試賦 1 篇	私人賦作 5 篇		
	共 6 篇，約占官方賦作比例 67%		約占私人賦作比例 0.8%		
	清代臺灣律賦（含試賦），經史共 11 篇，占總比例約 16%				
其他	六朝詩文 9 篇，宋史、詩、文有 8 篇，共 17 篇，占總比例約 25%				
「宗唐」＋「十三經」＋「其他」共 55 篇，占總比例約 82%					

七屆中國經學國際學術研討會論文集》（政治大學中國文學系，2011 年 8 月），頁 199～236。

〔註 92〕按：此數已先扣除以律賦寫的 7 篇志賦，原清代臺灣律賦總數爲 74 篇。

〔註 93〕「唐詩文爲題、韻」總數原爲 18 篇，扣除官方的《瀛州校士錄》1 篇（許式金，〈雁來紅賦〉（以「鴻雁幾時到」爲韻））、試賦 1 篇（光緒年間賴世觀以〈玉壺冰賦〉（以「一片冰心在玉壺」爲韻），得縣試首覆第四名。）故私人有 16 篇。

〔註 94〕「唐史爲題、韻」總數原爲 6 篇，扣除官方的《瀛州校士錄》1 篇（徐德欽，〈十八學士登瀛洲賦〉（以題爲韻）），故私人有 6 篇。

由上表所列，不分官方、私人律賦，總計宗唐 27 篇、十三經 11 篇、其他（六朝詩文、宋史詩文）17 篇，共 55 篇，占清代臺灣律賦（含試賦）67 篇總比例超過八成。以「御定拔文準則（宗唐、十三經）」做「題、韻」分析，得知官方 9 篇完全符合，私人 46 篇符合，高達 78%。

由此極高的比例可知：清代臺灣士子創作之律賦以致用爲性質，更以場屋試賦爲依歸。如現存臺灣賦較多的三位賦家，曹敬、陳宗賦一生爲塾師，教導學子習賦之目的爲科舉應試，陳氏於割臺科舉廢止之後，北臺青年仍多從其學。洪繻所作律賦多以場屋試賦爲主，日治之後仍持續創作不斷。曹、陳、洪三氏的背景與科舉應試相關連，因此一生賦作均深受場屋試賦的影響。

一、試賦對志賦書寫的影響

志賦爲臺灣賦史最早開發的領域，由明末沈光文來臺踏察二十餘年，書寫〈臺灣賦〉等作開啓紀實探源的風格，康熙二十三年（1684）首任諸羅縣令季麒光〈客問〉繼之在後，然而此類紀實探源的志賦風格，於很短的時間中，被「藉中土景物渲染，似不足以形容」〔註 95〕的纂志官員所取代。紀實探源的風格，直到乾隆二十七年（1762）臺灣鳳山人卓肇昌，以在地情懷自注形式撰寫〈臺灣形勝賦〉（以「化日普照，聖澤無涯」爲韻）。值得注意者，此賦以律賦形式彰顯志賦的地理情懷，既忠於地方志的紀實特質，又映現（律）賦取士的時代風潮。

（一）律體小賦與散體大賦

場屋律賦於律賦取士的風潮下，成爲士子最習慣及擅長的文學形式，志賦作者將此種形式運用於志賦的書寫可謂必然。清代臺灣方志〈藝文志〉收錄以律賦形式寫志賦者，有下列 7 篇：

清代臺灣「律體志賦」字數表

作者	賦篇	用韻	收錄志書	字數
王必昌	澎湖賦	以「雲島接連風潮無極」爲韻	《重修臺灣縣志》	866
卓肇昌	臺灣形勝賦	以「化日普照，聖澤無涯」爲韻	《重修鳳山縣志》	787
卓肇昌	鳳山賦	以「碧霄盼來儀」爲韻	《重修鳳山縣志》	553

〔註95〕〔清〕黃叔璥，《臺海使槎錄》《清代巡臺御史巡臺文獻》（北京：九州出版社，2009 年 12 月），頁 268。

卓肇昌	三山賦	以「瓊臺瑤島，金城玉闕」爲韻	《重修鳳山縣志》	587
陳洪圭	秀峰塔賦	以「騰蛟起鳳，紫電清霜」爲韻	《重修鳳山縣志》	691
鍾天佑	庚寅恆春考義塾賦	以「二月十二當堂考課」爲韻	《恒春縣志》	808
康作銘	瑯嶠民番風俗賦	以「性情言語彼此不同」爲韻	《恒春縣志》	609

　　清代臺灣志書〈藝文志〉共收錄 27 篇賦作，其中律體志賦有 7 篇，約占清代臺灣志賦總數比例 26%，就總比例而言並不高，可見律體寫志賦並不常見。就「清代『臺灣主題』散體志賦字數表」來看，律賦具有詞約意豐的小賦特質，比起清代臺灣志賦中常見的「臺灣賦／臺灣形勝賦／臺陽形勝賦」等「臺灣主題」賦作，尤其乾隆十七年（1752）王必昌〈臺灣賦〉以前，志賦多以散體賦的形式，其篇幅均數倍於律體志賦，如下表所示：

清代「臺灣主題」散體志賦字數表

作者	賦作	收錄志書	字數
季麒光	〈客問〉（原稿版）	《重修臺灣府志》、《蓉洲文稿選輯》	2844
林謙光	〈臺灣賦〉	《臺灣府志》	1313
高拱乾	〈臺灣賦〉	《臺灣府志》	1283
周　澎	〈平南賦〉	《重修福建臺灣府志》	2128
王必昌	〈臺灣賦〉	《重修臺灣縣志》	2615

　　乾隆十七年以前，「臺灣主題」爲主題的散體志賦，字數在（1313～2844）之間，乾隆十七年以後，字數明顯減少，尤其限韻的律體志賦，字數在（553～866）之間。可見體國經野，義尙光大的散體大賦正足以彰顯國運正隆的盛清氣象，然而隨著御定拔文準則頒布天下，限時限韻的律體小賦也出現於志賦的創作中。如乾隆二十七年（1762）《重修鳳山縣志》所收錄之陳洪圭〈秀峰塔賦〉（以「騰蛟起鳳，紫電清霜」爲韻），即取自唐人王勃〈秋日登洪府滕王閣餞別序〉中「騰蛟起鳳，孟學士之詞宗；紫電青霜，王將軍之武庫。」顯示律體志賦，亦以「宗唐」之拔文準則，書寫臺灣八景之秀峰塔。

（二）偏向試賦的創作特色——朱仕玠〈夾竹桃賦〉、林萃岡〈秋牡丹賦〉

　　乾隆二十九年（1764）《重修鳳山縣志・藝文志》收錄有鳳山縣教諭朱仕

玠（1712～）所著之〈夾竹桃賦〉。「夾竹桃」爲臺灣常見植物，但清代臺灣
方志依兩種形式記載，一爲「有目無文」，如：乾隆九年（1744）《重修臺灣
府志》、乾隆三十九年（1774）《續修臺灣府志》〔註96〕〈物產〉「夾竹桃」目
下皆無說明文字。二爲「目下簡文」，即「夾竹桃」目下有簡略之文字說明。
如：乾隆十七年（1752）《重修臺灣縣志》：

> 夾竹桃【樹幹有節如竹，葉如桃，故名。其花一莖數十蕊，鮮紅絢
> 爛。】〔註97〕

及乾隆二十九年（1764）刊行的《重修鳳山縣志》：

> 夾竹桃【樹幹有節如竹，葉如桃，故名。】〔註98〕

上述所列方志記載之「夾竹桃」兩種形式（有目無文、目下簡文）記載，均
於朱仕玠寫作〈夾竹桃賦〉乾隆二十九年（1764）之前，亦即朱仕玠所能參
考方志「夾竹桃」記述爲有目無文、目下簡文的方式。朱氏爲福建建寧縣人，
乾隆二十八年（1763）渡海來臺任鳳山縣教諭，屬於彼時臺灣士子眼中的「海
外名師」〔註99〕，以縣學教師身分撰寫賦作，又被志書〈藝文志〉所收錄，
則朱氏〈夾竹桃賦〉不僅只是一般賦作，更具官方的正典色彩〔註100〕。

朱氏於乾隆二十八年至二十九年（1763～4）間，任職於鳳山縣教諭，同
時編纂《重修鳳山縣志》因此〈夾竹桃賦〉之創作動機，極有可能是以「縣
教諭」的身分爲《重修臺灣府志》而作。志書〈藝文志〉具有官方正典立場、
縣教諭本爲輔導縣學童生考取功名，因此朱氏〈夾竹桃賦〉必定同時兼具志
賦與試賦的特質。

志書〈藝文志〉所收錄之志賦多具「以賦佐志」的特質〔註101〕，〈夾竹

〔註96〕〔清〕六十七，范咸纂輯，〈物產二〉，《重修臺灣府志》（下）（臺北：文建會，
2005年6月），頁645。〔清〕余文儀主修，〈物產二〉《續修臺灣府志》，（中），
頁757。

〔註97〕〔清〕王必昌總輯，〈風土志〉，《重修臺灣縣志》（下）（臺北市：文建會，2005
年6月），頁574。

〔註98〕〔清〕王瑛曾編纂，〈雜志〉，《重修鳳山縣志》（下）（臺北市：文建會，2006
年6月），頁407。

〔註99〕如黃希先〈榕壇賦〉（以「風光月色滿榕壇」爲韻）中云：「問佳士於座中，
常對千竿之竹；尋名師於海外，偏栽十畝之榕。」所謂「尋名師於海外」，即
指自中原禮聘師資來臺任教。詳見許俊雅等主編，《全臺賦校訂》，頁126。

〔註100〕施懿琳，〈從《臺灣府志》〈藝文志〉看清領前期臺灣散文正典的生成〉，《臺
灣文學學報》第4期（2003年8月），頁1～36。

〔註101〕如：以賦代序——王必昌〈臺灣賦〉、以賦佐志——卓肇昌〈臺灣形勝賦〉、

桃賦〉屬於志書〈物產〉類。檢視清代臺灣方志「夾竹桃」記載，內容顯得簡易，朱氏選「夾竹桃」為題，顯然偏好此物，因此若從志賦的角度，此賦命題有極大的創作空間，全然發揮「以賦佐志」的特質。但朱氏〈夾竹桃賦〉的書寫策略顯然偏向試賦，本賦全篇以「桃」、「竹」典故組成，如「渡江歌王郎之曲，艷冶桃根；入梁求帝子之園，荒涼竹町。」、「吾聞度索之山桃，屈蟠以千里；衛丘之谷竹，蕭森於百尋。」、「他如桃花頰面，崔女逞其清妍；竹葉成醪，曹王誇其醲郁。」、「他如桃花頰面，崔女逞其清妍；竹葉成醪，曹王誇其醲郁。」、「囂水之竹，桃枝名焉。螺江之桃，復夾竹而娙娟。」莫不以「桃、竹」相映，又兼「章臺息嬌，則以桃花留名；唐苑玉環，復以櫻桃簪鬢。」引史論典，極符合御定典實之拔文準則。朱氏雖為鳳山縣教諭，然而〈夾竹桃賦〉畢竟為《重修鳳山縣志·藝文志》所收錄，代表臺地鳳邑之地產特質，應以志賦特質為重。今偏向試賦拔文準則，顯然為深受御定拔文準則影響，而有所偏頗。當然這又關係到收錄的問題，如果〈夾竹桃賦〉為朱氏個人文集所錄，則無偏頗的問題。

　　乾隆二十九年（1764）《重修鳳山縣志·藝文志》另收錄〈秋牡丹賦〉，作者林萃岡臺灣鳳山縣人，康熙四十七年（1708）歲貢。此亦為作者創作或志書〈藝文志〉收錄賦作受試賦影響的例子，「牡丹」彼時尚未傳入清朝，遍尋清代臺灣方志未見植種「牡丹」的記載，志書作為治書之用，《重修鳳山縣志》畢竟代表臺地鳳邑之地產特質，因此此類賦作亦不宜收入其中。牡丹於唐朝有花王之譽，林萃岡〈秋牡丹賦〉以賦題來看，即有宗唐之意識。由朱仕玠〈夾竹桃賦〉、林萃岡〈秋牡丹賦〉均可見彼時臺灣志賦創作受到試賦影響的例證。

二、抑制作家的創作自主

　　由於清代臺灣賦作幾乎以科舉應制為主，因此律賦（含試賦）超過清代臺灣律賦總比例八成，其中官方 9 篇，100%完全符合御定拔文準則；私人 46 篇，也有高達 78%的比例符合。於宗唐與典實等試賦程式的規範下，彼時律賦無不用典〔註 102〕，即使志賦書寫的物產賦主題，都不免引子部史部典故，

以賦代志──屠繼善〈遊瑯嶠賦〉。

〔註 102〕余丙照，《賦學指南校正》，有云：「賦之不能使典，筆不活也」。詳見：〔清〕余丙照，《賦學指南校正》，陳文新主編，《歷代律賦校注》，《歷代科舉文獻整理與研究叢刊》（武漢：武漢大學出版社，2009 年 9 月），頁 817。

運用於：用比、用襯、用借、用附……等手法。此舉不免引起負面效應：讀
《重修鳳山縣志・藝文志》中收錄的〈夾竹桃賦〉，不知所指爲何處的「夾竹
桃」？讀〈秋牡丹賦〉不知彼時鳳山竟有牡丹？因此陸德海以爲：

> 清廷的文化統治，最有力的手段就是頒發文化教科書，貫徹「清眞
> 雅正」的文學思想。……這一文法標準的根本旨趣在於取消作家個
> 性及文章的創造性。〔註103〕

陸德海認爲朝廷以「清眞雅正」爲文法標準頒布於天下，學子爲求功名，必
定競相套用，如此一來，反而抑制了作家的個性及文章的創造性。晚清光緒
十八年（1892）澎湖文石書院主講林豪認爲「結韻、抬頭、頌揚」等應制之
體，過度運用將形成弊端，如下：

> 如結韻、抬頭、頌揚，係應制之體，不得已而用之，若全篇頌揚，
> 澎士每喜用之，尤不可解。此體無足討好，而最易惹厭，似不必輕
> 用爲當也。〈續擬學約八條〉〔註104〕

可見「結韻、抬頭、頌揚」本爲應制之體，林豪以爲不得輕易使用，除非是
不得不用之時。而彼時臺灣士子習賦入門教材，余丙照的《賦學指南》卷十
〈論結段・頌揚〉亦云：

> 頌揚最忌通套，語要堂皇，意要關切，更須要看題面何如。若題與
> 朝廟全不相涉，必欲以冕服游山林，亦失體裁。〔註105〕

雖然賦論家多次提出「頌揚」過多令人生厭的觀點，爬梳曹敬、洪繻、陳宗
賦之賦作，赫然發覺三人中，陳宗賦是運用「頌揚」體較多的一位，如：

> 方今聖天子嘉魚宴歌，魴魚政佈。……（〈子魚通印蠔破山賦〉（以
> 題爲韻））〔註106〕

> 何若我朝才銓二妙，賢豪悉合時宜。……（〈二三豪傑爲時出賦〉（以
> 題爲韻）（一），《臺灣賦集》，頁250）

〔註103〕陸德海，《明清文法理論研究》，（上海：上海古籍出版社，2007年10月），
頁168、178。

〔註104〕〔清〕林豪總修，〈文事〉，《澎湖廳志》（臺北：文建會，2006年6月），頁
193。

〔註105〕〔清〕余丙照，〈律賦在唐代「典律化」之考察〉，（附錄三）《賦學指南校正》，
陳文新主編，《歷代律賦校注》，《歷代科舉文獻整理與研究叢刊》（武漢：武
漢大學出版社，2009年9月），頁763。

〔註106〕黃哲永、吳福助主編，《臺灣賦集》（臺中市：文听閣圖書，2007年），頁246。
按：爲避免重複註解的繁瑣，凡引述《臺灣賦集》原文，將徑自標識頁數。

方今聖天子玉燭調和，金甌鞏固。……（〈袖中有東海賦〉（以題爲韻），《臺灣賦集》，頁 254）

洪惟聖天子之御宇也，盛世休明，仁恩餘裕。……（〈天臺仙女送劉阮還家賦〉（以題爲韻），《臺灣賦集》，頁 262）

洪惟我國家運際祥和，道明法度。……（〈一年七十二風賦〉（以題爲韻）（一），《臺灣賦集》，頁 266）

方今郅治宏敷，湛恩廣佈。……（〈一年七十二風賦〉（以題爲韻）（二），《臺灣賦集》，頁 268）〔註107〕

我皇上德化覃敷，教思廣佈。……（〈先器識而後文藝賦〉（以題爲韻），《臺灣賦集》，頁 274）

方今聖天子德業久隆，規模永壯。……（〈五月渡瀘賦〉（以「用兵之道攻心爲上」爲韻），《臺灣賦集》，頁 276）

檢視前述陳宗賦八篇賦末結段多有頌揚之運用，其中〈天臺仙女送劉阮還家賦〉（以題爲韻）一篇，全賦主旨爲：漢代劉、阮二氏入天臺山遇仙女的故事，此則故事與朝廷宗廟全然無關，爲何賦末仍然頌揚：「洪惟聖天子之御宇也，盛世休明，仁恩餘裕。」此例正可證明林豪、余丙照所云：「頌揚」之體，要小心運用，不得不用時，也得與朝廷宗廟相關才可。除了〈天臺仙女送劉阮還家賦〉之外，陳宗賦其他運用頌揚手法之賦篇，偶然可見斧鑿之痕，於此不一一指陳。

三、偏離「清眞雅正」——李逢時〈銅貢賦〉

　　清代臺灣志賦、律賦、試賦於科舉功名的榮顯下，曾經深受御定拔文準則的影響。然而隨著國勢衰弱，內憂外患，軍需乏用，朝廷廣開捐例，富家子弟因此以納貲捐輸貢生頭銜，炫耀鄉里。科舉考試所費不貲，富家子弟原本比寒士更有機會，如今捐輸納貲即可取得功名，看在寒士眼裏更是不平。咸豐十一年（1861）臺灣噶瑪蘭拔貢生李逢時，於同治二年（1863）撰〈銅貢賦〉（以「銅貢立文魁匾賦」爲韻）〔註108〕來諷刺這種捐例得來功名的問題：

〔註107〕陳宗賦多於賦末頌揚，〈一年七十二風賦〉（以題爲韻）（二）此賦於賦首「洪惟聖天子之御宇也，道啓昌明，德懷元吉。……」以頌揚點題。賦末「方今郅治宏敷，湛恩廣佈。」以頌揚終篇。
〔註108〕盧世標，〈李孝廉逢時年表〉，李逢時著，《泰階詩稿》（臺北：龍文出版社，2001 年），頁 161。

> 有貢生自福州來者，其名曰銅。曾進財於榕省，誇好貨於蘭中。匾
> 額則字鐫聖旨，頭銜則名廁學宮。魚目混珠，羅漢腳何訪誆騙；蟒
> 袍耀彩，光棍皮亦算威風。（《全臺賦校訂》頁 215）

作者身爲拔貢生，熟稔律賦筆法，特以限韻的方式寫類似俗賦的白話敘事賦，首段點明銅生發跡於福建省城、來往噶瑪蘭致富，用以納捐貢生銜，其實乃魚目混珠，「屎氣塞胸，一丁之字全然無知」（《全臺賦校訂》頁 215）李氏深黯場屋試律賦之科場程式，卻以限韻形式寫諷刺之作，捨棄「清眞雅正」等典實尊唐等準則，全篇除了「從茲官鬼斗量，濫賦鹿鳴之什。」《詩經・小雅・鹿鳴之什》、「身盡半生血本，身邊陽貨僅存。」《論語・陽貨》堪稱有典之外，不僅文白，還用盡俗語：

> 汝其搖頭擺尾，果然衣袖生風；吐氣揚眉，那曉聲名敗露。其所指
> 之品級也，則有紅頂、白頂之分；其別號之稱呼也，則有大員、小
> 員之別；其出身之來歷也，則有娼子、婊子、兔子、鹿子之流；其
> 慣練之家司也，則有光棍、土棍、地棍、訟棍之路。……安得不爲
> 斯文掃地而興悲，爰集俚句而作賦也哉。（《全臺賦校訂》頁 216）

世事顚倒之是非，過去家世不清白者，如賤籍者三世之後方能應試者，今日則一概開放，如此貢生也可能有「有娼子、婊子、兔子、鹿子」等出身，可見捐貢者不學無術的程度。李逢時一生勤學，取得拔貢功名未久，朝廷竟開捐例，使得自己一生努力與捐例出身者等同，悲憤之情，溢於言表，故以俚俗語爲銅貢立傳。〈銅貢賦〉已然偏離「清眞雅正」的準則，然而終清之世這類賦作畢竟較爲少數。

第七章　超越御定準則之生命書寫
——曹敬賦之「仕」與「隱」

　　康熙二十六年（1687）朝廷在臺開科取士以來，積極投身科舉活動的臺生，競相仿效御定拔文準則，形成風潮。根據本書第六章「**試賦準則與題韻關係**」研究，顯示現存清代臺灣律賦於「題、韻」設計，確實朝御定拔文準則的大方向創作。學者陸德海認為：御定「清真雅正」的文法標準，其根本旨趣為「取消作家個性及文章的創造性」。〔註1〕於御定拔文準則下，臺灣賦家缺乏個別性與文章的創造性，如此是否有「超越御定拔文準則」的可能？若從學術研究之客觀面探討，則必須細讀個別賦家文本。

　　兩百年來在臺施行科舉制度，拔取許多翰林院庶吉士、進士、舉人，足以代表臺灣賦家。如：清代臺灣著名的三位翰林院庶吉士，道光六年（1826）開臺翰林曾維楨、光緒二十年（1894）翰林李清琦、光緒二十四年（1898）翰林黃彥鴻，可惜三氏賦作均未能流傳後世。至於開臺進士鄭用錫（1788～1858），自童試至進士及第，所作賦篇不知凡幾，現今僅存〈謙受益賦〉一篇。舉人陳維英（1811～1869）亦僅存〈賣花聲賦〉、恩科進士施瓊芳（1815～1868）也僅留有〈蔗車賦〉等 8 篇，其餘賦家作品更是吉光片羽，僅由少數的文本分析，難以映現完整的賦作特色。現存賦作量足以探索其創作主題、特色與風格者，僅有一生功名均止於生員的三家：曹敬（1818～1859）賦作 22 篇、洪繻（1867～1929）賦作 34 篇、陳宗賦（1864～1928）賦作 20 篇。由於清

〔註 1〕　陸德海，《明清文法理論研究》，（上海：上海古籍出版社，2007 年 10 月），頁178。

代臺灣賦文本之留存情況，注定作者身分的研究方向，如現存文本「上層文人」舉人、進士、庶吉士之賦家作品既未能大量留存，則「下層文人」賦作，正可呈顯其艱難的應試歷程。

童生經過開蒙、習字、學賦等漫長的學習過程，養成嫻熟的賦寫能力，得以於縣試中錄取為生員。生員即俗稱的秀才，開始踽踽獨行於科考之路，背負著榮顯家族的使命、懷抱艱難的仕進希望，進入更困難的鄉試階段，僅有極少數人能魚躍龍門，大多數的落榜者以生員身分終其身。多數無望功名的生員，本應於文學史的汰選下無聲的消逝，不意因臺灣古典文學廣搜毋缺的原則下，三家賦作得以保留，因而得以進一步探究清代臺灣生員的賦寫情懷。

本章第一節以「艱難的應舉之路」，說明生逢「科舉累人」之世，艱難的應舉之路乃臺士的共同經歷。簡述曹敬、洪繻、陳宗賦三家賦作的主題偏好，其中曹敬賦作偏好「仕」與「隱」兩大主題，乃出自於一生功名止於生員，加上執教之後，學生青出於藍，有考取舉人者。在理想期許與現實殘酷的微妙的心理作用下，進入第二節「理想自我與反向作用」，說明於取得功名，崢嶸三代的集體意識下，士人如何歷經「苦學」之後，還需「求神吉兆」與「企盼知遇」等精神上的煎熬？因而仕進受挫後，自然轉向尋求隱逸的書寫路徑。第三節「王佐之材與兩種隱逸」，歷經「仕」與「隱」的書寫，身心開解之餘，於理想的仕進，以王佐之材作為仕進的理想與更明確的目標。「兩種隱逸」的論述中，藉陶（淵明）寫己（曹敬），以及凸顯莊子聽憑己志，映現或隱或顯的灑脫。

第一節　艱難的應舉之路——清代臺灣文人的共同經歷

家庭經濟許可父母多注重子女的教育，期待取得功名以提昇既有的社會地位。隨著本土士子群起投入科舉考試，應試人數逐年攀升，根據尹章義的研究，乾隆中期積極參加科舉活動者約當四千人，道光末大約五千人，而光緒中當在七千人左右。清初臺灣人口數約二十萬，嘉慶間二百萬至日據初為二百五十萬，但科舉名額卻與全國一致，未依比例增加，顯示臺灣科舉社羣水準日高、競爭益形激烈。〔註2〕逐年攀升的應試人數，必須歷經生員、舉人、

〔註2〕 尹章義，〈臺灣↔福建↔京師——「科舉社羣」對於臺灣開發以及臺灣與大陸

進士的考試，才能成為官員，於各階段被淘汰的考生形成不同階級的士紳。根據張仲禮的研究，清代紳士地位的形成，如下表所示：

紳士集團的主要構成表[註3]

	正途	異途
上層紳士	官吏 進士 舉人 貢生（包括各類貢生）	官吏
下層紳士	生員（包括各類生員）	監生例貢生

　　無論正途、異途，投身科舉考取功名都是躋身紳士之列的唯一途徑。如此一來投身科舉，獲取功名，成為彼時有志之士的唯一選擇，也是艱辛之路的開始。

一、生逢「科舉累人」之世

　　乾隆五年（1740）十月二十九日上諭，引朱子對科舉之論評：「……朱子云：『非是科舉累人，人累科舉。……居今之世，雖孔子復生，也不免應舉；然豈能累孔子也』。……。」[註4]乾隆帝引朱子之言期勉士子，認為即使孔子復生於科舉取士的時代，要實現淑世的理想任官居職，也無法再依周遊列國之途，還是得循應試之徑，顯然士子苦於科舉應試，為當時普遍的觀點通論。

　　乾隆二十年（1755）之前，閩、粵一帶士子苦於科舉，為求一償宿願，故以寄、冒臺籍的取巧方式應試。乾隆二十年後，臺灣士子大量崛起，開啟臺生仕進之途。根據許雪姬的統計，清代臺灣文進士28位、舉人251位，[註5]以

　　　關係之影響〉，《臺灣開發史研究》（臺北：聯經書局，1989年12月），頁552。
[註3]　張仲禮，《中國紳士》（上海：上海社會科學院出版社，2002年），頁6。
[註4]　〔清〕王瑛曾編纂，《重修鳳山縣志》（上）卷六〈學校志〉（臺北：文建會，2006年6月），頁258。
[註5]　又毛曉陽考訂進士人數為33人，詳見：毛曉陽，〈清代臺灣進士名錄考訂〉，《集美大學學報：哲學社會科學版》，2011年第2期，頁30～36。另，並列謝浩所統計的清代臺灣文進士31位、舉人336位，詳見：謝浩，《科舉論叢》（南投：臺灣省文獻委員會，1995年10月），頁584。
　　　按：三者數據有明顯的差異，主因在於是否從嚴認定「寄、冒籍」問題，如毛曉陽以陳夢球的啟蒙地在臺灣，而納入臺籍，因此認定陳氏為開臺進士，

時期分佈而言，道光三年產生首位開臺進士，至光緒朝增至十餘名之多，此數據透露兩個訊息：

其一，進士出身爲歷代朝廷重要官員之選拔人才，由乾隆二十年（1755）本土士子大量崛起，至道光逐漸有所成果，顯示臺士投身科舉的風氣漸開。

其二，由舉人數可以推斷錄送鄉舉額數比例，而此「錄送鄉舉額數」即臺灣一地擁有參與鄉試資格的生員（俗稱秀才）數：

乾隆九年（1744 年）規定，大省（江南、江西、浙江、福建、湖南、湖北）每舉人一名錄送八十名，副榜一名送四十名；中省（山東、山西、陝西、河南、甘肅、四川、廣東）每舉人一名錄送六十名，副榜一名送三十名；小省（廣西、雲南、貴州）每舉人一名錄送五十名，副榜一名送二十名。臺灣每舉人一名錄送二百至三百名。如果因故沒有參與科試錄科或是參加錄科未取中的人，須再考試錄遺與大收一場，凡取錄有名即准參加鄉試。錄科及錄遺的試題與科試同。〔註6〕

臺灣至光緒十三年（1887）才建省，前述引文取乾隆九年（1744 年）的資料，以臺灣非一獨立省又較其他大省多二十名額，以當時臺灣土地面積與人口數來說，每一名舉人可錄送二百至三百名考生，表面上看似朝廷對臺灣生員特別垂恩，其實更增加考取的難度。又錄送之員額與實際上能參加鄉試的生員數不同，並非所有生員都具有參加鄉試的資格，須於歲試、科試中名列前茅的生員纔能取得考試資格，因此參加鄉試者只佔生員比例相當小的一部分。〔註7〕總之、由清代臺灣共二百五十一名舉人，推算得以錄送的生員名額，或無法取得鄉試資格者，整個清代約有數萬餘名左右的生員。由於「學政考文童、生員試賦」是清代科舉的基層考試，童生和生員的「縣試」第三場考試的內容有律賦一篇〔註8〕，因此「賦」乃通過「縣試」取得「生員」資格的必考項

而否定臺灣學者認同的開臺進士鄭用錫。其實若依「啓蒙地」來認定，較「寄、冒籍」更爲嚴格，但毛氏卻又認同寄冒籍者的進士名額，有其矛盾之處。筆者當以中央研究院‧臺灣史研究所許雪姬之考訂爲準，詳見見行政院文化建設委員會《臺灣大百科全書》，http://taiwanpedia.culture.tw/web/fprint?ID=3678。

〔註6〕 李新達，〈清代科舉考試概述〉《中國科舉制度史》（臺北：文津，1995 年 9 月），頁 270。

〔註7〕 李兵，〈清代考課式書院教育與科舉關係研究〉《書院教育與科舉關係研究》（臺北：國立臺灣大學出版中心，2005 年 4 月），頁 226。

〔註8〕 李新達，〈清代科舉考試概述〉《中國科舉制度史》（臺北：文津，1995 年 9 月），頁 268。

目，可見未取得生員，卻仍得習賦以應科舉考試項目的童生，更是難以數計。終清之世，取得舉人、進士的臺灣士子，仍屬鳳毛麟角，影響所及，不僅個人，更是殷切企盼子孫得取功名的數萬家庭與家族。

　　作者從事文學創作時，都具有先行的理解架構（fore-structure），於此架構下，創作時要將個人的主觀成見完全擱置，那是不可能的。執此之故，賦作為科舉考試的必考項目，士子必須練就以御定拔文準則為大方向的書寫策略；然而，賦作為一種文學體裁，賦家不可能機械性的，全體遵循御定拔文準則的方向來書寫。一般而言，歷經漫長時間的過濾沈澱後，留存下來的賦作大家，往往代表一個時代之文學精華，或者是後代不同時期的審美品味。清代臺灣賦的留存與歷朝歷代最大的差異，非由後代文人品評後留存，而是作為文獻史料的方式全面蒐羅與保存。因此，留存的賦作內容，注定賦的研究方向。

二、曹敬、洪繻、陳宗賦賦作的主題偏好

　　現存賦作量最多的清代三位賦家，分別是：曹敬（1818～1859）、洪繻（1867～1929）、陳宗賦（1864～1928）。三者的共同特色，為平生功名僅於生員。根據張仲禮的研究，「生員」於清代紳士地位分級為「下層紳士」，正好屬於士紳的底層。今依三位賦作內容簡要予以分類﹝註9﹞：

　　曹敬賦作共 22 篇，依所著重之主題列舉於下。「仕進」的有：〈業精於勤賦〉、〈柳汁染衣賦〉、〈止子路宿賦〉、〈種蕉學書賦〉、〈夏雨雨人賦〉、〈白蓮賦〉、〈露香告天賦〉、〈海月賦〉、〈淮陰背水出奇兵賦〉、〈王景略談時務賦〉。「隱逸」的有：〈嚴子陵釣臺賦〉、〈濠上觀魚賦〉（之一）、〈淵明歸隱賦〉、〈濠上觀魚賦〉（之二）。其他：民俗的〈競渡賦〉、〈纔了蠶桑又種秧賦〉。擬作的有：〈擬鮑明遠舞鶴賦〉、〈蘭亭修禊賦〉；聽覺感知的〈攜雙柑酒聽黃鸝賦〉、〈審音知樂賦〉；視覺感知的〈草色入簾青賦〉、〈霜葉賦〉。

　　洪繻賦作共 23 篇﹝註10﹞，依所著重之主題列舉於下：首先是「季節感知」，

<hr />

﹝註9﹞　清代賦作分類標準為《御定歷代賦彙》，但若依《御定歷代賦彙》之分類標準，必闢專章論述，尤其單篇賦作經過精密的校注後，可含有多重詮釋觀點，在此僅依賦作內容簡要分類。

﹝註10﹞　洪繻為跨清領與日治之臺灣重要文學家，目前所存賦作共 34 篇，由於洪氏習於賦題下標示寫作時間，最後標示寫作時間為清光緒二十年（1894）的〈西螺柑賦〉（二），之後十一篇賦作均未標示時間，故以 23 篇計。

春季的有：〈惜花賦〉、〈春思賦〉、〈春陰賦〉、〈春城無處不飛花賦〉、〈春日望遠賦〉、〈春日對花賦〉、〈春園賦〉；冬季的有：〈寒梅著花未賦〉（之一）、〈寒梅著花未賦〉（之二）。其次「懷古」的有：〈庾亮登南樓賦〉、〈項王垓下聞楚歌賦〉、〈唐明皇宣李白賦清平調賦〉、〈劉阮同入天台山遇神女賦〉、〈班固燕然山刻石賦〉、〈虞允文勝金人於采石磯賦〉。其他、擬作的有：〈桃花源賦〉、〈鯤化鵬賦〉（之一）、〈鯤化鵬賦〉（之二）；詠物的有：〈西螺柑賦〉（之一）、〈西螺柑賦〉（之二）；情志的有：〈寄鶴齋賦〉；地理的有：〈澎湖賦〉；遊歷的有：〈遊子賦〉。

　　陳宗賦賦作共 20 篇，依所著重之主題列舉於下。首先「懷古」的有：〈子魚通印蠔破山賦〉、〈二三豪傑為時出賦〉（之一）、〈二三豪傑為時出賦〉（之二）、〈天臺仙女送劉阮還家賦〉、〈司馬題橋賦〉、〈五月渡瀘賦〉、〈三箭定天山賦〉。其他的有：隱逸的〈海客狎鷗賦〉、〈陶淵明歸隱賦〉（之一）、〈陶淵明歸隱賦〉（之二）；情志的有：〈先器識而後文藝賦〉、〈鶴立雞群賦〉。頌揚的有：〈一年七十二風賦〉（一）、〈一年七十二風賦〉（二）；季節感知的有：〈秋色賦〉、〈春兼三月閏賦〉；經學的有：〈易重一勉賦〉；民俗的有：〈寒食打毬賦〉；詠物的有：〈袖中有東海賦〉〔註 11〕；地域的有：〈海客瀛洲賦〉〔註 12〕。

　　曹敬賦作共 22 篇，其賦作主題明顯偏向「仕進」與「隱逸」的書寫。洪繻為一跨時代文人，因習於賦題下標示寫作日期，得以確定創作於清朝之賦作共有 23 篇。洪繻工駢文，書院月考，總名列前矛，27 歲考上秀才以前，已經替人考得兩次功名，於彼時臺灣無人可及〔註 13〕。以臺灣每三年一次歲科考試推算，洪氏大約於 21 歲即「替人」取得生員的功名，讀洪氏賦作，往往有置身六朝金粉、盛唐氣象之錯覺，其賦作於清領時僅有〈澎湖賦〉、〈西螺柑賦〉（之一）、〈西螺柑賦〉（之二）三篇與臺地有關，因此其作頗能符合御定拔文準則。其賦寫主題首重「季節感知」，其次是「懷古」。陳宗賦賦作共 20 篇，賦題下未示寫作日期，故而全數納入本文研究範圍。陳氏與洪繻同為跨時代的文人，乙未割臺後陳氏東渡廈門，一生從事塾師教學的時期頗長，賦作好用篇末首句頌揚的筆法，共有八篇之多，尤其〈天臺仙女送劉阮還家

〔註11〕此賦旨在詠「東海之石」。

〔註12〕此賦旨在詠「李白夢遊瀛洲」，由於清代漳州、泉州慣稱臺灣為瀛洲，故此賦歸為地域類。

〔註13〕洪炎秋，〈身處設地為孩子〉，《教育老兵談教育》（臺北：三民書局，1974 年3 月），頁 154。

賦〉（以題爲韻），賦題與廟堂無關，卻仍於篇末首句頌揚：「洪惟聖天子之御宇也，盛世休明，仁恩餘裕。時也田事方興，農工先務。⋯⋯」〔註14〕映現濃厚的試賦特色。

　　前述三家賦作內容相較之下，曹敬賦作偏好「仕進」與「隱逸」的主題，反映清代數萬名生逢科舉累人之世的生員，對於「是否持續投身應試之途」的矛盾心境。尤其曹敬（1818～1859）乃生於清朝卒於清朝，最具研究「試賦」階段之代表性，與洪、陳二氏橫跨兩代，遭受歷史斷裂的時代巨變有所不同。曹敬的生命書寫、仕與隱態度的擺盪，乃根源於對中舉與否的不確定性，因此百餘年來，於應舉之道上匍匐前進者，不僅是個人的遭遇，也是整個清代臺灣士子的共同經歷。

三、「仕進」與「隱逸」

　　　曹敬諱「興欽」，號「愨民」，官章「敬」。清淡水廳芝蘭（今臺北士林）人，爲大龍峒陳維英之門生。道光二十六年（1846）30 歲時中秀才，道光二十七年（1847）三十一歲時，由當時的學政徐宗幹取錄爲一等一名，成爲增生。曹敬受到恩師陳維英的器重，長期在大龍峒港仔墘學堂擔任塾師；又於陳維英外出期間，全權代理教職，連橫《臺灣通史》、伊能嘉矩《臺灣文化誌》提到曹敬與另一位在天妃宮（今關渡宮）設塾的黃敬聚徒講學，於「二敬」門下受教者甚多，對於淡北文風的推展功不可沒。〔註15〕

曹敬生於嘉慶末年，活動於道光年間，生平記敘約可分爲三點：1.深受恩師器重。2.於當時淡北文教界具有重要地位，與黃敬並稱「二敬」。3.曹敬擔任塾師期間，春風化雨，高徒紛出，如：大稻埕舉人陳霞林名義上受教於陳維英門下，實際上多受曹敬的教導。另一舉人張書紳、張博雲秀才等人亦是曹敬的門生〔註16〕。彼時名師缺乏的臺灣，曹敬門下有如此好的成績，當深受時人的敬重〔註17〕。

〔註14〕黃哲永、吳福助主編，《臺灣賦集》（臺中市：文听閣圖書，2007 年），頁 261。
〔註15〕「曹敬生平」由林淑慧撰，收入許俊雅等主編，《全臺賦》（臺南：國家臺灣文學館籌備處，2006 年 12 月），頁 181。
〔註16〕林淑慧，〈臺灣清治中期淡北文人曹敬及其手稿的詮釋〉，《臺北文獻》直字第一五二期，2005 年 6 月，頁 64。
〔註17〕如葉期頤，乾隆三十六年舉人，乾隆辛卯科舉人，嘗爲鄉試同考官，入內

　　本書所以能探索曹敬擺盪於「仕進」與「隱逸」的心理層面，在於曹氏留有文集，賦作篇數量充足。其次現存的《原稿本》與《重抄本》為曹敬生前按創作時間先後輯成。因此得以據目錄先後次序，呈現「仕進」與「隱逸」之賦寫主題：

勸學	應舉	知遇	隱逸	
〈業精於勤賦〉	〈柳汁染衣賦〉	〈止子路宿賦〉	〈草色入簾青賦〉、〈嚴子陵釣臺賦〉、〈濠上觀魚賦〉（之一）、〈攜雙柑酒聽黃鸝賦〉	
擬作	勸學	理想仕進	民俗	擬作
〈蘭亭修禊賦〉	〈種蕉學書賦〉	〈夏雨雨人賦〉、〈白蓮賦〉	〈競渡賦〉	〈擬鮑明遠舞鶴賦〉
隱逸	民俗	其他	隱逸	應試之作
〈淵明歸隱賦〉	〈纔了蠶桑又種秧賦〉	〈審音知樂賦〉、〈霜葉賦〉	〈濠上觀魚賦〉（之二）	〈露香告天賦〉
應舉	理想仕進			
〈海月賦〉	〈淮陰背水出奇兵賦〉、〈王景略談時務賦〉			

　　由上述表列的主題，得出以下的主題排列結果：

勸學→應舉→知遇→隱逸→擬作→勸學→理想仕進→民俗→擬作→隱逸→民俗→其他→隱逸→應試之作→應舉→理想仕進

　　如若「勸學、應舉、知遇、理想仕進」都可視為一系列積極進取的價值實踐的話，那麼與之相對的就是看似消極的「隱逸」。由上述創作（目錄）先後次序的排列結果，去除曹氏為了準備科考而寫的民俗、擬作等，則整個創作排列映現出創作者的內心意識，映現三組由「積極→消極」的循環模式：

簾者三次；三科解元，皆出其房。巡撫某公贈以匾額，曰「三元宗匠」，蓋許其衡文獨具隻眼也。詳見：〔清〕周璽總纂，《彰化縣志》（下）卷八《人物志》（臺北：文建會，2006年12月），頁382。按：考官與新科舉人之間多以師生相稱，只因三科解元均出自葉期頤所閱之卷中，巡撫即以「三元宗匠」匾額相贈，可見曹敬親自指導之兩名門生中舉，在當時將如何的受到敬重。

第一組

勤學	應舉	知遇	隱逸
〈業精於勤賦〉	〈柳汁染衣賦〉	〈止子路宿賦〉	〈草色入簾青賦〉、〈嚴子陵釣臺賦〉、〈濠上觀魚賦〉（之一）、〈攜雙柑酒聽黃鸝賦〉

第二組

勤學	理想仕進	隱逸
〈種蕉學書賦〉	〈夏雨雨人賦〉、〈白蓮賦〉	〈淵明歸隱賦〉、〈濠上觀魚賦〉（之二）

第三組

應試之作	應舉	理想仕進
〈露香告天賦〉	〈海月賦〉	〈淮陰背水出奇兵賦〉、〈王景略談時務賦〉

　　前兩組都是由積極投入科舉的準備，但又消極的回到隱逸之創作路徑。第三組〈露香告天賦〉為道光二十七年（1847）曹敬取得增生資格的應試之作，〈露〉賦之後 3 篇賦作內容展現強烈的應舉意圖、及理想仕宦形象的描述，顯見繼生員之後被拔取為增生，對曹敬是很大的鼓勵，故有激動之情。〈王景略談時務賦〉為現存曹氏賦作最末一篇，王猛素有「王佐之才」的稱譽，曹敬以此自勉，足見其生平之志。曹敬由道光二十七年（1847）增生至咸豐九年（1859）過世為止，仍有三到四次的應舉機會，曹氏是否次次應考？或者遭逢重大變故而被迫終止舉業，以現存的文獻資料實不得而知。

　　以曹敬《原稿本》收錄之賦作先後順序，論述曹敬對「仕進」與「隱逸」生命情懷的擺盪，那麼此 22 篇賦作內容是自擬？還是應試考課之作？將會影響筆者對曹敬賦作所反映的生命情境的論述。首先，〈露香告天賦〉為曹敬取得增生資格的應試之作，但前一年曹敬考取生員資格的賦作，甚至更早以前考取童生的賦作，曹敬並未收錄於《原稿本》中，顯然《原稿本》所收錄之賦作，乃經過曹氏汰選。其次，〈露〉賦之後有 3 篇，展現強烈的應舉、及自我理想的仕宦形象描述，顯見繼生員之後被拔取為增生，對曹敬是很大的鼓勵，故顯出激動而勤作之情。由曹敬《原稿本》的排列，可視為曹氏個人對「仕進」與「隱逸」的擺盪態度的參考。

　　由曹敬賦作主題的前後排列，於〈露〉賦之前表現出：兩個階段交雜與

擺盪的「仕進」與「隱逸」態度。這樣的交雜與擺盪，足以顯現士子傾其畢生之力，投注精力、才華於科舉考試的過程，是如此的起伏與不安。其中與科考相關的「文人情懷」的賦題練習不曾停止，顯示作者未曾停止應舉仕進之意圖。

第二節　理想自我與反向作用

　　康熙四十一年（1702）〈御製訓飭士子文〉中「積行勤學，以圖上進。國家三年登造，束帛弓旌，不特爾身有榮，即爾祖、父亦增光寵矣。逢時得志，寧俟他求哉？」〔註 18〕由康熙帝親自昭示全國士子，若子輩取得功名，得以改變父、祖三代社會階級的科舉制度，將整個清代士子「逢時得志」的價值實踐，營造成唯一的社會集體共識。而所謂的逢時得志、崢嶸三代，即艾金森、西爾格德《心理學》中所云的「理想自我（ideal self）」：

> 所謂理想的自我（ideal self），是每個人心所嚮往的自我，我們心目中所要追求的人，……當個人理想的自我和真實的自我越接近時，個人越感到滿足與幸福。如果兩者的差距很大時，則個人會不快樂與不滿足。〔註 19〕

然而逢時得志、崢嶸三代，豈能人人如願？因此當「真實自我」無法達成「理想自我」時，往往表現出強烈的相反行為，以隱藏真正的動機，心理學稱之為「反向作用（reaction formation）」〔註 20〕。

勤學	應舉	知遇	隱逸
〈業精於勤賦〉	〈柳汁染衣賦〉	〈止子路宿賦〉	〈草色入簾青賦〉、〈嚴子陵釣臺賦〉、〈濠上觀魚賦〉（之一）、〈攜雙柑酒聽黃鸝賦〉

　　上列第一組賦作表，作者的創作意識，正是由入世的「勸學」態度、強烈的「應舉」動機、願求考官的「知遇」，轉向「隱逸」的出世歷程。

〔註18〕〔清〕劉良璧纂輯，《重修福建臺灣府志》（上）《聖謨》（臺北：文建會，2005年6月），頁78～9。

〔註19〕艾金森、西爾格德等著，鄭伯壎等編譯《心理學》（臺北：桂冠圖書，1990年9月），頁652。

〔註20〕艾金森、西爾格德等著，鄭伯壎等編譯《心理學》（臺北：桂冠圖書，1990年9月），頁702。

　　顯然〈業精於勤賦〉的苦學列舉、〈柳汁染衣賦〉的求神應舉、〈止子路宿賦〉的企求知遇，均是爲了達成「理想自我」的目的。反之寫眾隱者的〈草色入簾青賦〉、寫東漢嚴光的〈嚴子陵釣臺賦〉、寫莊周的〈濠上觀魚賦〉（之一）、學南宋隱者戴顒結黃鳥之知音而寫的〈攜雙柑酒聽黃鸝賦〉，以此四篇與隱逸相關的賦作，表現出未能達成理想自我的「反向作用」。

一、實現「理想自我」的法則

（一）勤學──〈業精於勤賦〉

　　〈業精於勤賦〉（以題爲韻）篇名取自韓愈〈進學解〉中「業精於勤荒於嬉，行成于思毀於隨」。臺士習賦入門書籍《賦學指南》，對於用典有以下看法：「杜、韓詩句句有用，最宜熟讀。」〔註21〕《賦學指南》以唐賦爲宗加上對韓愈的推崇，或許是曹氏選擇此賦題寫作的原因。韓愈〈進學解〉以國子先生，晨入太學，誨示諸生起篇，即〈業精於勤賦〉中「於是入太學，招諸生。誨之不倦，行欲其成。」曹文雖有變化韓文部分字句，但卻未如〈進學解〉中對於現實生活中種種不如意的抒發。由本文所押之「業、精、於、勤、賦」五韻，「勤」爲著眼之字，除了押韻之該段之外，「勤學」意涵於各段亦多所發揮，如首段（押「業」韻），以韓愈之勤學博識，故能成爲唐代古文運動之領袖：

> 其人則峙泰山，懸北斗；其文則穿天心，出月脅。皆由焚膏繼晷，
> 晝夜考稽；連屋充箱，詩書浹洽。故能起八代之衰，而永建千秋之
> 業。（《全臺賦校訂》頁143）

第三段（押「於」韻），以古人多好讀書，平時如何把握行、住、坐、臥用功：

> 試觀往古，多好讀書。心潛六典，神注五車。或負筆而耨，或帶經
> 而鋤。或下帷而誦，或閉戶而居。如此艱辛，每忘寢食；豈關志意，
> 欲博名譽。蓋以統古包今，惟資時習；殘編斷簡，不得久疎。故口
> 不絕吟六藝之文，辨將亥豕；手不停披百家之說，剔盡蠹魚。（《全
> 臺賦校訂》頁143～4）

第四段（押「勤」韻），舉董謁、路溫舒、孫敬、蘇秦等歷史人物如何勤學之實例：

〔註21〕〔清〕余丙照，《賦學指南校正》，陳文新主編，《歷代律賦校注》，《歷代科舉文獻整理與研究叢刊》（武漢：武漢大學出版社，2009年9月），頁817。

> 檢得曹倉，窮年兀兀；讀殘鄴架，儘日懇懇。如拾葉代書，而後爲
> 通儒者董謁；如截蒲作牒，而後成名士者長君。如孫敬懸頭，博洽
> 抵因其刻勵；如蘇秦刺股，淹通悉本於辛勤也。（《全臺賦校訂》頁
> 144）

末段（押「賦」韻）點明各段舖陳「勤學」之最終目標：

> 至於功愈純，學愈固。時知望新，日思溫故。萬卷縱橫便腹，智識
> 自生；五經鑿破寸心，綏猷早裕。將見朱黻邀恩，青雲得路。（《全
> 臺賦校訂》頁 145）

〈業精於勤賦〉首段引韓愈之勤學博識，故能成爲唐代古文運動之領袖，三
段以古人多好讀書，平時如何把握行、住、坐、臥用功，四段舉董謁、路溫
舒、孫敬、蘇秦等歷史人物如何勤學之實例，末段點明前述勤學的實際利益
在於「朱黻邀恩，青雲得路」的最終目的。孔子曾經「韋編三絕」以讀《易》，
享受「樂在其中」的讀書樂趣，但曹氏〈業精於勤賦〉中展現的是「忘寢食、
懸頭、刺股」等傷害身體的「至苦」方式，此種以功名爲生活唯一目標，「心
潛六典，神注五車」的讀書方式，最大的危機是：將身心長期處於高度緊張
狀態中，全神貫注的苦讀，其投資報酬率，若未能符合作者心中「朱黻邀恩，
青雲得路」的期待時，將產生種種的負面情緒。

（二）求神——〈柳汁染衣賦〉

〈御製訓飭士子文〉昭示的「勤學」乃達成理想自我、改變三代社會階
級的不二途徑。但並非所有「勤學」者都能達成所願，因此許多考生往往會
冀望於神明以求庇佑。〈柳汁染衣賦〉（以「已用柳汁染子衣」爲韻），「柳汁
染衣」乃出自唐人馮贄「柳神九烈君」的典故：「李固言未第前，行古柳下，
聞有彈指聲，固言問之，應曰：『吾柳神九烈君。已用柳汁染子衣矣，科第無
疑。果得藍袍，當以棗糕祠我。』固言許之。未幾，狀元及第。」〔註22〕「古
樹降精，汁忽沾於衣裡。色微帶夫碧藍，祥必徵乎朱紫。」等祥徵、吉語、
瑞徵的神佑的論述中，〈柳汁染衣賦〉之「勤學」與「實力」的敘事模式與〈業
精於勤賦〉如出一轍：

> 爰有李固言者，腹貯經綸，心勤絃誦。胸次高超，精神豪縱。才華

〔註22〕〔唐〕馮贄，《雲仙雜記》卷一，《文淵閣四庫全書·子部·小說家類》《文津
閣四庫全書·子部·小說家類》，第 1035 冊（北京市：商務印書館，2005 年），
頁 644。

卓越，香奪馬班；詞藻紛披，艷追屈宋。此日守茲桑梓，已饒領袖
之才；他時拔彼茅茹，應備薦紳之用。（《全臺賦校訂》頁 147）

〈業精於勤賦〉主旨「勸學」，故大力鋪陳「勤學」的利益。〈柳汁染衣賦〉
主旨爲「神佑」，作者認爲腹貯經綸，心勤絃誦的「勤學」態度，將可達至「才
華卓越」，並且深信不疑。〈柳汁染衣賦〉明確的將「勤學」與「功名」的想
望畫上等號，映現作者長期處於高度身心緊繃中的「苦學」狀態，源自於康
熙帝於〈御製訓飭士子文〉中所昭示勤學等同功名的法則。

　　然而曹敬若完全認同勤學等同功名的法則？何以書寫「神佑」主題的〈柳
汁染衣賦〉呢？科舉時代學子寒窗苦讀比比皆是，然而臺灣生員還需渡海到
福建省城，一旦中舉又需跋涉至京城參加會試，京城地處北方，曾經開澎進
士蔡廷蘭於道光十五年（1835）赴福州鄉試，回程遇海難漂流至越南，隔年
由陸路經兩廣回到福建，千里跋涉撰成《海南雜著》一書；又如宜蘭黃學海
於道光二十四年（1844）上京應試，長途跋涉，罹患凍瘡而致命……。種種
主客觀條件均較它地士子艱難的情況下，當時臺灣即有「一命、二運、三風
水、四積陰功，五讀書」、「一財二命三風水，四靠陰騭五讀書」的俗諺〔註23〕。
〈柳汁染衣賦〉中李固言才學兼備，尚且需要神靈顯聖，「如朱衣暗點，神獨
遇於歐陽；如翠柳再榮，瑞早徵於夫呂子。」（《全臺賦校訂》頁 148）經此顯
化，預祝得第，事後果然「會看柳樹於門庭，宰相廣巍峩之宅；更羨遇柳神
於道路，狀元披璀璨之衣。」（《全臺賦校訂》頁 148）透露出士子對「勤學能
否等同功名」的焦慮，企求神明加持化解長期處於高度身心緊繃中的焦慮情
緒，映現自古以來考生「求神」安定心神的常見現象。

　　（三）求人——〈止子路宿賦〉

　　科舉考試的成敗有多種因素，勤學、才華只是基礎，主考官的慧眼才是
致勝的關鍵。臺灣鄉試錄取名額，不同時期有所不同，大約每兩百至三百名
考生可中取一名舉人，蒙獲中舉確實需企求主考官能於閱卷時「知遇」。清代
正途的選拔方式，除了科舉應試之外，還有另一種正途即歲貢、恩貢、拔貢、
優貢、副貢，俗稱進士之亞，雅稱明經。其中最符合國家養士目的的是優貢，
限廩、增生中品學兼優者可入選，三年一選由學政考定，中選者須經朝考，

〔註23〕洪炎秋，〈設身處地爲孩子〉《國語日報》（民國五十五年八月）後收入《教育
　　　　老兵談教育》（臺北市：三民書局，1970 年），頁 159。按：洪炎秋爲洪繻之
　　　　子。謝浩，《科舉論叢》（南投：臺灣省文獻委員會，1995 年 10 月），頁 591。

由皇帝面試，一等可任知縣，二、三等可任教職、訓導，為五貢中最容易派任官職的，整個清代臺灣優貢生僅 6 名，其中由優貢而任官之例者有陳震曜，〔註24〕陳氏乃嘉慶十五年（1810）獲選的優貢生。另據《重修福建臺灣府志》中恩貢生張從政揀選州判、林中萊附拔揀選通判〔註25〕；《噶瑪蘭廳志》中彙校者黃學海其功名為「六品頂帶候選直隸州州判拔貢生」〔註26〕，可見優貢、拔貢生亦有任官之例。

〈止子路宿賦〉（以「殺雞為黍而食之」為韻）典出《論語‧微子》子路與孔子失散，遇荷篠丈人，並接受款待之事。《論語‧微子》著重「道、隱」處世之別，〈止〉賦則著重「隱士竟禮隆特殺」的知遇。曹敬特意描述子路與孔子失散後「豪氣暫消暴虎，雄姿頓失冠雞」的落寞，與荷篠丈人提供「屋舍儼然，田園如許，雞犬桑麻，情忘寒暑」的溫馨生活，形成強烈對比。曹敬懷抱功名的熱切期盼，但年近三十才考取生員，科舉之路，蹣跚難行，企求知遇，成為賦作中經常呈現的主題：

> 此日南齊江淹，頻攻映月之書；他年西蜀相如，願獻凌雲之賦。（〈業精於勤賦〉，《全臺賦校訂》頁 145）

> 才華卓越，香奪馬班；詞藻紛披，豔追屈宋。此日守茲桑梓，已饒領袖之才；他時拔彼茅茹，應備薦紳之用。（〈柳汁染衣賦〉，《全臺賦校訂》頁 147）

> 何圖雞黍留賓，隱士竟禮隆特殺。……夫以艸屋農人，今日猶知愛士；而謂杏壇高弟，詰朝能不告師。（〈止子路宿賦〉，《全臺賦校訂》頁 150～151）

清代既然有兩種選才正途，除了熟知的科舉應試之路，另一種「貢生」的選拔方式，雅稱明經也能實現任官的理想。選拔貢生清初六年一次，乾隆年間改為十二年一次，不僅舉行考試，又加上「文行兼優」的標準，更加主觀。因此「企求知遇」與「神佑中舉」對於長期將身心處於高度緊張狀態的考生來說，是最好的解藥。此種心情，使曹敬於〈業精於勤賦〉中，願效西漢司

〔註24〕 王惠琛，《清代臺灣科舉制度的研究》（臺南：國立成功大學歷史語言研究所，1990 年 7 月），頁 64～74。

〔註25〕 〔清〕劉良璧，《重修福建臺灣府志》（下）卷十六《選舉》（臺北：文建會，2005 年 6 月），頁 603。

〔註26〕 陳淑均，〈修訂銜名〉《噶瑪蘭廳志》（臺北：文建會，2006 年 6 月），頁 43。

馬相如獻凌雲之賦「他年西蜀相如，願獻凌雲之賦」；於〈止子路宿賦〉中發揚《論語》中荷篠丈人「止子路宿，殺雞爲黍而食之」，以草屋農人，猶知愛士之意；〈柳汁染衣賦〉中云「此日守茲桑梓，已饒領袖之才；他時拔彼茅茹，應備薦紳之用。」可謂現今守於鄉土，懷具長才，他日若蒙拔擢可備薦紳之用。

二、壓力下的「反向作用」

第一組賦作表，繼勸學、應舉、知遇之「仕」主題後，曹敬一連寫〈草色入簾青賦〉、〈攜雙柑酒聽黃鸝賦〉、〈嚴子陵釣臺賦〉與〈濠上觀魚賦〉四篇與「隱」主題有關的賦作，相關隱逸的比例不一。〈草色入簾青賦〉以「室陋德馨，人閑景好。翠蘚有痕，落花未掃。」起首帶出西漢末年避王莽專政而隱居的蔣詡、北宋創《太極圖說》的理學家周濂溪、六朝織布讀書的隱者沈麟士等人。〈攜雙柑酒聽黃鸝賦〉以昔日南宋隱者戴顒結黃鳥之知音，而有斯時呼童出遊之事。〈草色入簾青賦〉、〈攜雙柑酒聽黃鸝賦〉二賦雖與「隱逸」相關，畢竟不如〈嚴子陵釣臺賦〉與〈濠上觀魚賦〉（之一）的直接論述，因此僅以〈嚴子陵釣臺賦〉與〈濠上觀魚賦〉（之一）二賦探討其中的隱逸典型。

（一）真隱逸與大英豪──〈嚴子陵釣臺賦〉

科舉世代士人願能早日登第，首任諸羅縣令季麒光 12 歲考取秀才、21 歲中舉、40 歲考取進士，曾於〈降日漫詠〉中自云「淪棄三十年，致身苦不早。」〔註27〕以四十歲始中進士爲晚。前述曹敬賦作中仕進的理想路徑爲：勤學→中舉→登第，最終目的爲上不負國恩、下不辜民望。然而現實中曹敬於道光二十六年（1846）28 歲陞爲增生後，一生功名僅止於此。僅有增生功名無法擔任地方官職、或府學教授等職，因此若以出仕爲職志的士子，取得增生資格之後仍需以鄉試爲目標，待中舉後才能出仕地方官。總之清代「職官」與「塾師」的差別極大，當現實世界「理想自我（ideal self）」和「眞實自我（real self）」越接近時，滿足感與幸福感越高，反之理想與眞實差距越大時，滿足感與幸福感越低。顯然曹敬的「理想自我（ideal self）」和「眞實自我（real self）」有相當的差距，甚至其門下學生陳霞林（1834～1891）於咸豐四年（1854）廳試第一，又隔年中舉，門生陳霞林 21 歲之齡即超越了老師的功名，曹敬對

─────────────

〔註27〕季麒光，〈降日漫詠〉，《蓉洲詩稿選輯》，頁 15。

此想必悲欣交集、五味雜陳吧！

　　前述曹氏於〈業精於勤賦〉中，展現「忘寢食、懸頭、刺股」等等苦學行徑，與「心潛六典，神注五車」的治學態度，以行苦學、取功名爲唯一目標。如此最大的危機在於：爲了得取功名而全神貫注苦讀勤學，然而眞實自我（real self）與理想自我（ideal self）差距太大，形成壓力情境引起情緒焦慮，當壓力引起情緒焦慮達到一定程度，爲了化解此種情緒的困境，通常會有「反向作用」與「替代作用」等因應之道：

　　　　反向作用（reaction formation），表現出強烈的相反行爲，以隱藏眞
　　　　正的動機，這種傾向稱爲反向作用。〔註28〕

　　　　替代作用（displacement）找出另外一種社會接受的孔道，以滿足自
　　　　己原始的衝動。……替代作用也許不能眞正消除受到挫折的衝動，
　　　　但當基本驅力受到阻礙時，替代性的活動，能夠幫助我們降低緊張。
　　　　〔註29〕

曹敬受挫於應試，既然「仕進」之路不可行，那就以反向的「隱逸」替代之。

　　〈嚴子陵釣臺賦〉（以「嚴光萬古高風在」爲韻）是曹氏「隱逸」律賦的第一篇，主旨爲東漢隱逸嚴光之事。嚴光乃東漢光武帝幼時同學，嚴光助其起兵滅篡臣王莽，助漢室重昌，天下平定後，拒絕皇帝延攬，隱於富春山。曹敬透過「隱逸（優游）／廟堂（約束）」的二元對立思路理解嚴光歸隱：

　　　　居茲雲水之鄉，優游自得；勝却廟堂之地，約束太嚴。（《全臺賦校
　　　　訂》頁 156）

嚴光才德兼具，故能扶助大業又能拒絕皇帝的延攬，入世出世、來去自如，這般人物對於僅具生員資格的曹敬，嚴光是個仰望的對象：

　　　　若嚴子陵者，光爭日月，操勵冰霜。經綸內裕，韜畧中藏。當夫篡
　　　　臣將滅，漢祚重昌。正是興龍之會，還如逐鹿之場。使其仗劍將壇，
　　　　智勇應儕乎鄧禹；運籌帷幄，功勳不讓於王梁。何必富春山畔，桐
　　　　廬水旁。……（《全臺賦校訂》頁 156）

　　　　是眞隱逸，正大英豪。形骸放浪，天地奔濤。……是比太公望之釣
　　　　臺，襟期並大；比淮陰侯之釣臺，聲價更高。（《全臺賦校訂》頁 157）

〔註28〕艾金森、西爾格德等著，鄭伯壎等編譯《心理學》（臺北：桂冠圖書，1990
　　　　年 9 月），頁 702。
〔註29〕艾金森、西爾格德等著，鄭伯壎等編譯《心理學》，頁 704～706。

朝代興迭之際建業立功較太平盛世更有良機，天下英豪莫不投入此逐鹿戰場，彼時參與東漢建業興邦的「雲臺二十八將」，其中嚴光智勇等同鄧禹，運籌帷幄之功勳不下王梁。鄧禹官至太傅，孫女貴為漢和帝皇后，王梁封阜成侯，二者均貴不可言。既然嚴光才、智、勇、謀均不下鄧、王二人，又與光武帝有同窗之誼，何必甘於隱逸於富春山畔，桐廬水旁？曹敬打破「出世／入世」之二元對立，「真隱逸」與「大英豪」竟能融合於一。曹氏能於對仗、押韻等律體限制下，寫得如此痛快淋漓，酣暢自如，顯然曹敬對嚴光是打從心底佩服，〈嚴子陵釣臺賦〉映現作者長期企望「仕進」而未能如願的一種生命情懷的自我開解。

（二）下員有妙諦——〈濠上觀魚賦〉（之一）

〈嚴子陵釣臺賦〉與〈濠上觀魚賦〉（之一）書寫的嚴光與莊子，嚴、莊二氏相同點都是曾被君王延攬，然而嚴光曾經協助漢光武帝，莊子拒絕楚王之邀，因此二氏的隱逸路徑並不相同。〈濠上觀魚賦〉（以「莊惠觀魚而知其樂」為韻）依《莊子·秋水》原文中「濠梁之辯」的對話結構進行，莊子曰：「景真絕俗，人惜拘墟。使寄身於人世之中，而不能寓意於山川之外；觸目於族群之際，而不能放懷於萬物之餘。……優游自得，樂乎誰及於魚」、惠子曰：「……此不過于沼于淵，物應如此；又孰識何潛何躍，鱗動之而也哉。」（《全臺賦校訂》頁 161）曹敬以「寄身人世中，不能寓意於山川」與「物應如此」凸顯莊、惠二氏差異，然而律賦文體畢竟與寓言散文不同，於限韻的程式規範下，難以律賦書寫《莊子》原文中的對話，因此僅以「此故必謝俗人，不足與道，而相忘物我，只可自知也。……況乎心因境悟，理必類推。今吾猶是故吾，雖見交情密邇；子面不同我面，保毋臭味差池。」（《全臺賦校訂》頁 161～162）說明雖與惠子交情彌篤，但物我相忘的體會僅及於自身，畢竟各人體會不同。

〈濠上觀魚賦〉延續〈嚴子陵釣臺賦〉續論「隱逸」。首段以：

> 天高地迥，山遠水長。風月聽人領悟，水雲任我徜徉。翠鴨波生，
> 愛遨遊之多勝；錦鱗影聚，喜出沒之何常。非魚何以知魚，偏疑惠
> 子；惟我方能識我，獨說蒙莊。（《全臺賦校訂》頁 160）

將身心全然開解於「天人和合」的曠放中，莊子遺世而獨立的形象，獨步千古。緊接著的第二段：

> 原夫莊子，曠達養生，逍遙傲世。無古無今，非夷非惠。漆園吏雖

在下員,《南華經》偏多妙諦。以學佛學仙之客,欲與物類相周旋;

邀同方同術之人,並向江湖而流憩。(《全臺賦校訂》頁 160)

「曠達養生,逍遙傲世」,一向是世人對莊子境界的企慕,曹敬企慕之餘,筆峰一轉,認爲莊子身爲小吏、下員,竟能寫出《南華經》如此影響深遠之鉅著。凸顯出曹敬嚮往徜徉於天地之間、流憩風月之中的莊子,莊子以下員的身分於《南華經》提出妙諦,深層意識企盼世人也能肯定僅達增生的曹敬吧!

第三節　王佐之材與兩種隱逸

經由第一組仕進與隱逸的賦寫主題,曹敬筆下爲「試」而「學」的賦作,有相當大的轉變。原本「苦修」的勤學方式,轉變由「餘暇」而遂成的學習歷程。第二組以王佐之材作爲「理想仕宦」的目標,並且認同棄「小官」爲「隱逸」的觀點,展現或隱或顯,任憑心意的自信。

勤學	理想仕進	隱逸
〈種蕉學書賦〉	〈夏雨雨人賦〉、〈白蓮賦〉	〈淵明歸隱賦〉、〈濠上觀魚賦〉(之二)

本節依第二組所表列賦篇,執「由『餘暇』而『學成』——〈種蕉學書賦〉」、「王佐之材——〈夏雨雨人賦〉、〈白蓮賦〉」與「兩種隱逸——〈淵明歸隱賦〉、〈濠上觀魚賦〉(之二)」三端,論述之。

一、「餘暇」而「學成」——〈種蕉學書賦〉

經過第一組「隱逸」賦的書寫,第二組〈種蕉學書賦〉(以「書成蕉葉文猶綠」爲韻)已無〈業精於勤賦〉(以題爲韻)中處於高壓力的學習方式,首段顯示出由「餘暇」而起的勤學:

上人樂事,禪室幽居。燒香之暇,繡佛之餘。閒將蕉種,漸見葉舒。……

如此千株萬株,豈有蕉迷之癖;學到一月兩月,遂成草聖之書。(《全臺賦校訂》頁 171)

「……暇,……餘。閒……,漸……。學到……,遂成……。」由餘暇、閒漸、成癖,一兩月間,遂成草聖。這種將身心置於餘暇閒漸的勤學方式,與〈業精於勤賦〉首句「韓文公學贍青年,名登黃甲……」,先以「功名」爲目標,後敘以「忘寢食、懸頭、刺股」等傷害身體的「苦學」方式,長期置身心與高壓狀態,顯然有天壤之別。學成草聖後,雖然未曾停筆,卻是採取「揮

「毫如意」的方式：

> 自是揮毫如意，爭看秋蚓之形；更聞下筆有聲，恍食春蠶之葉。
>
> 倘教霞彩斜烘，定訝字成丹篆；若使煙光淡抹，翻驚書是綠文。
>
> 學並魯公，顛如張旭。乘興而書，惟吾所欲。（《全臺賦校訂》頁 171
> ～172）

乘興而書，惟吾所欲。以蕉葉爲紙，露欲垂青，天皆橫綠，賦至篇末，身心
舒懷，呈顯天人和合的融洽之感。

二、王佐之材——〈夏雨雨人賦〉、〈白蓮賦〉

（一）管仲、傅巖——〈夏雨雨人賦〉

曹敬賦作中第一組〈柳汁染衣賦〉、〈止子路宿賦〉以神蹟（求神）、知遇
（求人），企求「理想仕進」的焦慮；第二組〈夏雨雨人賦〉、〈白蓮賦〉則是
「理想仕進」的自信。

〈夏雨雨人賦〉（以「不崇朝雨遍天下〔註30〕」爲韻）篇旨展現追步前賢、
輔佐君側的自視與自信：

> 孟子之書，有以時雨，喻文宣之化物焉。若夫齊之管仲也，一匡九
> 合，德澤覃敷；府海官山，恩波遠迄。
>
> 管子匡列國，庇萬戶。民之生賴以培，民之氣賴以鼓。……誠可稱
> 德爲君子，無慚偃草之風；化比仁君，不啻興苗之雨者矣。
>
> 孰若此恫瘝在抱，撫字爲先。滋潤頻加，因物付物；浸淫善入，自
> 然而然。濟頳尾之蒼生，惠而不費；起歡心於赤子，情以化宣……
>
> 方今天子，養育黎民，安全華夏。……固宜其瞻雲志切，無嗟暑雨
> 祁寒；就日情殷，共效歌風咏雅。吾見在位者，直欲追傅巖之王佐，
> 惠洽寰中；又何讓齊國之霸臣，才誇天下。（《全臺賦校訂》頁 175
> ～176）

〈夏雨雨人賦〉首段引《孟子》論「時雨」以喻善政對民眾之影響〔註31〕，

〔註30〕「不崇朝雨遍天下」語出：《公羊傳》「僖公三十一年……觸石而出，膚寸而
合，不崇朝而遍雨乎天下者，唯泰山爾。」，〔漢〕何休注，〔唐〕徐彥疏，
《十三經注疏本》（臺北：藝文印書館，1989 年），頁 158。

〔註31〕約有三處：〈梁惠王〉下言商湯之出征「民望之，若大旱之望雲霓也。歸市者
不止，耕者不變。誅其君而吊其民，若時雨降，民大悅。」、〈滕文公〉下第

繼以漢・劉向《說苑・貴德》中「管仲上車曰：『嗟茲乎！我窮必矣！吾不能以春風風人，吾不能以夏雨雨人，吾窮必矣！』」之句為題，言其善政，後繼之以《論語・顏淵》篇「君子之德風；小人之德草。草上之風必偃。」輔以聖賢之言。然而如何達成此「風」？僅以「孰若此恫瘝在抱，撫字為先。滋潤頻加，因物付物；浸淫善入，自然而然。濟頳尾之蒼生，惠而不費」，「頳尾」〔註32〕指人民勞苦。「恫瘝在抱」、「撫字為先」均指愛民殷切。末段言欣逢盛世，眾臣應效武丁之賢臣傅說輔政，如此惠風所及，遍於宇內，不讓昔管子輔齊稱霸，才誇天下。〈夏雨雨人賦〉以一半的篇幅言管仲之才，篇末神來一筆，以奴隸出身的傅說，比喻清臣，如此比喻極妙，有如〈濠上觀魚賦〉（之一）以漆園吏「下員」與《南華經》「妙諦」之比，肯定「奴隸、下員」出身者，亦有《南華》妙諦與王佐之材，有一語雙關之妙喻。

（二）十八學士——〈白蓮賦〉

繼〈夏雨雨人賦〉之後的是〈白蓮賦〉（以「出淤泥而不染」為韻），以「白蓮」比喻「高潔」是常見的文學表達手法。全篇舉周敦頤、陶淵明、宓妃、潘妃、湘神等人物形象，歌誦「出淤泥而不染」的主旨。末段歸結於唐太宗與玄宗時期，著名的「十八學士登瀛洲」、「貞觀十八學士」：

> 邀到高賢十八，最宜淨土栽培；笑他世界三千，爭愛鉛華渲染！（《全臺賦校訂》頁 207）

這「高賢十八」無論是指唐太宗或玄宗時期，都是「輔佐君王」的賢臣，並非「下員、小吏」。由〈夏雨雨人賦〉、〈白蓮賦〉二賦，可見曹敬仍以「管子匡列國，庇萬戶」、「高賢十八」等王佐之臣為理想仕進。

三、兩種隱逸——〈淵明歸隱賦〉、〈濠上觀魚賦〉（之二）

顧炎武著名的〈生員論〉中云：「一得為此，則免於編氓之役，不得受侵於里胥；齒於衣冠，得於禮見官長，而無笞捶之辱。故今之願為生員者，非

五章重提民望商湯之早伐一事：〈盡心〉上第四十章孟子曰：「君子之所以教者五：有如時雨化之者，有成德者……。此五者，君子之所以教也。」前者以王道之善政對於人民有如大旱之苦望雲霓，後者云君子教化一方百姓有如雨化。詳參《孟子注疏》，〔漢〕趙岐注，〔宋〕孫奭疏，《十三經注疏本》（臺北：藝文印書館，1989 年），頁 44，111，252。

〔註32〕典出《詩經・周南・汝墳》「魴魚頳尾，王室如燬。」《毛詩注疏》，〔漢〕毛亨傳、鄭元箋，〔唐〕孔穎達等正義，《十三經注疏本》（臺北：藝文印書館，1989 年），頁 44。

必慕功名也，保身家而已。」〔註33〕說明身爲生員的社會階級僅高於庶民百姓，談不上「慕功名」僅只能做到「保身家」而已！又鄭板橋也曾經寫一首詩描述了私塾先生的辛酸生活：「教館原來是下流，傍人門戶過春秋。半飢半餓清閑客，無鎖無枷自在囚。」〔註34〕曹敬身爲「增生」，生員中是第二等，生員中第一等爲廩生，按照清代學制，生員在地方官學基本上沒有時間限制。因此，生員因爲年齡原因退學的數量就相當少，如此一來增生和附生想通過這一途徑增補爲廩生的機會也就相當小。〔註35〕若要脫離生員，得先具備鄉試資格，每隔三年得渡過險惡的黑水溝，花費極大的時間、金錢、體力，甚至賭上性命遠赴省城。若一生未能考取舉人，直至老死仍只是個生員。曹敬於「理想仕進」有難以實踐的挫折，以及爲「現實塾師」低下身分辯解的複雜情緒中，再次以反向作用（reaction formation）「隱逸」的書寫，映現「仕進」目標的挫折感。此類賦作有〈淵明歸隱賦〉、〈濠上觀魚賦〉（之二）兩篇。

（一）藉陶寫己——〈淵明歸隱賦〉

1. 視「生員、塾師」爲「隱逸」

〈淵明歸隱賦〉（以「田園將蕪胡不歸」爲韻），首段即透過「高潔、貞堅」與「名利、威權」之二元對立思路，定義陶淵明之隱逸類型爲：

> 彼其立身高潔，矢志貞堅。不戚權屈，自名利捐。（《全臺賦校訂》頁 187）

立身高潔、自捐名利、不攀權貴的立論，與第一組〈嚴子陵釣臺賦〉中認定嚴光爲「是眞隱逸，正大英豪。形骸放浪，天地奔濤。……是比太公望之釣臺，襟期並大；比淮陰侯之釣臺，聲價更高。」（《全臺賦校訂》頁 157）。顯然嚴、陶二人之「隱逸」完全不同，一爲自願遠離權利核心，一爲不願應對鄉里小人。陶氏〈歸去來辭〉立下自然率眞之風範，曹氏〈淵明歸隱賦〉擬作在後，挑戰之難度極高。尤其文中想像陶氏歸家路程，多有套用陶文者，如「實迷途其未遠，覺荒徑之猶存。」乃重組原句「實迷途其未遠，覺今是而昨非」、「三逕就荒，松菊猶存。」及「却悔回棹之孤舟已遲，風清仕路；

〔註33〕〔明〕顧炎武，〈生員論上〉，《新譯顧亭林文集》（臺北：三民書局，2000 年 5 月），頁 72。

〔註34〕李兵，《千年科舉》（湖南：岳麓書社出版社，2010 年 11 月），頁 98。

〔註35〕李兵，〈清代考課式書院教育與科舉關係研究〉《書院教育與科舉關係研究》（臺北：國立臺灣大學出版中心，2005 年 4 月），頁 227。

亦知返駕之巾車太晚，夢覺宦場。」較原句「或命巾車，或棹孤舟。」有畫蛇添足之感，顯然曹敬〈淵明歸隱賦〉之特色不在於模擬〈歸去來辭〉，而是著重於第六段對於「隱逸」的論述：

> 人苦鳩藏，自甘蠖屈。謝絕簪纓，長違黼黻。如高隱之逸士，豈逃隱而絕物？人隱從竹坨經過，鳥隱向楊隄低拂。若隱泉石，不甚懸殊；類隱邱園，差堪髣髴。或隱東皋以舒嘯，木自欣欣；或隱南畝以耘籽，草偏芊芊。無論大隱、中隱、小隱，志在賦閒；即屬隱居、隱逸、隱淪，身無貶詘。爾田爾宅，退隱悠然；吾愛吾廬，懷歸豈不。（《全臺賦校訂》頁 188）

「人苦鳩藏，自甘蠖屈」二句，說盡了科場不順的辛酸，增生雖較庶民地位略高，卻也只是個窮酸秀才，鄭板橋曾經寫一首詩描述了私塾先生的辛酸生活：「教館原來是下流，傍人門戶過春秋。半飢半餓清閒客，無鎖無枷自在囚。」〔註 36〕，因此僅能糊口的私塾先生不可能擁有「謝絕簪纓，長違黼黻」的人生經驗。

曹敬賦集兩階段「仕進」與「隱逸」的書寫，呈顯作者的生命情懷：既不能放棄「仕進」，又時時書寫「隱逸」抒發挫折感，因此於〈露香告天賦〉取得增生資格後，一連三篇〈海月賦〉、〈淮陰背水出奇兵賦〉、〈王景略談時務賦〉賦作中，呈現更為激昂的「仕進」企圖。姑且不論曹敬是否曾真正的理解莊子何以拒絕楚相尊位、嚴光為何拒絕位居王佐之臣，然而由下述內容：

> 乃歸而尋故侶，乃歸而訪同徒。乃歸而悅茲親戚，乃歸而樂爾妻孥。聞歸而鄉鄰問訊，知歸而朋友印須。迎歸而兒童狂喜，遄歸而宗族疾趨。（《全臺賦校訂》頁 188）

曹敬確實不能理解陶氏歸隱背後的理想價值，因此想像陶氏歸家之後，「尋故侶」、「訪同徒」、「悅茲親戚」、「樂爾妻孥」、「鄉鄰問訊」、「朋友印須」等，顯見曹敬所理解的陶淵明，辭官後仍與故侶、同徒、親戚、妻孥、鄉鄰、朋友等昔日人際網。此觀點與陶氏〈歸去來辭〉有些許差異：

> 歸去來兮，請息交以絕游。世與我而相違，復駕言兮焉求？悅親戚之情話，樂琴書以消憂。農人告余以春及，將有事與西疇。（〈歸去來辭並序〉）

陶淵明辭官後與官場絕遊，回復一個平凡庶民與農人的身分，安於天倫之樂、

〔註36〕 李兵，《千年科舉》（湖南：岳麓書社出版社，2010 年 11 月），頁 98。

日以琴書消憂，恐怕沒有再投入人際網交遊的意圖。尤其「故侶、同徒、親戚、妻孥、鄉鄰、朋友……」頗接近塾師的人際網，因此「如高隱之逸士，豈逃隱而絕物？人隱從竹垞經過，鳥隱向楊隄低拂。」可視為作者於無奈的現實情況下，視生員、塾師如同隱逸境況之意。

2. 棄「小官」為「隱逸」的論述策略

〈淵明歸隱賦〉之首、次兩段，以七組對句凸顯淵明棄「小官」而為「隱逸」之因，將之表列於下：

小官	隱逸
忍折腰於斗米，愧失足夫俸錢。	鑒督郵鞭而卸篆，休彭澤令而改絃。
忘薄宦之情者，	且作脫簪之隱士。
辭公廨，	承小軒。
迴思作吏，何堪案牘勞煩。	從此辭官，為愛杯盤狼籍；（《全臺賦校訂》頁187～188）
笑他爵秩關心，卻植三槐之樹；	豈若煙霞痼癖，別開五柳之門。
倘貪微祿斗升，	孰克還此身於園圃；
若戀小官匏繫，	何由全晚節於柴桑。（《全臺賦校訂》頁188）

基層公務員為塾師生活圈接觸得到的，由前述「忍折腰、愧失足、薄宦情、案勞煩、貪微祿、戀小官」等基層公務員之形容，可知此為曹氏對於擔任基層公務員地位、立場的理解。曹氏以「遺世歸耕」及「閒話野叟」書寫陶淵明歸隱之決心：

　　歸于里不仕于朝，好把為官話野叟；歸于家不立于國，定教遺世作

　　耕夫。（《全臺校訂》頁188）

曹氏於〈淵明歸隱賦〉（以「田園將蕪胡不歸」為韻）的前兩段的七組對句，極力以「忍折腰、愧失足、薄宦情、案勞煩、貪微祿」等鋪陳出：勞頓之小官。然而官小仍是官，更是人民的父母官。於此吾人不禁提問：〈夏雨雨人賦〉中「民之生賴以培，民之氣賴以鼓」的氣魄呢？「欲追傅巖之王佐，惠洽寰中」的自信呢？可見〈淵明歸隱賦〉中，棄「小官」為「隱逸」的論述策略，意欲凸顯作者內心的「理想自我」並不僅止於中舉，不僅止於仕進，更願作王佐之才。實際上許多清代進士出身者，很有可能大半輩子還在基層官場〔註37〕，曹敬為

〔註37〕如：首任諸羅縣令季麒光康熙十五年（1676）考取進士，年近五十歲跨海宦

自己設下一個，不願屈就「微祿、小官」的願景，因此才有淵明辭官為「全晚節於柴桑」之推論，理想與實際的巨大差距，或許是曹敬偏好賦寫「仕」與「隱」之主題的原因。

（二）或隱或顯，任憑自願——〈濠上觀魚賦〉（之二）

依曹敬賦集目錄，〈淵明歸隱賦〉（以「田園將蕪胡不歸」為韻）後，第二篇「隱逸」賦為〈濠上觀魚賦〉（之二），此賦延續〈濠上觀魚賦〉（之一）莊子、惠施二人「濠上觀魚」而更深入的論述，可見曹敬對莊子的喜愛。值得注意賦篇所言：

> 翳昔之莊子休也，蒙邑幽居，漆園小憩。渺渺兮興懷，飄飄兮遺世。決西江以蘇涸鮒，語近詼諧；運北海而化大鯤，詞藏妙諦。故其著《南華》之經卷也，將似佛而似仙；而其辭南楚之簪纓也，殆非夷而非惠歟。（《全臺賦校訂》頁 199）

〈濠上觀魚賦〉（之一）中有漆園「下員」與《南華經》「妙諦」之比，〈濠上觀魚賦〉（之二）又有相同的比擬：「蒙邑幽居，漆園小憩」，其中「幽、小」顯然是「漆園吏、下員」的延續。莊子辭楚王之請，「其躍於淵也，如達而在朝之象；其伏於沼也，如窮而在野之為。……或潛或躍，任其所之。靜觀自得，樂意相宜。」微小吏員的身分，竟能推拒楚相尊位，莊子的際遇與任憑自願的氣魄為曹敬所欽羨。

曹敬連寫兩篇同名的〈濠上觀魚賦〉，並俱以「莊惠觀魚而知其樂」為韻。可見對莊子的推崇，原因有二：

其一，下員亦有高見——曹敬首篇〈濠上觀魚賦〉云：「漆園吏雖在下員，南華經偏多妙諦。」、次篇〈濠上觀魚賦〉亦云：「翳昔之莊子休也，蒙邑幽居，漆園小憩。……故其著《南華》之經卷也，將似佛而似仙；而其辭南楚之簪纓也，殆非夷而非惠歟。」曹敬自視甚高，卻止於生員，因此對於下員出身的莊子，能著有《南華》妙諦，寫出許多「俗人不足與道」的高見，感佩不已！

臺，船行五虎門時寫下〈五虎門阻風和韻〉七律：「無端宦況成飄泊，不盡悲涼付酒甌」。詳見：〔清〕季麒光著，〈五虎門阻風和韻〉，李祖基點校，《蓉洲詩文稿選輯》（香港：香港人民，2006 年 1 月），頁 2。按：季氏宦臺年齡考證，參見：王淑蕙，〈從《蓉洲詩文稿選輯、東寧政事集》論季麒光宦臺始末及與沈光文之交遊〉，《臺灣古典文學研究集刊》第 5 號（2011 年 6 月），頁 142。

其二，拒絕楚王之邀——《莊子・秋水》原文中：「莊子釣於濮水，楚王使大夫二人往先焉，曰：『願以境內累矣！』莊子持竿不顧，曰：『吾聞楚有神龜，死已三千歲矣；王巾笥而藏之廟堂之上。此龜者，寧其死爲留骨而貴乎？寧其生而曳尾於塗中乎？』二大夫曰：『寧生而曳尾塗中。』莊子曰：『往矣！吾將曳尾於塗中。』」莊子鄙視尊位、持竿不顧來使的形象很是動人，因此曹敬兩篇〈濠上觀魚賦〉中均將此段寫入：

> 以光陰爲過客，曾徵夢蝶之蹁躚；視富貴如浮雲，愧效藏龜之束縛。
> （《全臺賦校訂》頁 162）

> 憶昔時龜願曳塗，從吾所好；愛今日魚不畏網，作如是觀。（《全臺賦校訂》頁 200）

首篇〈濠上觀魚賦〉（一）的觀點以莊周夢蝶而看破富貴如浮雲，不願成爲廟堂作祭品的神龜，因此懇辭楚王委托的重任。次篇〈濠上觀魚賦〉（二）觀點接續首篇，願如泥地中自在曳尾烏龜，故能理解濠梁游魚之樂。

歷經兩組的「仕」與「隱」的書寫，第三組爲道光二十七年（1847）拔取增生的應仕之作〈露香告天賦〉，此賦之後一連三篇都與「應舉」與「仕進」相關的賦作，如：

> 蓋名不虛稱，奇原難沒。……然此際青雲有路，先探蟾窟以攀花；待他時碧漢乘槎，復破蛟門而捉月。（〈海月賦〉（以「挂席拾海月」爲韻），《全臺賦校訂》頁 206）

> 驍勇挺於危時，軍皆憾岳；奇謀爭於險變，地實臨淮。有韓信者，神謀抱負，……置死能生，似危偏固。（〈淮陰背水出奇兵賦〉，《全臺賦校訂》頁 208、210）

> 昔有高人者，名曰王猛。兩晉英豪，三秦俊穎。……爾其志高，超才磊落。抱負非凡，隱居自樂。……看舉世之浮沈，嘆知音兮寂寞。……雖懷滿腹經綸，且棲林壑。既無知己，賞識雄才；更欲向誰，坐談遠署。

> 無礙辯才，深藏治具。指畫口陳，聲高神駐。論其才德，固非諸葛匹儔；聽其譚言，已動桓公愛慕。……旁若無人，絕不徘徊四顧。（〈王景略談時務賦〉，《全臺賦校訂》頁 212～213）

〈海月賦〉（以「挂席拾海月」爲韻）、〈淮陰背水出奇兵賦〉（以題爲韻）、〈王

景略談時務賦〉（以題爲韻）三篇爲曹氏最後之作，〈海〉賦「青雲有路」、「蟾宮折桂」、「蛟門捉月」等，爲強烈表示他日仕進的決心。〈海〉賦之後，〈淮〉、〈王〉二賦，雖敍一朝一代之豪傑，但背後有其感傷之意，如〈淮〉賦言漢代大將韓信出奇致勝之事，但曹氏筆下的韓信有多麼「驍勇、奇謀」，背後的感傷就有多麼的強烈，因爲韓信開創大漢時「置死能生，似危偏固」，卻偏偏輕易地死於呂后之謀。〈王〉賦以王猛由隱出仕，終成兩晉英豪，三秦俊穎之事。但「看舉世之浮沈，嘆知音兮寂寞。欲奠一時民社，未際風雲；雖懷滿腹經綸，且棲林壑。既無知己，賞識雄才；更欲向誰，坐談遠略。」寫來盡是「看……浮沈，嘆……寂寞。欲……，未際……」等孤寂之語，以至於「雖懷滿腹經綸，且棲林壑。既無知己，賞識雄才；更欲向誰，坐談遠略。」更像是曹敬自敍之言。

於激烈昂揚的〈海月賦〉之後，恐仍受挫於應試，依前述兩階段「仕」與「隱」的書寫推斷，理當還有其他寫「隱」的賦篇，但卻戛然而止於〈淮陰背水出奇兵賦〉、〈王景略談時務賦〉。〈淮〉賦表面是贊歎韓信奇謀，但若依「仕」與「隱」的心境起伏來讀此賦，當能感受一世英豪，竟輕易的死於女子之手的悲感，又〈王〉賦大量鋪陳、敍寫的「不遇」，更像是曹敬內心深處的詠嘆調。

綜論曹敬一生，讀其賦想像其爲人，生逢御定拔文準則的科舉時代，康熙帝諭示天下「勤學、仕進」乃達成理想自我、改變三代社會階級的唯一途徑。曹敬既是生員，又是塾師，其所設定之理想自我（王佐之材）與現實自我（止於生員）的嚴重落差。本章依其賦創作之先後順序，得出「仕」與「隱」三組書寫主題。曹敬對仕進的企盼，是彼時臺士的共同想望，挫折也是彼時臺灣士子的共同經歷。由此清代臺灣三賦家賦作，唯有曹敬賦作眞實的反映「生逢科舉累人之世」的想望與經歷，留下看似擺盪於兩端的賦作，正好反映彼時臺士致身舉業的生命情懷，當御定拔文準則充斥賦壇的時代，此種超越御定拔文準則的生命書寫更顯得可貴。

第八章　御令與神諭——日治時期鸞賦之「批判殖民」與「代天治民」

　　清代臺灣賦前期的發展在於志書〈藝文志〉的收錄編纂，後期發展在於科舉考賦的推波助瀾，並因此成就一批應試律賦的作者。乙未之變，臺灣割讓日本，科舉隨之廢止。具備律賦應試能力的學子，因政治環境的丕變而置身「人生規劃」與「家國歷史」的雙重斷裂中。據目前文獻資料顯示：光緒中期積極參加科舉活動者約當七千人左右，[註1] 乙未年（1895）已在光緒晚期，加上已取得功名者，當不止七千之數。賦作為科舉考試項目之一，帝王詔令的御定拔文準則又抑制各別作者的自由創作意識，因此律賦創作本應隨科舉廢止而漸趨減少，然而進入日治之後臺士仍持續以律賦的形式書寫，其因為何？

　　一個時代的結束，正是另一個新時代的開始。臺灣賦的書寫因殖民政府引進現代化新傳媒的同時，開啓新的書寫紀元。日治時期發行各種流通、可供賦作發表的園地，有：鸞書與報刊雜誌。鸞書與在地信仰有關，出資者為臺資無疑。報刊雜誌依其出資者的身分，可分為日資與臺資。日資媒體於1896年總督府授意下登臺發行，直到日治時期終結為止，發揮官方傳聲筒的角色。反之臺資媒體，直到1919年才有林獻堂等人出資刊行第一份漢文期刊《臺灣文藝叢誌》。1919年之前，即1895至1915年西來庵事件止 [註2]，賦作所發

〔註1〕 尹章義，〈臺灣↔福建↔京師——「科舉社羣」對於臺灣開發以及臺灣與大陸關係之影響〉，《臺灣開發史研究》（臺北：聯經書局，1989年12月），頁552。
〔註2〕 許俊雅，〈談談《全臺賦》、《臺灣賦文集》未收的作品〉，《臺灣古典文學研究集刊》第3號（2010年6月），頁13～15。

表的臺資流通刊物，以鸞堂所發行之鸞書爲主。鸞書乃眾人集資刊行，流通、影響性強的特殊媒體，其性質非全然商業性質，更類似於同人誌〔註3〕，具有濃厚的宗教勸世色彩，成爲日治時期臺灣於異族統治下，以勸善戒惡、積極介入社會爲特質的文學作品。乙未之變對於接受完整科舉教育士子，帶來的不僅是家國歷史的斷裂，還有一生志業未能實現的問題。大部分臺士遭遇如此巨變之後，仍能參與神人共辦、扶鸞著書、宣講道德，不僅連結前清「舊記憶」安撫民心，也是士人最佳過渡、宣洩的管道。因此，以彰顯才學爲主的律賦作爲前清科舉考試的項目之一〔註4〕，本應隨科舉制度中斷而大量減少，反而1896年～1915年間多見於鸞賦，1919年後多見於報刊賦。

　　日治時期總督府實施大眾傳媒強制檢查制度，作品投書刊載於媒體的作品，完全建立在「作者、創作空間與讀者」的基礎上，其中「創作空間」爲最重要的因素。首先，鸞賦「創作空間」即鸞書發展的基礎，鸞書的發展建立於1915年西來庵事件發生之前。殖民統治之初，總督府需借重地方信俗的力量，以維繫民心、穩定時局。其次，鸞賦的「作者」多是前清取得功名的士子及地方鄉紳，前清士子與地方鄉紳，本是總督府「臺灣紳章條規」中極欲籠絡的對象，士子與鄉紳既捐出書房錢財，輔助鸞堂勸世化民，殖民主何樂而不爲？再次，異族統治之下，士人與鄉紳亦願意協助鸞堂與善書安頓庶民（讀者）的心靈。由上述三項因素，日治時期臺灣鸞賦之集體創作、刊行與宣講遂逐漸盛行。

　　然而律賦作爲科舉考試的項目，其平仄、用典、限韻等科場程式，本爲檢測應試者之才學而設下的種種限制，應試者難以於律賦中展現眞性情與創造性，因此清代律賦作品、理論之興盛，乃根源於功名的誘因。律賦失去功名的誘因後，依文學史發展的規則，本應隨科舉制度的中斷而停止創作，卻仍舊持續創作，發表於更快速流通的傳媒上。以鸞賦而言，賦文乃隨善書刊印，刊印費用由善男信女捐獻，書末多有「閱後轉贈他人，功德無量」等字

〔註3〕　彼時報刊之大致可分爲：商業報刊、機關刊物、同人雜誌三足鼎立的局面。其中同人雜誌的特質爲：「晚清數量極多的同人雜誌，既追求趣味相投，又不願結黨營私，好處是目光遠大，胸襟開闊，……主要以文化理想而非豐厚稿酬來聚集作者。」詳見：陳平原，《觸摸歷史進入五四》（臺北市：二魚文化，2003年），頁64～5。

〔註4〕　現存清代臺灣賦127篇，扣除志書〈藝文志〉收錄賦作27篇，其餘97篇以律賦形式者，即占有68篇之多，可見律賦爲清代臺灣賦的主要形式。

樣，以免費贈閱的模式，達到廣泛傳播的目的，因此善書內容應以淺白易懂
為主。賦兼才學，漢代以下成為歷代選賢取士文體之一，雖然鸞賦應以淺白
通俗為主，然而用典與限韻的律賦，仍為鸞賦與報刊賦創作的主流〔註5〕。賦
體有散體、律體、詩體賦之別，其中散體用韻自由，對作家之限韻較少，較
能抒發情志，論述詳切，今見鸞賦有九成以律賦形式創作，與一般宗教強調
淺白易懂達到廣泛傳播的刊行目的不同，其中應有其深意。

　　日治時期持續以律賦形式書寫的作者，本為前清受良好賦學應試能力的
學子，科舉廢除，這些已然無用但又確實存在的科舉應試才能，似乎並不因
「國家歷史」的斷裂而斷裂。於報刊發表律賦作品，本為作家自由意志，然
而勸化頑俗的鸞書，「神、人」共同創作大量的律賦，其用意為何？是神藉人
以作賦？或人藉神以作賦？鸞堂長期以來各地區具有政治、藝文中心的功
能，「地區的仕紳與領導階層都是鸞堂的信徒，他們於此處得到個人心靈的滿
足與文化的權力」〔註6〕，如此的鸞賦代表士人何種「心靈的滿足與文化的權
力」？本文第一節「**鸞賦發展的時代背景**」，首先以「**舊記憶與新連結──士
子參與鸞堂事務的原因**」，說明乙未割臺之後，前清士子奉神諭積極參與鸞堂
事務，藉由扶鸞著述、宣講善書的方式，此一與前清御令類似的社會公益，
作為身處殖民地臺灣安身立命的理論基礎。其次「**隱身寺廟的菁英**」，於總督
府「糖飴與鞭」的兩面手法下，日治初期殖民主對廟寺的尊重，成為鸞堂得
以發展，善書得以刊行的空間。第二節「**批判與抵抗意識**」，經由爬梳鸞賦後，
得知勸化愚頑的功能下，部分賦作有「**緬懷前清**」與「**批判現況**」的隱喻。
以及「**無道則隱**」的抵抗意識。第三節「**延續前清志業──鸞賦中的『代天
治民』**」，為延續前清生員立志當為忠臣、清官的志業，由賦文中所示，依「**著
書留名**」、「**由人爵而天爵**」、「**代天治民**」三階段論述。總之，鸞堂於神道設
教的保護色下，神人扶鸞群創而成的賦作，直指世道衰頹、人心沈淪，成為
臺灣賦於日治時期積極介入社會的特殊發展。

〔註5〕　「今以《全臺賦》所收錄之日治時期鸞賦「以題為韻」者佔83.33%，完全依
　　　　次為韻者佔97.72%」，詳見簡宗梧，〈臺灣登鸞降筆賦初探──以《全臺賦》
　　　　及其影像集為範圍〉，《長庚人文社會學報》第3卷第2期（2010年10月），
　　　　頁293。又。根據許教授的補充日治時期無論是鸞賦或是報刊賦均以限韻的律
　　　　賦形式為主。詳見：許俊雅，〈談談《全臺賦》、《臺灣賦文集》未收的作品〉，
　　　　《臺灣古典文學研究集刊》第3號（2010年6月）頁7～11。
〔註6〕　張二文，〈高雄縣客家鸞堂的起源──月眉樂善堂與其鸞書之研究〉，《臺灣學
　　　　研究》第5期（2008年6月），頁32～53。

第一節　鸞賦發展的時代背景

一、舊記憶與新連結

　　舊時代的結束，同時也是新時代的展開。年少英才冀望功名的儒生，進入日治時期被迫中止人生志願的追求，可以選擇過著縱情詩酒的麻痺生活，如嘉義賴家開臺六世祖賴雨若（1878～1941）〈有感〉中云：「臺灣割後竟如何。漢學儒生拓落多。八股文章無用處。大都个个變詩魔。……」〔註7〕、〈悼羅澳之詞兄〉中，「文才自少擬掄元。劫後灰心好對樽。看破世情惟縱酒。果然一醉擲乾坤。」賴氏於詩後自註：「羅君持杯獨酌時倏然起症殞命」〔註8〕，羅澳之之死代表身殉「前清」者的悲劇縮影。但也有選擇不棄絕凡塵俗世，而運用與「前朝」有所關連的「舊記憶」，使前清士子於新時代中重新尋得安身立命的「新連結」。

　　此「舊記憶」的連結點即雍正四年（1726）上諭之〈諭正士習〉：

　　　上諭：為士者，乃四民之首、一方之望。凡屬編氓，皆尊之奉之，

　　　以為讀聖賢之書、列膠庠之選，其所言所行，俱可以為鄉人法則也。

　　　故必敦品勵學、謹言慎行，不愧端人正士；然後以聖賢詩書之道，

　　　開示愚民，則民必聽從其言、服習其教，相率而歸於謹厚。〔註9〕

雍正四年〈諭正士習〉中「為士者，乃四民之首、一方之望。」之御令，亦為「士」取得地方四民之首的社會階層。雍正帝賦予「士」得「以聖賢詩書之道，開示愚民，則民必聽從其言、服習其教」的權利。其實早於日治時期臺灣士子以群創鸞賦的形式開示愚民之前，道光廿五年（1845）恩科進士施瓊芳，所著之〈燕窩賦〉已隱有勸世之意：

　　　膳祖徵珍，舶郎數典。美壓侯鯖，貴侔禁臠。……最喜樽開夜月，

　　　細擘銀絲；記曾簾卷春風，輕捎玉翦。方其身棲遼洞，窩積危巒。

　　　銜泥計密，唾玉力殫。居厓作餘糧之蓄，渡海成泛宅之安。劇憐賀

　　　廈辛勤，供人口福；卻笑當筵午錯，拾我牙殘。

　　　爰有蠻客貪奇，胡商嗜利。囊藉猿攜，舟教蜑試。饕茲有味之珍，

〔註7〕　賴雨若：〈有感〉，賴辰雄主編，《法曹詩人壺仙賴雨若詩文全集》，（嘉義市：嘉義市文化局，2007 年 12 月），頁 40。

〔註8〕　註同上，頁 89。

〔註9〕　〔清〕劉良璧纂輯，《重修福建臺灣府志》，（臺北：文建會，2005 年 6 月），頁 88。

搜到無人之地。機心不害，殊破巢攫轂之奇；奇貨可居，是割蜜留
蜂之智。……藉伐毛以洗髓，儼存液而剝膚。(《全臺賦校訂》頁 99
～100)

由引文可見〈燕窩賦〉全文未有「勸戒」二字，但以兩組對比，其一、燕窩
為富戶豪紳飲酒佐食的點心：「美壓侯鯖，貴侔禁臠，樽開夜月，細擘銀絲……
供人口福……，拾我牙殘。」對比燕群築成燕窩的艱辛：「身棲邃洞，窩積危
巒。銜泥計密，唾玉力殫。」其二、嗜利商人以豪紳貪奇的心理，利用蛋民、
猿猴採集燕窩：「囊藉猿携，舟教蜑試。饕茲有味之珍，搜到無人之地。……
奇貨可居，是割蜜留蜂之智。」對比處理採集來的燕窩處理方式：「藉伐毛以
洗髓，儼存液而剝膚。」以兩組對比的書寫方式，意欲引起富戶豪紳對雨燕
築窩的同情，進而達到勸戒食用燕窩的目的。能食用燕窩者，必為富戶豪紳，
顯然施瓊芳〈燕窩賦〉所勸戒的對象是富戶豪紳。類似的賦作雖未必是出於
〈諭正士習〉「以聖賢詩書之道，開示愚民」的御令，很可能僅只是人道主義
的關懷，由於清代臺灣賦佚失嚴重，想必仍有其他勸戒賦作。總之，自雍正
四年（1726）開始至光緒二十一年（1895）乙未之變為止，百年來士子已然
具有宣講道德、教化社會之御令。直到晚清官方宣講聖諭衰微，乙未之變後
民間鸞堂利用神道設教等方式，結合著書、宣講、濟世，凝聚出一股「由下
而上」的新契機。〔註 10〕

　　乙未之變，許多士紳舉家內渡，以避兵災。彼時宜蘭當地有徬徨不安
者，延請新民堂扶鸞而得「宣揚忠孝，感化人心，勸人向善為要，不必回
鄉」之神諭，故當地士紳於 1896 年 3 月 8 日在坎興街創立「坎興鸞堂」以
敬祀岳武穆王，作為宣揚忠孝節義之範本。同時「勸善局」等人有意與「坎
興鸞堂」共建廟堂，以宣講四維八德，進而喚起民族精神，故由蘭地首位
進士楊士芳號召建廟事宜。〔註 11〕由於「宣講、教化」本為雍正四年（1726）
以來，士子尊御令得以開示庶民之事，今又奉神喻「宣揚忠孝，感化人心，
勸人向善」，此「舊記憶與新連結」成為士人得以安身居臺不返原籍的最大
精神支柱。

〔註10〕 李淑芳，〈提要〉，《清代以來台灣宣講活動發展研究──以高雄地區鸞堂為例》
　　　　（高雄：高雄師範大學臺灣歷史研究所碩士論文，2010 年 7 月）。

〔註11〕 蘇美如（宜蘭縣文化資產指定登錄審議委員），《臺灣大百科全書》，
　　　　http://taiwanpedia.culture.tw/web/content?ID=8459&Keyword=%E6%A5%8A%E
　　　　5%A3%AB%E8%8A%B3#　引用日期 2011 年 8 月 11 日。

二、隱身寺廟的菁英

　　日治時期臺籍士子之所以參與鸞堂事務，進而藉此延續前清時期於社會上扮演的角色與功能，其中日治初期的宗教政策，與韻文書寫善書的傳統，均爲重要的因素。

（一）日治初期的宗教政策

　　第一任臺灣總督樺山資紀於明治 29 年（1896）1 月 18 日，發表對臺灣固有宮廟寺院保存的諭告：

> 本島之固有宮廟寺院等，……現在際於兵務倥傯之時，供於軍用雖屬勢所難免，但須注意不得濫爲損傷舊慣，尤其破毀靈像，散亂神器禮具等行爲，絕不容許肆意妄爲。因此，今後更應注意保存，如有暫供軍用者，著即儘速恢復舊觀，特此諭告。〔註12〕

王見川進一步考證日本官方曾積極的賜金扶持宜蘭碧霞宮的創建〔註13〕，李世偉亦認爲：

> 不論是消極性的放任溫存或積極性的籠絡扶持，大體上日據初期的宗教環境較爲寬鬆，使得臺灣的傳統宗教信仰可以循其慣例，如常活動，自然也對鸞堂的開展提供一個有利的環境。〔註14〕

繼樺山資紀的宗教政策，明治三十一年（1898）兒玉源太郎繼任爲第四任總督，任命後藤新平爲民政局長，成爲日治初期實際協助總督治理臺地者。爲使各地日籍官員能儘快熟悉政務，因此推行土地、戶口、舊慣習等調查，調查的同時，對臺灣既有的風俗習慣採溫和放任的政策。由於「舊慣溫存」的政策施行成功，後繼者多沿襲此策。〔註15〕

　　第一批來臺官員中，佐倉孫三（1861～1941），供職於臺灣總督府民政局的警務部門三年，把見聞撰成《臺風雜記》，目的是爲了作爲施政之參考。〔註16〕

〔註12〕 李嘉嵩，〈日本治臺——宗教政策考（一）〉，《瀛光》128 期（1963 年 10 月），頁 709。

〔註13〕 王見川，〈關於碧霞宮——兼答林靜怡之質疑〉，《宜蘭文獻雜誌》27 期（1997 年 5 月），頁 75～94。

〔註14〕 李世偉，《日據時代臺灣儒教結社與活動》（臺北市：文津，1999 年 6 月），頁 99。

〔註15〕 李世偉，《日據時代臺灣儒教結社與活動》，頁 97。

〔註16〕 林美容，〈殖民者對殖民地的風俗記錄——佐倉孫三所著《臺風雜記》之探討〉，《臺灣文獻》第 55 卷 3 期，頁 11。

基於調查之迫切，後藤新平對於許多曾經奉職、遊歷臺灣的日籍人士，未能留下記述眞相實意、提供世人參考，深感遺憾。因此於明治癸卯歲（光緒二十九年）二月（1903.2），特別爲佐倉孫三作〈序〉：

> 自其風候人情之所異，以至其土地所生物產等，詳密無漏，使人有足踏其地、目睹其物之想，其用意可謂切且到矣。聞君曾奉職茲土，或提劍探匪類之窟、或執筆草諭示之文，備嘗艱險，面胸中尚有餘地，其所入耳觸眼者悉記以爲一冊子，此著即是也。

> 因憶邦人之或奉職此地、或以事來遊者，一旦辭去，則漫然成語，曰：「彼風土眞可厭矣」！曰：「當局措置多誤計矣」！甚則空中構樓閣，以爲指彈之具，取快於一時；而其能記述眞相實意之所存、以供世之參考者，寥寥如晨星，是余之所深遺憾也。

> 今此書一出，則眞相實趣之所在，炳然呈露，而從來抱持謬見者釋然冰澌，廓然洞開；然而此著之美舉可以見矣。是爲序。〔註17〕

《臺風雜記》眞切描述風候人情之異，土地物產等，詳密無漏，使讀者有身歷其境之特質，作者奉職其間「或提劍探匪類之窟、或執筆草諭示之文，備嘗艱險」。因此藉由《臺風雜記》之記述，得以理解殖民主治臺最感艱辛之處，在於「瘴癘、生番、土匪」三害，以至於爲何需藉臺灣士子之聲望與鸞堂等宗教，協助穩定民心之因：

> 臺地多害物，曰瘴癘，曰生番、曰土匪，是爲三害。而土匪之害最慘烈，不可名狀。其嘯集夥黨，多者百餘人，少者二、三十人，各提銃劍，暮夜擁炬火，驀然來襲。《臺風雜記・土匪》〔註18〕

清人治臺以生番、瘴癘爲主患，日治時期則以土匪問題最感棘手，還有各地不間斷的武裝抗日活動與民眾消極的抵抗態度。後藤新平因此提出「糖飴與鞭」的兩手策略，即對抗日分子、土匪等採取嚴酷鎮壓手段，但對「島民有學藝者，大抵進士、秀才之類」〔註19〕則以紳章制度籠絡之。

　　《臺風雜記》亦記有宗教對臺民生活影響的觀察：

〔註17〕後藤新平，〈序〉，《臺風雜記》，《臺灣文獻叢刊》第 107 種（臺灣銀行經濟研究室編印，1958 年 10 月），頁 56。

〔註18〕佐倉孫三，〈土匪〉，《臺風雜記》，《臺灣文獻叢刊》第 107 種（臺灣銀行經濟研究室編印，1958 年 10 月），頁 56。

〔註19〕佐倉孫三，〈婦眼無字〉，《臺風雜記》，《臺灣文獻叢刊》第 107 種（臺灣銀行經濟研究室編印，1958 年 10 月），頁 12。

臺人舉子女，先詣城隍廟，或祈其加冠晉祿、或禱其商運開發，猶我祭鎮護祠而求福祿也。是以既有城市，則必有城隍廟。（頁 8～9）

余曾觀臺人坐叛逆罪處斬首刑者，概從容就死，毫無鄙怯之態，竊怪焉。自今日思之，知宗教之力居多矣。（頁 9）

人崇信神佛，尤用意廟祠，結構美麗，規模宏壯，石柱瓦甍，飛棟畫壁，金碧眩人。……其最大且美者；求諸內地，不易多得。……我軍隊之入本島也，屋寡而人眾，不得已以廟寺充宿舍，臺人憂焉。後總督府下令改之，以達黎民信仰之意，可謂知本矣。（頁 27）

由前述引文可見彼時「城隍信仰」對臺民生活的影響，宗教甚至是臺民從容就死的精神力量。值得注意者，為「我軍隊之入本島也，屋寡而人眾，不得已以廟寺充宿舍，臺人憂焉。後總督府下令改之，以達黎民信仰之意。」由於前清功名士子與鄉紳本為日人施以「糖飴」策略的對象，尊重臺灣信仰，以便換取統治之順利。總之明治 29 年（1896）1 月 18 日，第一任臺灣總督樺山資紀發表對臺灣固有宮廟寺院保存的諭告後，為臺民的宗教信仰撐起保護傘。對於奉神喻留臺的士子，與投入鸞堂事務、書寫鸞賦起了莫大的鼓舞作用。

（二）韻文體的書寫傳統

日治時期許多鸞堂本為士紳的書房，扶鸞作賦時的執事鸞生往往由有功名的士子擔任〔註 20〕，鸞賦因此具有神人共作的特質，但《全臺賦校訂》又將所收錄之鸞賦作者列為「不詳」，那麼「士子」於創作過程中的角色如何？簡宗梧認為：

其作品顯然是一人主導、兩個或兩個以上的人共同配合的結晶。若非事先演練，其實扶鸞就是篇章著作經歷多人字斟句酌的機制。《全臺賦》及其影像集將鸞書的賦篇納入蒐集的範圍，但作者一概列為不詳，乃其來有自。〔註21〕

〔註20〕 宋光宇、李世偉，〈台灣的書房、書院及其善書著作活動——從清代到現在〉，國立成功大學中國文學系主編，《第一屆臺灣儒學研究國際學術研討會論文集》，（臺南：成功大學中文系，臺南市：臺南市文化中心，1997 年），頁 7～9。

〔註21〕 簡宗梧，〈臺灣登鸞降筆賦初探——以《全臺賦》及其影像集為範圍〉，《長庚人文社會學報》第 3 卷第 2 期（2010 年 10 月），頁 282。

簡宗梧點出鸞賦乃經歷多人「群體創作」的概念，意謂鸞賦爲士人與神佛群
體創作的成果。前述臺灣初割讓日本時，宜蘭當地徬徨不安之士紳，延請新
民堂扶鸞而得「宣揚忠孝，感化人心，勸人向善爲要，不必回鄉」之神諭，
士人因此奉神諭安居臺地不回閩地原籍，並以「宣揚忠孝，感化人心，勸人
向善」，作爲居臺的主要文化工作。令人深感困惑的是：既然士子身兼執事鸞
生，具有扶鸞著述時部分的主導權，那麼爲何「群體創作」多選擇限韻的律
體賦？而非書寫、閱讀與理解相對容易的散體賦？此爲神意？還是人意？

　　臺灣律賦的發展，肇起於清朝科舉試賦的施行與賦學教育，要能書寫、
閱讀律賦者，必須接受針對科舉考試的教育。許多學者以爲「針對科舉考試
的教育」即專爲有心進入社會、政治之菁英階層的教育。〔註 22〕本杰明·艾
爾曼（Benjamin Elman）認爲：

> 明代的官方語言，……不是土生土長的口語和書面語，因此只有身
> 份顯赫的外來者，通過學習和社交，經受數年的訓練，才能完全掌
> 握。即使到清代（1644～1911）增補漢、蒙語作爲武士菁英的官方
> 用語，文言仍是官僚階層的公共用語。……這樣一來，就等於宣布
> 了絕大多數的百姓是昧於文言的。因爲他們或是鮮有遊歷的機會，
> 或是只會說京畿以外地方的土語、方言，最多也只能是「粗通文墨」
> （primer-literate）而已。那些「粗通文墨」的人也許能夠成爲書吏、
> 刻工，甚至訟師，但是沒有任何功名，他們就無法進入貢院，也就
> 不可能獲得從社會菁英變爲政治菁英的機會。〔註 23〕

〔註22〕 在近代初期的歐洲，拉丁文和方言是區分教育等級的准繩。類似地，在明清
　　　　時期的中國，明成祖永樂十三年至十九年（1415～1421）定都北京後，教育
　　　　層次較高的口語（官話）和書面語（文言），與中國北方以外地區的日用語言
　　　　多少有些分別，而且只作爲菁英階層的教育內容，在少數人中傳授。清乾隆
　　　　五十二年（1787）後，若要通過「四書」「五經」的考試，至少須默記 50 萬
　　　　字的材料；這其中還未包括卷帙紛繁的斷代史書（至宋代爲止有 17 部，至清
　　　　代有 22 部「正」史）。乾隆二十一年（1756）後，試子還得精通唐詩。魏斐
　　　　德（Frederic Wakeman）曾說過：「一個中上水平的試子，須自 5 歲起習字，
　　　　11 歲止通背「四書」「五經」，12 歲精詩賦，進而習八股。」詳見：Ichisada Miyazaki
　　　　（宮崎市定），*China's Examination Hell*, translated by Contrad Schirokauer (New
　　　　Haven: Yale University Press, 1981), pp. 16-17; and Wakeman, *The Fall of
　　　　Imperial China* (N. Y: Free Press, 1975), p.23.原刊文未見，轉引自【美】本杰明·
　　　　艾爾曼（Benjamin Elman），《經學·科舉·文化史——艾爾曼自選集》（北京：
　　　　中華書局，2010 年 4 月），頁 196。
〔註23〕 【美】本杰明·艾爾曼（Benjamin Elman），《經學·科舉·文化史——艾爾曼

明清以來，文言文爲官僚階層的公共用語，絕大多數的百姓最多只是「粗通文墨」（primer-literate）而已。即使成爲書吏、刻工，甚至訟師等行業，也不可能成爲社會、政治菁英。彼時臺灣普遍的閱讀水準，根據林衡道的回憶：

> 根據了解，清代臺灣的師資，一般而言都不十分高明，所以入書房讀書的學生，能夠把課程全部吸收的，爲數微乎其微，絕大多數的人，都是存著「能夠認幾個字就好」的心理，看得通《三國演義》便已經很滿足了。〔註24〕

能看得懂《三國演義》顯然已超出一般人的閱讀能力，與本杰明·艾爾曼（Benjamin Elman）所說：「絕大多數的百姓最多只是『粗通文墨』（primer-literate）而已」的看法一致。因此以律賦形式撰寫的鸞賦，隨善書流傳於「粗通文墨」（primer-literate）的庶民百姓間，不易達成「宣揚忠孝，感化人心，勸人向善」的目的。今所見九成鸞賦以律賦創作，似不符合讀者層的預設，其實早在佛教傳入中土，漢譯佛經即多採用賦的韻文形式：

> 早期的賦主要用誦的形式傳播。講誦對於語言華麗性和節奏感的要求，導致了賦鋪采摛文特點的形成。文體的形式決定於它的傳播方式，漢譯佛經的文本採用傳統賦的形式，正是基於它們共同的「講誦」方式，這也從另一個方面說明漢譯佛經的誦經方式是對中國傳統賦的講誦方式的繼承。〔註25〕

又根據梁淑媛的研究，鸞賦之傳播，對於文人階層是「讀」，但對庶民階層即爲「聽」：

> 鸞書傳布的方法之一，乃是憑藉著「宣講」，鸞堂的職組識設有「宣講生」一職，專司將正鸞生接受神諭後，所寫之鸞文「宣讀」出來，並且加以講解。……鸞生宣講教化的對象大多是目不識丁的村夫村婦，所以需要「唱鸞生」及「宣講生」作爲傳達，他們的作用不僅是將正鸞生在沙盤上所獲得的神諭，藉著他的口舌，唱出來而已，還要唱給一旁圍觀的百姓「聽」。〔註26〕

自選集》（北京：中華書局，2010年4月），頁197。

〔註24〕 林衡道口述，楊鴻博整理：《鯤島探源：台灣各鄉鎮區的歷史與民俗》，《貳》（臺北：稻田，1996年5月），頁404。

〔註25〕 伏俊璉，〈先秦兩漢時期的「誦」「誦」的表達方式〉，《俗賦研究》（北京：中華書局，2008年9月），頁51。

〔註26〕 梁淑媛，〈眾神花園中善意的缺席：《全臺賦》中的「藏名賦」析論〉，《臺灣

綜上所述，以及「賦」本身所具有的語言華麗性和律賦具有如詩的節奏感，使得以律賦形式創作之鸞賦，成爲前清士人生存於異族統治下重要的文學形式之一。

第二節　批判與抵抗意識

鸞賦文本已出版者有 2006 年《全臺賦》、《全臺賦影像集》，2007 年《臺灣賦集》，簡宗梧先生將《全臺賦》所收錄之鸞賦內容歸納以下十種內容：

> （1）揄揚設鸞堂之盛事，闡述著鸞書之宏旨。（2）仙佛翩然莅堂，或說教或頌讚，期勉士庶修德立功。（3）設教積極勸善，體現以儒融合釋道的宗教傾向。（4）戒鴉片煙毒。（5）戒色慾。（6）戒好勇鬥狠爲惡相戕。（7）戒諸多不良習性，以改邪歸正。（8）嚴斥爲害黎民百姓之特定人士。（9）告別書。（10）代撰祭文。〔註27〕

許俊雅於〈談談《全臺賦》、《臺灣賦文集》未收的作品〉一文，又持續收錄有 27 篇鸞賦，並簡述此 27 篇賦作內容：

> 目前蒐羅新增之鸞體賦，時間點亦在日治初期刊行，同樣強調了設鸞堂之旨趣在於期勉信徒正心修身，克己復禮，弘揚仁孝忠信之德，勗勉信徒窮理讀經，以孔、孟、仙、佛爲典範。提醒世人，心存禮義，莫喪廉恥；警惕信徒，切戒舞刀弄鎗，鬥狠爲惡。呼籲世人及早醒悟，切莫耽溺於煙花賭（鴉片、美色、賭博），並痛責士紳之妄自尊大，恃權依勢，傲氣凌人。同時有一些諷刺諧謔之作，嘻笑怒罵，針砭時弊。〔註28〕

由上可知，鸞賦內容以「宣揚忠孝，感化人心，勸人向善」的神諭爲主。筆者就前人的研究成果，進一步爬梳賦作，隱約可見日治時期的臺士於鸞賦內容中，隱藏有對殖民主的批判與抵抗意識。

　　　古典文學研究集刊》第 3 號（2010 年 6 月），頁 123。

〔註27〕簡宗梧，〈臺灣登鸞降筆賦初探——以《全臺賦》及其影像集爲範圍〉，《長庚人文社會學報》，第 3 卷第 2 期，（2010 年 10 月），頁 284～291。

〔註28〕許俊雅，〈談談《全臺賦》、《臺灣賦文集》未收的作品〉，《臺灣古典文學研究集刊》第 3 號（2010 年 6 月），頁 13。

一、「緬懷前清」與「批判現況」

科舉制度造就了一批生員以上的士紳階層，前清只要具有生員身分，至少享有生活上的部分禮遇，順治九年（1652），奉禮部頒行直省各府、州、縣，刊刻學宮遵守的〈御製臥碑文〉：

> 朝廷建立學校，選取生員，免其丁糧、厚以廩膳，設學院、學道、學官以教之，各衙門官以禮相待，全要養成賢才，以供朝廷之用。
> 〔註29〕

對生員的禮遇刻於碑文，以勸誘傑出士子、文學才子投身科舉。陳興德認為這些禮遇彰顯了士紳階層高於庶民階層的生活特權：

> 一是優免賦稅、差役的政治經濟特權。二是享有法律特權。三是日常生活與官員、平民交往中紳士獲得的禮遇。……紳士的很多行為主要是為了維護自身的利益，……對本地區利益起到了某種代言人和維護者的作用。〔註30〕

由於科舉廢止、屈身於異族統治，乃數千年未有的大變局，因此於前清受到禮遇與特權的士紳，生存於異族的統治下，以律體創作鸞賦，既不違背「宣揚忠孝，感化人心，勸人向善」的神諭，又能彰顯自身社會菁英，以區隔「粗通文墨」（primer-literate）的庶民百姓。如此以律體作為鸞賦創作的體制，其目的除了維持既有之社會地位，又「宣揚忠孝，感化人心，勸人向善」之外，是否隱含有更為深遠的意識？

總督府為了籠絡臺灣上層社會中士紳、富豪人士，對於具有科考功名、一定資產與地方名望者，依「臺灣紳章條規」授與紳章，收買人心，以利殖民統治的進行。然而部分士子對於接受異族統治深惡痛絕，因「宣揚忠孝，感化人心，勸人向善為要，不必回鄉」的神諭而留臺，對於殖民主有意的籠絡並不領情，故於鸞賦中暗喻批判與抵抗殖民主之意識。批判力道最強者，以 1896 年宜蘭碧霞宮印行的《治世金針·新枝重設蘭陽賦》（以題為韻）為代表。〈新枝重設蘭陽賦〉由「普淨聖者」登鸞降筆，「普淨聖者」為臺灣信俗聖佛仙真中極為陌生之名號，主要書寫策略以「緬懷前清」與「批判現況」

〔註29〕〔清〕劉良璧纂輯，《重修福建臺灣府志》，（臺北：文建會，2005 年 6 月），頁 71。

〔註30〕陳興德，《二十世紀科舉觀之變遷》（湖北：華中師範大學，2008 年 11 月），頁 21～2。

的敘事模式，呈現「清／日」治臺前後的強烈對比。

（一）緬懷前清

〈新枝重設蘭陽賦〉（以題爲韻）以蘭陽一地爲主，故以「遙想」蘭陽開發史談起：

> 當夫吳君創始，鄭子維持。力士開山，蠶叢之路彌屆；勇夫涉水，魚腹之境周知。宛然蓬萊仙鄉，良有以也；好比桃源勝景，無以尚之。俗美風惇，仁政速如草葦；規良意善，治世奚藉花枝。
>
> 斯時也，官禮成民，盡西京之治；〈睢〉〈麟〉咏俗，敦南國之風。鸞旂本於泮水，鼉鼓唱乎辟雍。風聲播四海，仁俗達九重。雞犬桑麻，共享太平之福；耕食鑿飲，群欣熙皞之雍。（《全臺賦校訂》頁337）

遙想福建籍吳沙於乾隆年間渡海來臺，蘭陽得以開墾，之後鄭維傑繼起，歷經前人開山涉水的拓墾後，從此蘭陽一地宛如「蓬萊仙鄉」、好比「桃源勝景」。風俗美淳的社會風氣，又加上朝廷施行仁政、欽定良規，終達太平盛世。走筆至此，彷彿不能盡情抒發其追憶之情，又以彼時官員詠〈關睢〉以正人倫、〈麟之趾〉以行教化，其後「鸞旂本於泮水，鼉鼓唱乎辟雍。」等強化朝廷設官學，推行科舉的教化功能，最終成就聲譽遠播四海，仁俗高達九重之太平盛世。如此，無論官士庶民均共享太平之樂、雍熙之福。

所謂「仁政速如草葦；規良意善，治世奚藉花枝。……官禮成民，盡西京之治；睢麟咏俗，敦南國之風。鸞旂本於泮水，鼉鼓唱乎辟雍。風聲播四海，仁俗達九重。」所描述者均明指前清之事，極盡讚頌昔日之仁政、良規、治世，顯然爲緬懷前清的筆法。

（二）批判現況

遙想、追憶、緬懷，層層鋪敘之後是殘酷現實的對比，蘭陽仍是蘭陽，只是人心已變：

> 迄今追憶芳徽，緬懷偉烈。地雖無分，人竟有別。商圖貪，士壞潔。男背義，女失節。四德皆虧，五常俱滅。事親不過能養，交友奚能締結。故此玉帝施災，欲將人類棄絕。……嗟乎，風俗日趨日下，善文時刻時刊。欲作中流之砥柱，以挽既倒之狂瀾。（《全臺賦校訂》，頁337）

原本的淳樸風俗，已然變調：「商圖貪，士壞潔。男背義，女失節。四德皆虧，五常俱滅。事親不過能養，交友奚能締結。」商人圖貪，必使庶民愈貧。男子背義，必缺五常；女子失節，四德盡喪。影響所及人倫崩潰，子女事親僅存「能養」，朋友論交難以「締結」。日治初期武裝抗日，土匪藉機作亂，成為殖民主最為棘手的臺害，之後又有瘧疾、鼠疫等橫行，傷生害命。凡此種種成為「玉帝施災，欲將人類棄絕」的理由。我們注意到，「玉帝施災」的前提是「風俗日下」，「風俗日下」的根源為何？不言而喻。前清時期的盛世、美俗、仁治、良規、太平之福、熙皞之雍，至今何以突然的轉變？即「地雖無分，人竟有別」，蘭陽還是蘭陽，但我們已是日人殖民地而非大清領地，因異族的統治，使淳樸風俗已然變調。

截至目前所見，以「緬懷前清」與「批判現況」的模式，呈現「清／日」治臺之前後差別，〈新枝重設蘭陽賦〉是最為強烈的批判筆法。雖然〈新枝重設蘭陽賦〉欲凸顯玉帝施災與日人治臺的因果關係，但或者忌憚日人素來以殘酷手法鎮壓反抗者，書寫手法則有所顧忌，如以「仁政……規良……治世……官禮」等明喻的手法，書寫前清之治，卻以「地雖無分，人竟有別」，隱喻日治之後人心之變。

類似「懷清批日」的隱喻賦作不少，例如：新竹平庄奉勸堂於 1899 年印行《挽世太平》〈戒煙花賭賦〉（以題為韻）〔註 31〕，由「九天駕前掌印顏」登鸞降筆：

> 世運衰頹，民風殘敗。為鬼為魔，好奇好怪。失正道而不惶，從異
> 端而反快。（《全臺賦校訂》頁 353）

賦之主旨勸民戒除三物：鴉片、女色、賭博，除了鴉片始自晚清之外，其餘二物自古有之。但卻將「世運衰頹」視為民風殘敗、魔鬼橫行、煙花賭癮的根源。前清終結，日治開啟，所謂世運衰頹，所指的是對前清政權的婉惜，所謂民風殘敗，為鬼為魔，好奇好怪，當然指日治之後。即使鴉片、女色、

〔註31〕由於勸戒邪淫一向為鸞堂勸善內容之一，因此相關之鸞賦作品不少，以《全臺賦》搜羅相關賦作為討論的，有：陳瑤玲的〈日治時期「臺灣賦」中的「色／戒」書寫〉，唯陳瑤玲的論述聚焦於呂溪泉〈羅山彩雲歌妓賦〉、賴獻瑞〈胭脂窟賦〉、耐紅〈詩妓賦〉三篇「青樓賦」的書寫，並旁論「登鸞降筆賦」中的「戒色觀」，與本論文「批判殖民」之論述，稍有差異。參見：陳瑤玲，〈日治時期「臺灣賦」中的「色／戒」書寫〉，《臺灣文學評論》10 卷 4 期（2010年 10 月），頁 85～99。

賭博，自清朝即有，但如今卻可一概推給異族統治所導致，指桑罵槐之意，昭然若揭。又如：澎湖文澳鄉從善堂歸化社 1902 年印行《獄案金篇》〈開堂著書賦〉（以題爲韻），由「南極仙翁」登鸞降筆：

> 慨夫人心波靡殆盡，世道陷溺難回。倫常乖舛，綱紀胥摧。以致頻
> 仍饑饉，疊降殃災。列聖爲之涕泣，諸眞不禁悲哀。幸也二三子協
> 力同心，贊襄籌畫；廿餘人和衷共濟，本末兼賅。直欲新遷奪勇，
> 舊染刪裁。先設堂以建廟，繼結社而期開。（《全臺賦校訂》頁 399）

由於「人心波靡殆盡，世道陷溺難回」、「倫常乖舛，綱紀胥摧」，導致饑饉災殃。賦中所云「列聖涕泣，諸眞悲哀」，其實涕泣、悲哀者爲臺民，只是借聖佛仙眞表達其悲哀之情，因爲參與鸞堂事務者，同心籌畫，設堂建廟，結社著書。〈開堂著書賦〉所彰顯的抵抗精神爲：藉著與神佛降筆扶鸞，共創鸞書的機緣，公開設堂、結社，以宣洩對日本殖民主的厭惡與不滿。

二、抵抗意識──無道則隱

子曰：「危邦不入，亂邦不居。天下有道則見，無道則隱。邦有道，貧且賤焉，恥也；邦無道，富且貴焉，恥也。」（《論語‧泰伯》）儒者不居住於危亂之邦，有道明君在位時出仕，無道昏君當朝時隱逸，表明儒者絕不輔佐無道的統治者。雖然鸞賦內容未指明日治時期臺灣爲「無道的危邦、亂邦」，但卻有相當的內容傳達「隱」與「藏」的概念。

宜蘭喚醒堂於 1896 年印行的《渡世慈帆》〈戒刀鎗賦〉（以題爲韻），由「宜邑城隍」登鸞降筆：

> 人知自愛，士貴深藏。……宜防維愼重，宜中藏不露。此乃保國安
> 邦之資，非同行兇作惡之事。爾等世人，每不知懼。吾何憚勸懲幾
> 句。今諄諄而醒世者，爰殷殷而作賦也哉。（《全臺賦校訂》頁 341
> ～342）

雖說是「戒刀鎗」，「士」一般指的是「文」而不是「武」。因此〈戒刀鎗賦〉應指臺人閩客械鬥等事，其中論述「士」貴深藏，宜中藏不露，隱約鼓勵士子行事宜深藏的意識。

基隆正心堂於 1900 年印行《挽世金篇》〈修德耀呈賦〉（以題爲韻），此段由「孚佑帝君」登鸞降筆：

> 子房隱於深山，范蠡浮乎扁舟。方傳萬載，史誌千秋。（《全臺賦校

訂》頁 375）

張良於楚漢爭霸中獻謀劃策，范蠡輔佐越王勾踐回國復仇。張、范二人皆深知劉邦稱帝後只可共患難不可共富貴的道理，當天下局事底定，選擇離開朝廷走入隱逸生活。1896 年宜蘭喚醒堂印行《渡世慈航・戒官紳賦》（以題爲韻）由「張子房」登鸞降筆，請來張良現身說法：

> 自頹風之日下也，遇浪成波，心存巧計。國法難追，民情易敗。……
> 奉勸四民人等，勤耕藝業免貧。公門莫入，衙役休鄰。安分守己，
> 勿交勢紳。（《全臺賦校訂》頁 339～340）

賦文直指「頹風日下」爲「民情易敗」的主因，乃是鸞賦中影射、批判殖民統治的常見手法。張良隱於漢高祖登基之後，爲世人所稱道，不僅只要求士子遠離殖民主，而是士農工商四民，均「公門莫入，衙役休鄰。安分守己，勿交勢紳。」公門、衙役代表日治時期最基層的機關，不但不能與之往來，還要保持一定的距離。「安分守己，勿交勢紳。」暗喻日治時期的臺灣勢紳，所仗之勢即殖民主之勢，因此只要是安分守己的百姓，切莫與之往來。總之，由「張子房」登鸞降筆的〈戒官紳賦〉不僅要士隱，更要四民具隱。

第三節　延續前清志業——鸞賦中的「代天治民」

士紳階層，乃官員之下、庶民之上的一種特殊階層。根據張仲禮的研究，清代下層紳士地位的形成，正途爲考取生員（包括各類生員）、異途爲監生例貢生。〔註32〕順治九年（1652），奉禮部頒行直省各府、州、縣，刊刻學宮遵守的〈御製臥碑文〉：

> 朝廷建立學校，選取生員，免其丁糧、厚以廩膳，設學院、學道、
> 學官以教之，各衙門官以禮相待，全要養成賢才，以供朝廷之用。
> 諸生皆當上報國恩、下立人品。所有規條，開列於後：一、生員立
> 志，當學爲忠臣、清官。書史所載忠清事蹟，務須互相講究。凡利
> 國愛民之事，更宜留心。〔註33〕

〔註32〕張仲禮，《中國紳士》（上海：上海社會科學院出版社，2002 年），頁 6。
〔註33〕〔清〕劉良璧纂輯，《重修福建臺灣府志》，（臺北：文建會，2005 年 6 月），頁 71。

由朝廷賦予生員的經濟、法律等社會地位的禮遇與優待，彰顯有科舉功名的士紳階層高於庶民階層。〈御製臥碑文〉的第一條為「生員立志，當學為忠臣、清官。書史所載忠清事蹟，務須互相講究。凡利國愛民之事，更宜留心。」將生員的一生志業歸為兩要點：一為作忠臣、忠國，二為清官、愛民，兩者密不可分。前述鸞賦中「緬懷前清」、「批判現況」的主要論述，均可視作「忠臣、忠國」的延續。那麼前述生員一生志業的第二點：為清官、愛民，鸞賦中是否仍能延續？尤其日治時期已無科舉考試，鸞賦中亦點明四民應遠離公門，勿結交勢紳，如此一來士子如何延續先清「清官、愛民」的御令呢？

前述第一波來臺日人佐倉孫三（1861～1941），於臺灣總督府民政局警務部門任職之便，把見聞撰成《臺風雜記》，其中特別提及「既有城市，則必有城隍廟。」（頁 8、9）第二波來臺的增田福太郎，以法學出身的立場，對臺灣「城隍」等有關司法、裁判之神的信仰與「神前立誓」相當感興趣，著有《台灣本島人の宗教》、《台灣的宗教──農村を中心とする宗教研究》、以及《東亞法秩序序說──民族信仰を中心として》等。〔註34〕說明「神前立誓」、「神意裁判」對臺民日常生活具有法律的約束力，此為《臺風雜記》中所云臺民崇信神佛，日軍初期以廟寺充宿舍，引起人心不安，之後總督府下令軍隊不得寄宿廟寺之因。由於「城隍」等有關司法、裁判之神的信仰，對臺民具有「神前立誓」、「神意裁判」的法律約束力，加上擔任鸞生執事、堂主等士紳，本來就位居於官僚之下、庶民之上的社會層階，因此由鸞賦中「著書留名、由人爵而天爵、代天治民」，映現前清時期御令與日治時期神諭的「連結點」，「天爵」、「代天治民」可視為士子延續先清「清官、愛民」的御令。

由於本文旨在探究前清士子如何藉由群創鸞賦，達到「前清御令」與「日治神諭」的連結，此連結下，生活於殖民地臺灣的士子如何找到新的自處之道，以便在臺灣安身立命？1900 年新竹贊化堂印行《繼世盤銘》〈士農工商賦〉（以題為韻）由「司禮神」登鸞降筆，由賦題論「士農工商」可知為四民定位。其中最值得注意之處為「士」的定位：

> 蠖窟求伸，雞窗奮起。口誦心維，左圖右史。……縱使名山終老，廟堂鮮徵辟以求賢；適逢此世沈淪，蠻貊尚仰望夫選士。（《全臺賦校訂》頁 357）

〔註34〕蔡錦堂，〈台灣宗教研究先驅增田福太郎與台灣〉，《第六屆中華民國史專題論文集・二十世紀台灣歷史與人物》，國史館（2002 年 12 月），頁 1～7。

「蠖窟求伸，……左圖右史」說明昔日臺士埋首苦讀，企盼中第仕進，或修德以待推舉徵賢爲朝廷所用。即使蠻貊之邦，仍特別期望高居四民之首的士人。日治時期臺灣於異族統治之下，縱使隱居終老，也無法經由推舉徵賢爲朝廷所用。尤其世道淪喪：

> ……或則頓忘舊德，僞士競尚虛聲；不服先疇，惰農故荒本務。甚至紛紛居肆，百工習巧詐之謀；逐逐市廛，萬商趨貪婪之路。故心傷無非目擊，鮮有一節以立名；而筆短隱寓意長，聊把四民而作賦。
> （《全臺賦校訂》頁358）

因世道沈淪，故有忘舊德之僞士，荒廢田疇本務的惰農，習巧詐謀的百工，趨利貪婪的萬商。僞士所忘之舊德，與農、工、商之荒廢、巧詐、貪婪，如出一轍，〈士農工商賦〉延續其他鸞賦對前清緬懷，並暗指殖民統治後，民心轉惡、四民俱墮「今昔之比」的筆法。點明「士」爲此蠻貊中被選中者，賦予特殊的使命。此使命亦即爲身爲殖民地臺灣的自處之道，約可分爲「著書留名」、「人爵天爵」與「代天治民」三項神諭內容。

一、著書留名

基隆正心堂1900年印行《挽世金篇》〈奠祭一杯酒賦〉（以題爲韻）由「柳星君」登鸞降筆，以賦體作祭文，祭奠的對象爲參與鸞堂事務的黃添發。於此賦中，藉神諭轉達協助《挽世金篇》鸞書著述者，身後之名將千秋不朽：

> 著成《金篇》，汝名定有，配此隆東，千秋不朽。君且安心，伏惟鑒酒。（《全臺賦校訂》頁365）

士人於前清時期藉科舉出仕建立功業名望，進入日治之後「天下無道則隱」，因此「公門莫入，衙役休鄰」，與殖民機關保持距離，但卻將「功業名望」的企盼，轉化爲「著述鸞書，留名後世」之心願。再如基隆正心堂1900年印行的《挽世金篇》〈詠隆東賦〉（以題爲韻）由「指南宮張祖師」登鸞降筆：

> 青山曾有千年樹，世上難留百歲翁。奇遇千秋留古蹟，標名萬載配基隆。轉回世道化民風，祇望效勞勤始終。一部《金篇》行宇宙，全章玉律啓愚蒙。飛鸞篆出《詩》、《周禮》，柳筆醒人學《大》、《中》。拔溺黎民超苦海，渡登士子上瀛東。（《全臺賦校訂》頁363）

此賦明言士子參與鸞堂事務，與著書立說之用意，處處均與前清舊記憶相連，如下所述：

1. 在殖民統治下「留名」的方法：首先一般世人難有壽至百歲者，若要留名後世，必定要珍惜此神人共辦著書、宣講等「奇遇」，此機會乃曠古未有。能珍惜此機遇，並「勤效勞、有始終」者，必能於基隆地名「標名萬載」。

2. 在殖民統治下行「御令」之道：前述雍正四年（1726）上諭之〈諭正士習〉，有「士者，乃四民之首、一方之望。凡屬編氓，皆尊之奉之，……<u>以聖賢詩書之道，開示愚民，則民必聽從其言、服習其教，相率而歸於謹厚。</u>」在殖民統治下的士子，以神諭爲保護色，著述鸞賦。1900 年基隆正心堂印行的〈詠隆東賦〉，以「一部《金篇》行宇宙，全章玉律啓愚蒙。」點明該堂所印行的《挽世金篇》，竟能「通行宇宙」，氣魄宏偉，不被殖民主所束縛。當然《金篇》通行天下的同時，亦能奉行前清雍正四年〈諭正士習〉中「啓蒙愚蒙」之宣講御令。

3. 鸞書道理與儒學典籍相當：雍正四年〈諭正士習〉中，士子所宣講之書，即「以聖賢詩書之道，開示愚民」，此與 1900 年基隆正心堂〈詠隆東賦〉中「飛鸞篆出《詩》、《周禮》，柳筆醒人學《大》、《中》。拔溺黎民超苦海，渡登士子上瀛東。」之說法如出一轍。尤其「士子上瀛東」有前清試賦中經常有的以「登瀛洲」作爲「登進士」名功之隱喻，如今科舉之途中斷，但鸞賦中卻將宣講聖賢詩書，「拔溺黎民超苦海」與「渡登士子上瀛東」結合，可見前清士子藉鸞堂事務之參辦，不斷與前清「奉御令」、「留名」等相連結，更可凸顯士子參與鸞堂事務、神人共著鸞書之動機，而這些動機也正是前清士子能留臺安居，乃至能於殖民統治下安身立命的重要原因。

二、由人爵而天爵

　　清代臺灣士子專注於科舉考試，視中舉爲入仕或爲鄉紳之正途，乙未之變，青雲之路被迫中斷，此時孟子「由人爵而天爵」成爲臺士重新安身立命的重要論述：

> 孟子曰：「有天爵者，有人爵者。仁義忠信，樂善不倦，此天爵也；公卿大夫，此人爵也。古之人，脩其天爵，而人爵從之；今之人脩其天爵，以要人爵；既得人爵，而棄其天爵，則惑之甚者也。終亦必亡而已矣。」（《孟子·告子上》）

日治時期，公卿大夫之人爵既不可達，或不願爲，但孟子所謂的「仁義忠信，樂善不倦，此天爵也」。此天爵卻與雍正四年〈諭正士習〉中，「以聖賢詩書

之道，開示愚民」，不相違背。由人爵而天爵，或許可以作爲日治時期臺士參與鸞堂事務之論述基礎。但其實由人爵轉向天爵的論述，晚清〈遊琅嶠賦〉已有初步的雛型。

（一）連結「人爵」與「天爵」——晚清〈遊琅嶠賦〉

光緒二十年（1894）屠繼善以〈遊琅嶠賦〉全文取代《恒春縣志‧風俗志》，其架構以游於恆春的嘯雲居士與捧檄纂縣志的主人，二者的對話進行，其中主人論及恒春此地民番之風俗爲：

> 主人曰：「……其民也，非粵則閩，性情敦篤……；<u>不事詩書，徒知奮揭</u>。……其番也，……袒裸成群，不知恥辱。女不紡織，男不菽粟。……病不就醫，惟神是告。葬不以棺，惟土是劚。雖薙髮而隸版圖，猶未知正朔之典錄。……若不逞忿以殺人，洵足比隆於軒、項。」

> 居士曰：「衣食足而後知禮義，稂莠去而後有良苗。是在長民者之教養兼施，無畏乎艱苦而心焦。……導以樹藝，戶不懸枹。<u>崇以禮讓</u>，音自格鴞。化海濱爲鄒魯，止殘殺於獷猺。」（《全臺賦校訂》頁 246）

恒春爲清代臺灣最晚開發者，此地漢化亦最晚，屠繼善因此有「其民也……不事詩書……不知恥辱。女不紡織，男不菽粟。……雖薙髮而隸版圖，猶未知正朔之典錄。」等評論。嘯雲居士提出治理之道，爲：「崇以禮讓，……化海濱爲鄒魯，止殘殺於獷猺。」即施行教化，使民知禮守節，以便停止出草獵首，成爲禮儀之邦：

> 居士曰：「是所以有文、武之分職也，務協恭而和衷。……風彈雨箭，莫不怨恫。<u>惟修德以回天</u>，乃反爲甘雨而和風。」（《全臺賦校訂》頁 246）

所謂居士乃在家的佛教徒，嘯雲居士提議任職恒春的文、武官員，面對所有一切治理之法，如：防番、撫番、海巡、租稅等政務，一切施政的最終目的，應歸結於「修德以回天」，即將孟子的「人爵」與「天爵」相連結。

屠繼善的〈遊琅嶠賦〉的寫作年代，光緒二十年（1984）正處於晚清官方宣講聖論衰微，民間鸞堂利用神道設教方式，結合著書、宣講、濟世，凝聚出由下而上的發展路徑。或許也正因爲如此，〈遊琅嶠賦〉早已粗具由「人爵」而「天爵」的思考路徑。

（二）天爵留名——日治鸞賦

雍正四年〈諭正士習〉中，給予士人宣講聖賢《詩》《書》開示愚民，此即孟子所謂的「仁義忠信，樂善不倦，此天爵也」。澎湖文澳鄉從善堂 1902 年印行《獄案金篇》〈開堂著書賦〉（以題爲韻）由「南極仙翁」登鸞降筆：

> 萬載奇逢，一時佳遇。賴神道以維持，挽人心而覺悟。……別開生面，民不識而不知；悅服中心，士遵道而遵路。（《全臺賦校訂》頁 398）

〈開堂著書賦〉以神人共創鸞書爲「萬載奇逢，一時佳遇。」鼓勵士子投入鸞堂事務，並且「遵道而遵路」之士，正足以教化「不識而不知」之民。日治士子宣講道德，教化頑愚，正是前清御令的延續，也是邁向日治神諭標榜天爵、代天治民之路。

1. 前清之「朝考」與日治之「雲梯」——「天爵」說的初步論述

苗邑修省堂 1901 年刊行《洗甲波心》〈詠遊苗疆賦〉（以題爲韻），由「白仙翁樂天」登鸞降筆：

> 覽臺島之奇觀，考苗疆之善政。籍隸天朝，民遵詔令。雖國運之有盛衰，而世風卻無變更。…
>
> 顧爾日揮毫觸景，深歡修省爲懷；待他時對策臨軒，早賀雲梯捷步。誠令人羨苗民之向化，克承列聖之箴；疆邑之鍾靈，不負上天所賦也歟。（《全臺賦校訂》頁 387～388）

〈詠遊苗疆賦〉之要點有四：

其一爲「神人共飛鸞，乃千古奇遇」說。賦前有詩云：「去年儔侶共飛鸞，遊遍苗疆歌詠歡。今夕登堂情愈適，行將作賦頌奇觀。」由「去年儔侶共飛鸞，……今夕登堂情愈適，」可知〈詠遊苗疆賦〉爲白山翁樂天降筆的第二篇，但第一篇目前已佚失。賦前詩「儔侶共飛鸞……行將作賦頌奇觀」說明賦旨「神人共飛鸞」乃「乃千古奇遇」。鸞賦經常以此方式鼓勵士子參與鸞堂事務，如前述基隆正心堂 1900 年印行的〈詠隆東賦〉（以題爲韻）由「指南宮張祖師」登鸞降筆，其中亦有「奇遇千秋留古蹟，標名萬載配基隆。」（《全臺賦校訂》頁 363）、澎湖文澳鄉從善堂 1902 年印行的〈開堂著書賦〉（以題爲韻）由「南極仙翁」登鸞降筆，其中亦有「萬載奇逢，一時佳遇。（《全臺賦校訂》頁 398）。

其二爲「此奇觀與世風無變更」的隱喻說。賦文特別指出臺灣神人共辦

之奇遇，與施行善政，使此地風俗不受國運盛衰的影響，看似與前述「緬懷前清，批評現況」的對比書寫不同，其實其中仍有所隱喻，如「籍隸天朝，民遵詔令。」天朝乃指清廷，賦中云：「上下數百年，疆里純正。」由日本統治臺灣始自 1895 年，至 1901 年刊行〈詠遊苗疆賦〉時才 6 年，因此所謂的「籍隸天朝，民遵詔令。雖國運之有盛衰，而世風欲無變更。……上下數百年，疆里純正。」所指仍是在「緬懷前清」的書寫策略中進行。

其三為「將科舉時代的『朝考』與日治時期的『雲梯』相比」。賦前有詩云：「去年儔侶共飛鸞，遊遍苗疆歌詠歡。」因此思及「遊情綿邈，詠物飄颻。……疊次遙臨，幾回肯顧。意切徘徊，情深仰慕。……誰云事過境忘；瞻此景之瑤華，竊想神留目注。顧爾日揮毫觸景，歡修省為懷；待他時對策臨軒，早賀雲梯捷步。」又是「今昔對比」的筆法，「情綿邈……物飄颻……徘徊……情深……誰云事過境忘……神留……觸景……為懷」等，語句纏綿，所云具是難忘。所難忘者，如果只是因去年白仙翁樂天與執事鸞生共飛鸞，遊遍苗疆一事，就顯得太過而近乎矯情。但緊接著的「待他時對策臨軒，早賀雲梯捷步」，竟將科舉時代的天子殿試對策取士，與雲梯成仙相比擬，鸞賦經常有「著鸞書而留名千載，甚至有登瀛成仙」〔註 35〕之說，因此本賦乃藉昔日士子對「人爵」的追求，鼓勵士人轉向對「天爵」的實踐。

其四為「將科舉時代的不負『國恩』，轉化為不負『天恩』」。順治九年（1652）的〈御製臥碑文〉：「朝廷建立學校，選取生員，免其丁糧、厚以廩膳，設學院、學道、學官以教之，各衙門官以禮相待，全要養成賢才，以供朝廷之用。諸生皆當上報國恩、下立人品。」此為清初朝廷為籠絡士子，所創造出的「將功名、賢臣與報國恩相連結」的思考路徑。但至日治時期，如〈詠〉賦中「令人羨苗民之向化，克承列聖之箴；疆邑之鍾靈，不負上天所賦也」所云，士子為了己身之安頓，不但將人爵轉化為天爵，更將「上報國恩」轉化為「不負上天」。

2.「書院」成「鸞臺」，「人爵」成「天爵」——「天爵」說的完成

苗邑修省堂 1901 年印行《洗甲波心》〈詠四湖雲梯書院賦〉（以「即今修

〔註35〕如基隆正心堂 1900 年印行的〈詠隆東賦〉（以題為韻）由「指南宮張祖師」登鸞降筆，「奇遇千秋留古蹟，標名萬載配基隆。……拔溺黎民超苦海，渡登士子上瀛東。」（頁 363）又基隆正心堂 1900 年印行〈奠祭一杯酒賦〉（以題為韻）由「柳星君」登鸞降筆：「著成《金篇》，汝名定有，配此隆東，千秋不朽。君且安心，伏惟鑒酒。」（頁 365）

省堂」爲韻）由「李仙翁太白」登鸞降筆：

> 百餘年學校猶隆，人文蔚起；八九世書香弗替，天爵克脩。

> 由是書院移作鸞臺，雲梯易爲鶴嶺。仙佛停驂，人民引領。……爰
> 降就詩詞歌曲，敬彰神道，勉世交修；陳明忠孝節廉，克體天心，
> 化民猛省。（《全臺賦校訂》頁 386）

晚清〈遊琅嶠賦〉由嘯雲居士所云「是所以有文、武之分職也，務協恭而和
衷。……風彈雨箭，莫不怨恫。惟修德以回天」，已隱含「人爵」向「天爵」
的轉化。日治時期臺灣鸞賦這類的比喻更多，如〈詠遊苗疆賦〉的「待他時
對策臨軒，早賀雲梯捷步。」等，但眞正將「人爵」轉化爲「天爵」，完成「天
爵說」的爲〈詠四湖雲梯書院賦〉。

　　日治時期臺灣鸞堂大多由地方士紳組成，許多鸞堂甚至就是士紳原本的
書房，使教育空間與宗教空間結合；另外有許多書房教師參與鸞堂的扶鸞教
化活動。〔註 36〕四湖雲梯書院幾經更迭，〈詠四湖雲梯書院賦〉乃將「書院移
作鸞臺，雲梯易爲鶴嶺。」至於如何達成天爵？藉與仙佛共辦鸞務的機會，「爰
降就詩詞歌曲，敬彰神道，勉世交修；陳明忠孝節廉，克體天心，化民猛省。」
藉由鸞書之作，宣講忠孝廉節，不負上天，引領教化人民，亦即如同過去前
清御令士子追求個人功名、仕圖等人爵之餘，仍須繼續發揚前清〈諭正士習〉
「以聖賢詩書之道，開示愚民。」之御令。

三、代天治民

　　前清投身於科舉的士子，面對人生志業與家國歷史的雙重斷裂，進入日
治之後要能重新安身立命，最好的方式是要能與前清舊記憶相連結。所謂的
舊記憶即順治九年（1652）〈御製臥碑文〉第一項規條，即「生員立志，當學
爲忠臣、清官。」也就是說，生員以「忠臣、清官」爲志業，無論未來是否
考取舉人、進士，兩百多年來，已形成牢固的思考路徑。前清這種科舉與仕
進的思考路徑，到了日治時期士子將其反映到鸞賦中，成爲「新連結」：「著
書留名」、「追求天爵」，乃至「代天治民」，完成鸞賦中「士子角色」的自我
設定。

　　竹南感化堂 1901 年刊行的《喚醒新民》〈訪土牛感化堂賦〉（以題爲韻）

〔註 36〕宋光宇、李世偉，〈台灣的書房、書院及其善書著作活動──從清代到現在〉，
　　　　頁 7。

由「白鶴仙翁」登鸞降筆：

> 文苑之林，神仙之府。契結芝蘭，會成龍虎。墨瀋旁流，筆花燦吐。
> 欲除百劫之災，思救萬民之苦。
>
> 夫惟感化，建設土牛。感通蒼昊，化被齊州。
>
> 爾乃鐵杖攜，雲車寔，仙吏隨，神州覽。……通明殿上，廿四人玉
> 筍聯班；美富堂中，萬千聲金剛理槊。……職非太史，爰採土風；
> 輼下九天，並詢堂榭。
>
> 感格上穹，鍊就鏗鏘音韻；化成多士，昭回雲漢文章。（《全臺賦校
> 訂》頁 389～390）

〈訪土牛感化堂賦〉之論述主軸，與前述〈詠遊苗疆賦〉之「神人共飛鸞，
乃千古奇遇」說、〈詠四湖雲梯書院賦〉「書院移作鸞臺，雲梯易爲鶴嶺」相
似，以「文苑之林，神仙之府。契結芝蘭，會成龍虎。」強調「神人共辦」
之奇緣，以此開題，進而以著作鸞書，宣講道德，以救民於苦海，如「墨瀋
旁流，筆花燦吐。欲除百劫之災，思救萬民之苦。」因此土牛一地得以被感
化與建設。

〈訪土牛感化堂賦〉較前述鸞賦特殊之論述有二：

其一，將前清「君王臨朝」的經驗轉向鸞賦中。如「鐵杖攜，雲車寔，
仙吏隨，神州覽。……通明殿上，廿四人玉筍聯班；美富堂中，萬千聲金剛
理槊。」有權杖、雲車、仙吏、玉帝的宮殿……，將過去對官場的經驗與想
像，再現於鸞賦中的仙界中。

其二，將仙界官職現實化。日治時期臺灣鸞賦，以神人共創鸞堂事務，
著書留名，教化愚頑，成就天爵，〈訪〉賦中出現第一人稱的敘述，「職非太
史，爰採土風。輼下九天，並詢堂榭。」〈訪〉賦爲白鶴仙翁登鸞降筆，以其
仙職非太史，但仍由天界下降至凡塵，其用意爲「感格上穹，鍊就鏗鏘音韻；
化成多士，昭回雲漢文章。」再次彰顯鸞書之殊聖，以教化多士。

竹南感化堂 1901 年刊行的〈訪土牛感化堂賦〉，以仙吏與玉帝的通明殿，
再現前清經驗，但日治士子所欲完成的「代天治民」論述，則完成於苗邑崇
德堂 1901 年印行《牖民覺錄》〈崇德堂賦〉（以「神人共樂」爲韻）由「李仙
翁太白」登鸞降筆：

> 庶幾智愚賢否，秉質攸殊；幸遇聖佛仙眞，惟我與共。

爰是崇德之建也，木筆洩盡玄機，沙盤恍同河洛。鸞輿疊至，不外代天治民；鳳藻頻書，無非勸善戒惡。……喜此日天門重啓，千載奇逢；卜他年蓬萊共登，十分快樂。（《全臺賦校訂》頁384）

李仙翁太白即唐代詩人李白，李白於文學史上享有盛名，對其文學與思想特質研究之學者亦多，此篇〈崇德堂賦〉與李白於唐代所著之賦作內容存有大差距，與日治時期其他臺灣鸞賦之論述主軸極其相似，這或許是編輯出版臺灣賦時，對鸞賦作者多以「佚名」標識的原因之一。〈崇德堂賦〉的論述主軸，以人心染濁，神人共辦的殊聖，鸞書之著成，勸善戒惡，即代天治民等。「代天治民」，一方面使士子重回庶民之上的社會階層，同時也接續前清生員之志業，對於置身新時代的士子，能以舊記憶作爲重新安身立命的基礎，意義重大。

鸞書之著作有其時代的空間，此空間源於殖民主爲長治久安而尊重臺民信俗，所給予的神人群創空間。鸞堂之設立，原本即是許多士子的書房所改建，聖佛仙眞降臨並由士子扶鸞開沙，以鸞賦等勸世文，撰成善書，在1915年西來庵事件之前，大量流通於殖民地臺灣，對士庶民等，均有極大的心靈安頓的作用。對於臺士而言，「士」本爲四民之首，乙未之變淪爲異族統治下的被殖民者，士人被迫中斷的科舉仕途，所遭逢之人生與歷史的雙重斷裂，較農、工、商或許更爲沈重。因此參與鸞堂事務，以神道設教爲保護色，著書立說、宣講道德、代天治民，對日治時期臺士而言，眞不啻爲「天門重啓，千載奇逢」。

總之，鸞賦以「宣揚忠孝，感化人心，勸人向善」爲主軸，此主軸乃延續前清「以聖賢詩書之道，開示愚民」之御令，這種舊記憶所形成日治士人得以安身於新時代的連結，並不僅止於鸞賦，亦偶見於報刊賦中，如《臺灣月報》佚名的〈戒吃雅片煙賦〉、《臺灣愛國婦人》施少作的〈戒貪花賦〉（以入迷途爲韻）〔註37〕、《風月》佚名的〈讀書人不與賭博僕爲對賦〉（以「寬我度量以包容」爲韻）、《三六九小報》張振樑的〈擲骰子賦〉〔註38〕等。這

〔註37〕佚名，〈戒吃雅片煙賦〉，《臺灣月報》第6卷第12期，1912年12月20日。施少作，〈戒貪花賦〉（以入迷途爲韻），《臺灣愛國婦人》第77號，1915年3月25日。按：補充的兩篇報刊賦，取自許俊雅，〈談談《全臺賦》、《臺灣賦文集》未收的作品〉，頁8。

〔註38〕佚名，〈讀書人不與賭博僕爲對賦〉（以「寬我度量以包容」爲韻），《風月》第12期，1935年6月23日。收入黃哲永、吳福助主編，《臺灣賦集》（臺中

種舊記憶與新連結的書寫主軸，可視爲日治時期臺灣賦爲前清賦作之餘續。

市：文听閣圖書，2007 年），頁 383～4。張振樑，〈擲骰子賦〉，《三六九小報》
第 424 期，1935 年 3 月 3 日。收入許俊雅等主編，《全臺賦》（臺南：國家臺
灣文學館籌備處，2006 年 12 月），頁 468～9。
按：〈讀書人不與賭博僕爲對賦〉雖未有「戒……」之題名，但內容有抑「賭
博僕」揚「讀書人」之意，此文既是寫給讀書人看的，則不免有勸讀書人戒
賭博僕之意，故亦列入此類賦作內容中。
〈擲骰子賦〉賦題雖未有「戒……」，但文末亦勸人諭世人不應將智巧用於賭
場。

第九章　以賦寫志——後科舉時代之報刊雜誌賦

　　清代臺灣前期的志賦與中後期的試賦，多具有功利色彩的寫作傾向。於志書即治書的前提下，清宦賦寫臺灣地理往往帶有中原想像，書寫鄭清對抗史時，志賦難以擺脫「佐志」，甚至是「佐治」的書寫特質。中後期的試賦，於御定拔文準則的風尚下，原本被歷代巡臺御史視為海天獨具特質的臺灣賦，百年間科舉教育淘洗下，呈現六朝金粉、盛唐意象等御定清真雅正之賦寫風格，因此無論是為佐志、佐治而寫的志賦、或是科舉教育淘洗下的試賦，皆難以呈顯客觀的地域風情或是主觀的作者心志。

　　賦體具有鑑別考生博識與才學的功能，因此《漢書‧藝文志》：「不歌而誦謂之賦，登高能賦可以為大夫。」其後於科舉時代，成為考試的項目之一。清代既以律賦取士，故劉熙載云：「古人一生之志，往往於賦寓之。」劉氏以為「賦」所寓「古人一生之志」，或許即士人欲藉能賦而達成仕進的心志。乙未割臺，科舉廢止，前清能賦者進入後科舉時代，為臺灣賦的發展開啟新契機。詹杭倫主張「臺灣賦的學術價值主要是在科舉時代之後」〔註1〕。本文以為，日治時期臺士「以賦寫志」之「志」，揉合了家國感懷與個人情志，特別於1895至1915年之間神人共創的鸞書賦，暗藏「批判殖民」的家國情結，與「代天治民」的個人情志。1915年因西來庵事件的牽連驟然中止的鸞賦，多年積累的能量，於1919年第一份臺資漢文期刊《臺灣文藝叢誌》創立後再度凝聚。

〔註1〕　〈提要〉，黃哲永、吳福助主編，《臺灣賦集》（臺中市：文听閣圖書，2007年）。

　　日治時期臺灣賦創作環境，不僅受到廢止科舉取士的大衝擊，更面對發表園地改變的事實，比如 1895 年 6 月 17 日臺灣總督府舉行「始政」典禮的隔年，日資媒體《臺灣新報》隨即登臺。1898 年合併《臺灣新報》、《臺灣日報》爲《臺灣日日新報》，於總督府的授意下《臺灣日日新報》成爲日治時期臺灣壽命最長、發行量最大的官方報紙。研究「媒體」與「戰爭」關連性的學者認爲：「參戰國常會以國家利益爲由，利用媒體來協助作戰，主要是透過媒體凝聚民心士氣，以及塑造民意對於軍事用兵的支持，必要時會運用國家公權力對媒體的『不當言論』來加以箝制。」〔註2〕「媒體」往往有影響政局的作用，如胡光夏《媒體與戰爭》所言：

> 在兩次世界大戰之間，當電視尚未普及於家家戶戶之時，雜誌是主要的大眾傳播媒體之一。
>
> 當這種新媒介的形式與內涵於十八世紀中葉成形時，……雜誌希冀用大量的政治評論來吸引讀者，同時也吸納了辯論性討論、和助形成意見的文章；雜誌的文學感很重、且雜誌的典型讀者是那些富裕、受過良好教育的菁英；雜誌當時顯然不是針對平民大眾而存在的媒體。〔註3〕

前述媒體影響政局的引文內容以「雜誌」爲主，但亦有「報刊」。日治時期陳文石曾於〈三六九小報發刊周年祝詞〉定義「雜誌」與「報紙」兩種媒體的差別：

> 報紙爲社會之警鐘，亦人生之寶鏡。雜誌爲文藝之薈萃，亦言論之淵源。……然而報紙則刊時事爲多，雜誌則載言論者眾。〔註4〕

顯而易見的，總督府爲使殖民政權早日穩定，日資雜誌發行《臺法月報》、《臺灣教育會雜誌》、《臺灣愛國婦人》，以「那些富裕、受過良好教育的臺籍菁英」作爲預設的讀者群；日資報紙發行《臺灣日日新報》、《漢文臺灣日日新報》、《臺南新報》等〔註5〕，以「關心時事的臺民」作爲主要設定的讀者群。爲政

〔註2〕　胡光夏，《媒體與戰爭》（臺北市：五南圖書，2007 年 9 月，初版），頁 78。

〔註3〕　Melvin L.DeFleur,Everette E. Dennis《Understanding Mass Communication：A Liberal Arts Perspective（7E）》戴皖文、王筱璇、勤淑瑩合譯：《大眾傳播概論》（臺北市：雙葉書廊，2005），頁 121～122。

〔註4〕　陳文石，〈三六九小報發刊周年祝詞〉，《三六九小報》（昭和六年九月九日第一百八號）。

〔註5〕　日治時期日資官方報刊雜誌當不止於此，筆者僅以目前發現有賦作刊登者爲例。

治而服務的日資媒體開始在臺灣生根、發芽，進而施展其輿論力量以協助殖民統治的進行。日治時期臺士「以賦寫志」的發表園地，於 1919 年之前有「鸞書」與「日資官方報刊雜誌」可供選擇，1919 年之後則有「臺資報刊雜誌」與「日資官方報刊雜誌」可供選擇。由於「鸞書」性質與「報刊雜誌」不同，故鸞賦已於第八章專章探討。本章則以「臺資報刊雜誌」與「日資官方報刊雜誌」之賦作對比，兩章並觀，可見發表園地的不同，呈現差異性的「以賦寫志」特質。

賦體有謳歌盛世、潤色鴻業等特質，本章第一節「**頌揚與依附——臺籍文人之日資報刊雜誌賦**（一）」，說明彼時臺士發表之日資官方報刊賦作之園地有：《漢文臺灣日日新報》、《臺灣日日新報》、《臺灣愛國婦人》、《臺南新報》，其賦寫主題，有：「頌揚與依附」、「抑鬱與悲秋」。兩者相較，呈現「頌揚與依附」較少，而「抑鬱與悲秋」較多的現象。日籍文人藉「文曲意悲」評賦之審美意識，開啟臺士「抑鬱與悲秋」的主題。依常理判斷臺士於殖民始政之初，應以頌揚為主，檢視此類文本，究竟是現實「幻滅」而創作「遠遊求仙」的神女賦？還是因抑鬱而書寫「傷春、悲秋」的情志賦？是為了迎合日籍文人「文曲意悲」的審美偏好？還是婉轉表達不得不於日資報刊賦發表「頌揚」賦作的複雜心情？因此第二節以「**抑鬱與悲秋——臺籍文人之日資報刊雜誌賦**（二）」為主題論述之。最特殊者，為 1919 年之後臺籍文人發表的臺資報刊賦，既能接受最新的男性化妝的「新」身體觀，又能大肆批判假文士以維持「舊」士風，由此而展現「沈潛與自信」、「昂揚與奮發」的賦作特質令人激賞，故第三節以「**沈潛與昂揚——臺籍文人之臺資報刊雜誌賦**」為主題論述之。

第一節　頌揚與依附——臺籍文人之日資報刊雜誌賦（一）

「賦原本是暇豫的產物，後來發展成為廟堂文學，更轉化為科舉考試鑑別人才的工具。」[註6]臺灣賦歷經百年場屋文學的淘洗，部分賦家不免以頌揚應制文體，來依附稱揚新政權。日治時期出版之書刊多以日文為主，漢文

〔註6〕 簡宗梧，〈臺灣登鸞降筆賦初探——以《全臺賦》及其影像集為範圍〉，《長庚人文社會學報》第 3 卷第 2 期（2010 年 10 月），頁 276。

出版品，可謂鳳毛麟角。〔註7〕1919 年第一份臺資漢文期刊《臺灣文藝叢誌》刊行之前，媒體賦僅能發表於日資官方的報刊之上。1895 年 6 月 17 日臺灣總督府舉行「始政」典禮的隔年，日資媒體《臺灣新報》隨即登臺。1898 年合併《臺灣新報》、《臺灣日報》爲《臺灣日日新報》，於總督府的授意下《臺灣日日新報》成爲日治時期臺灣壽命最長、發行量最大的官方報紙，並與《臺南新報》、《台灣新聞》並稱爲日治時期三大官報，官方期刊尚有《臺法月報》、《臺灣教育會雜誌》、《臺灣愛國婦人》等。日治之初臺資媒體未成立之前，《臺灣日日新報》因此成爲臺士發表賦作的日資官方媒體場域。

值得注意的是，爲何總督府在臺始政之初，日資媒體隨即引入？顯而易見的，爲使殖民政權早日穩定，日資媒體在臺開始生根、發芽，進而施展其輿論的力量以協助殖民統治的進行。改朝換代之初，部分文人如黃贊鈞（1874～1952）隨即於日資傳媒上發表頌揚、謳歌殖民主的賦作，由目前所見，日資傳媒除了《臺灣日日新報》、漢文《臺灣日日新報》之外，還有明確指引婦人行止之道的《臺灣愛國婦人》〔註8〕，以及與《台灣日日新報》、《台灣新聞》並稱爲日治時期三大官報的《臺南新報》〔註9〕。

一、頌揚

（一）黃贊鈞「抑臺揚日」的書寫策略

《臺灣日日新報》創刊初期有兩版漢文版面，有鑑於漢文讀者需求量大，自 1905 年 7 月 1 日以後，獨立發行《漢文臺灣日日新報》。1911 年 11 月 30 日又恢復於日文版添加兩版漢文，1937 年 4 月 1 日爲配合侵華政策，在臺推行皇民化運動，1937 年 4 月 1 日《臺灣日日新報》全面廢除漢文欄。黃贊鈞（1874～1952）〔註10〕爲官方《臺灣日日新報》記者，其賦作多發表於官方

〔註7〕 林衡道，《臺灣史》，（臺北：眾文圖書，2004 年，12 月），頁 609～610。

〔註8〕 《臺灣愛國婦人》（1908.10～），初名爲《愛國婦人會台灣支部報》，1909 年 1 月更名爲《臺灣愛國婦人》至 1915 年停刊。發行動機爲「明確指引婦人需行之道」詳見大橋捨三郎編輯，《愛國婦人會台灣本部沿革誌》，（臺北：愛國婦人會台灣本部，1941 年），頁 146。

〔註9〕 《臺南新報》1899 年由日本人富地近思創立於臺南市，原名《台澎日報》。1903 年擴充資金後，始改名《臺南新報》，與《台灣日日新報》、《台灣新聞》並稱爲日治時期台灣三大官報。

〔註10〕 黃贊鈞（1874～1952）字石衡，號立三居士，臺北市大龍峒人。清同治 13 年（1874）生。幼聰穎好學，窮究經史，爲老師宿儒如黃覺民、周鳴鏘等所稱

報刊，明治 42 年、43 年（1910）連續兩年，發表頌揚殖民統治之賦作於《漢文臺灣日日新報》，《漢文臺灣日日新報》顯然以臺人讀者爲主，黃氏身爲官報記者於讀者以臺民爲主的報紙，發表頌揚殖民統治賦作，某種程度有帶頭效忠的意味。第一篇〈臺灣神社祭典感賦〉，發表於明治 42 年 10 月 28 日（1909）《漢文臺灣日日新報》的〈叢錄〉專欄：

> 原臺灣之改隸也，官民梗命，南北弗通。率捲土之鸛軍，旅原非勁；逞當車之螳臂，師自稱雄。據來赤崁之城，虎成猲負；奮彼黑旗之隊，馬欲皮蒙。殿下鼓賽旗之勇，效貫日之忠。……方期走馬受降，威鎮南瀛海島；罔料騎鯨逝去，魂歸北白川宮。……今者邦家寧謐，國運昌明。械樸菁莪，屢見英才蕈出；蠻花犵草，時看醜類投誠。……是蓋殿下之靈昭默佑，遺蔭餘榮也。

乙未割臺之後，臺灣民主國成立，北白川宮能久親王率日軍進攻臺灣，喪生於臺南附近，日後總督府將北白川宮能久親王神格化，成爲臺灣神社中奉祀的主神。〈臺灣神社祭典感賦〉因此以北白川宮能久親王攻臺的勇猛，如「殿下鼓賽旗之勇，效貫日之忠。」對比登陸北臺灣時抵抗者之弱勢，如「率捲土之鸛軍，旅原非勁；逞當車之螳臂，師自稱雄。……蠻花犵草，時看醜類投誠。」爲對照式的敘事模式。

> 考系譜于天潢，貴稱龍種；建功勳于海嶠，人似鷹揚。百戰身經，昔日是蠻烟瘴雨；千官首稽，今朝見春禴秋嘗。……當年彈雨紛飛，備經苦戰；今日藻蘋奉獻，復下大荒。從茲帶礪河山，應見雍熙之象；調和風雨，長爲社稷之也已。

北白川宮能久親王爲天皇宗室，於甲午、乙未等役均有顯赫的軍功，故黃氏極力頌揚親王的出身天潢貴胄、皇室龍種與赫赫軍功。北白川親王伐臺之前臺灣是「蠻烟瘴雨」，日本治理之後是千官稽首，彰顯北白川親王奠定的「雍

許。嘗赴宜蘭童子試，結取前列第七名，唯以越籍跨考，未與院試。乙未（1895）之變後曾執教於公學校執教，未幾爲《臺灣日日新報》記者。1925 年曾同辜顯榮、陳培根等邀集紳商學界領袖，籌謀重建文廟，晚年則致力文教，嘗梓行《感應錄》、《崇聖道德報》（共出版七十期，至 1945 年 3 月停刊），以教化社會。嘗主唱崇聖會狷蘭吟社。光復後歷任中華聖道會、中國文化學會、萬國道德會理監事，並重刊《人海回瀾》，宣揚聖教，弘揚儒學。民國 41 年 11 月卒，年 79。著有《大同要素》，輯錄〈原道〉、〈孔聖爲宇宙救世主〉諸文，及生平吟詠爲《海鶴樓詩鈔》上下二卷。張子文，《臺灣歷史人物小傳——明清暨日據時期》（臺北：國家圖書館，2003 年 12 月），頁 611。

熙之象、調和風雨」的臺灣現況。

黃贊鈞第二篇頌揚日治賦作爲〈勅題新年雪恭賦〉，發表於明治 43 年 1 月 1 日（1910）刊行於《漢文臺灣日日新報》，〈社說〉專欄：

> 聖人出，景運開，陽春返，瑞雪來。…時維庚戌，首祚迎祥，群臣
> 爰頌，天子當陽。……
>
> 草莽覆載是承，愧涓埃之本報。怦憬久隸，喜雨露之方湛。

〈勅題新年雪恭賦〉爲明治 43 年元旦的應景之作，「聖人出，景運開，陽春返，瑞雪來。」臺灣四季如春，冬季也不可能見到瑞雪紛飛，該賦顯然以日本內地爲主的書寫視角。黃氏此賦一如〈臺灣神社祭典感賦〉中「抑臺揚日」的寫法，以「草莽、怦憬」自稱，而以「當陽」日本國旗隱喻天皇，將臺灣接受日本統治，比喻爲「草莽喜承雨露」，頌揚筆法明顯。

（二）羅秀惠「正陽當陽」的頌揚策略

羅秀惠（1865～1942）〔註11〕，1900 年擔任「揚文會」幹事及《台澎日報》漢文部主筆。臺灣總督兒玉源太郎邀集散居各地文士赴臺北參加「揚文會」，藉以攏絡士紳階層支持殖民政府。〔註12〕《台澎日報》爲《臺南新報》前身，與《台灣日日新報》、《台灣新聞》並稱爲三大官報。羅氏與殖民政府互動熱切，於 1915 年 11 月 10 日《臺灣日日新報》發表〈今上戴冠式大典賦〉：

> 大海波澄，眞龍御宇。正陽朝現，戚鳳鳴岑。巍巍乎大惟天則，浩
> 浩乎德正淵深。大隆典禮，正仰宸襟。大一統之車書，同文同軌；
> 正萬邦而黎獻，震古震今。……海隅日出，大書鳳詔於彩雲。草莽
> 臣微，正筆蝸盧而獻賦。（署名「赤崁城東野人羅秀惠拜手謹撰」）

羅氏〈今上戴冠式大典賦〉延續黃氏頌揚賦作的書寫風格，以「眞龍」彰顯日本皇室，以「正陽」象徵日本國旗。「大一統之車書。同文同軌。正萬邦而

〔註11〕 羅秀惠（1865～1942），字蔚村，號蕉麓，號署花花世界生，師事蔡國琳，後娶其女蔡碧吟（1874～1939，亦擅詩文書法），清光緒年間舉鄉試。1897 年擔任臺南國語傳習所教務囑託，1899 年臺南師範學校成立後，應聘爲教務囑託，教授漢文、習字，1902 年因病辭職。日治初期羅秀惠曾受總督府授佩紳章，但因生性風流，迷戀名妓王香嬋，後被總督府收回紳章，能詩能文，南社社員，擅行草書，亦能左書。許雪姬等，《臺灣歷史辭典》（臺北：文建會，2004年），頁 1332。

〔註12〕 許雪姬等，《臺灣歷史辭典》（臺北：文建會，2004 年），頁 881。

黎獻。震古震今。」與前清志賦頌揚聖主一統的書寫如出一轍，又以「草莽臣微、蝸廬獻賦、城東野人」等貶抑自己以達極力頌揚之目的。羅秀惠另一篇頌揚賦寫於 1925 年 10 月 31 日，發表於《臺灣日日新報》的〈恭祝天長節賦〉（以「願上南山壽一杯」為韻）：

> 天子當陽，天行實健。卜世互長，斯年於萬。神武之國祚綿延，皇
> 極之圖籙丕健。大一統之車書，子庶民為觴勸。

〈恭祝天長節賦〉與 1915 年〈今上戴冠式大典賦〉寫法大致相同，以「當陽」彰顯日本國旗、以「神武」恭祝其國祚綿延萬年、以「大一統之車書」謳歌大一統的筆法。

二、依附

（一）臣人共樂——陳授時〈恭賀新喜賦〉

《臺南新報》與《台灣日日新報》、《台灣新聞》彼時並列為日治時期臺灣三大官報，因此官方色彩極為濃厚。陳授時（？～？）為前清秀才，1896 年授紳章〔註13〕，陳氏曾於大正 12 年（1923）1 月 1 日，於《臺南新報》發表〈恭賀新喜賦〉（以題為韻）：

> 時當正朔，序屬隆冬。臣人共樂，朝野時雍。……
>
> 執笏者光榮，耕耘者高臥。引元日之屠酥，慕仁風之遠播。凜天威
> 於咫尺，共睦宸衷；樂躬耕於隴畝，咸欽慶賀。……
>
> 寒光凝而和風至，斗星轉而旭日臻。物類著韶華，喜見天時初轉泰；
> 祥雲窮霽色，欣逢入道始更新。……
>
> 書人歡欣而作賦，士子共慶以吟詩。極熙朝之盛事，識造化之佳期。
> 溯葭灰之高飛，預知侍臣皆鵠立；緬椒花之獻頌，益覺世界盡鴻禧。
>
> 由是而化行俗美，道一風同；物阜年豐，仁施德布。顯瑞色於中庭，
> 挹祥雲於上路。統尊卑上下，共沐皇恩；暨南北東西，常深義慕。
>
> 是以一元始復，驗世道之呈祥；斗柄初分，樂新禧而作賦也夫。

黃贊鈞、羅秀惠所撰寫之頌揚賦作，多以「揚日抑臺」為書寫方式。陳氏〈恭賀新喜賦〉則以殖民統治比喻仁德施政，臺地老少皆安、士庶民咸康樂，甚至萬物皆披其風，因此「物類著韶華，喜見天時初轉晴；祥雲窮霽色，欣逢

〔註13〕鷹取田一郎，《臺灣列紳傳》（桃園市：華夏書坊，2009），頁 27。

入道始更新」。一道同風的結果，物富年豐，仁施德布，無論尊卑上下、南北西東，臺灣共沐皇恩云云。

　　陳授時將殖民統治比喻孔子主張之仁政，主因在於日治時期〈教育勅語〉可謂爲殖民政權教育政策的主流，尤其「教育勅語の一部分は儒教の內容とほとんど同じであり」〔註14〕因此頌揚孔子仁政，同時達到頌揚殖民統治的目的。大正12年1月1日（1923）《臺南新報》，有陳欽甫（？～？）以〈海不揚波賦〉（以「知中國有聖人」爲韻）頌揚孔子之賦作：

> 一人首出，萬彙攸宜。生長華夏，化及蠻夷。……能成乎恭儉溫良
> 之德，共仰爲英奇；克符乎君臣弟友之經，咸推爲仁聖。

目前所見日治時期以賦頌爲書寫主題者，除了對天皇及殖民統治之外，也唯有〈教育勅語〉所主張的孔子儒學，因此〈海不揚波賦〉云孔子「一人首出，萬彙攸宜」有幾乎與天皇並比的論述。明治維新後的日本，日本本國對於孔子的推崇雖不如以往，彼時仍以〈教育勅語〉施行於殖民地臺灣，恐怕爲求殖民統治之順利才是最終的目的。

（二）臣民共樂──黃爾璇〈春山如笑賦〉

　　明治維新後致力於現代化改革的日本，於治臺政策上也積極展開掃除清治時所遺留對女性的諸多陋習：

> 統治体制が大いに展開するに連れて、官僚夫人中心の良妻賢母集
> 団の活動内容は貴夫人間の社交から次第に台湾人女性を対象にし
> た国語教育、家政教育、家庭衛生及び旧來の社会風習の改造にま
> で多様に繰り広げられ、統治体制に大きな役割を果たすようにな
> る。しかし、こうした日本人女性の社会活動は、台湾人女性に身
> 体的解放のきっかけをもたらしたものの、植民地の女性を思想的
> 解放の方向に導くことは目的ではなかった。〔註15〕

〔註14〕駒込武：《植民地帝国日本の文化統合》（岩波書店，2004年，8刷），頁51。
　　　　譯文：教育勅語有些部分幾乎與儒教內容相同。譯者王淑蕙。

〔註15〕楊智景，〈女性作家の植民地台湾への行進──「婦人文化講演会」とその文
　　　　芸的所産をめぐって──〉，《F-GENS ジャーナル》，6（2006年9月），頁103。
　　　　譯文：隨著統治體制大力的展開，本以官僚夫人爲主的賢妻良母集團的活動
　　　　內容，由貴夫人間的社交圈，逐漸轉以台灣人女性爲教化對象，而展開多樣
　　　　活動，例如：國語教育、家政教育、家庭衛生，甚至於改造舊有的社會風習，
　　　　於是乎、此類活動最終對日本殖民政府發揮極大效用。但如此這樣的日本女

臺灣於日本殖民統治下，雖然以國語教育、家政教育、家庭衛生等方式提升台灣女性地位，解放女性的身體權，如纏足、禁止買賣養女等陋習，但這些政策的眞正目地並非引導殖民地女性思想解放，而是爲了宣揚殖民統治的政績，達成進軍世界的最佳宣傳樣本。

「臺灣愛國婦人會」爲配合日本官方的婦女團體，《臺灣愛國婦人》（1908.10～1915）即其機關誌，會員爲日籍官員及臺籍士紳之妻所組成，該會之主旨爲「明確指引婦人需行之道」〔註16〕。目前所存之《臺灣愛國婦人》賦作，多有「原件不清楚」的問題，其中黃爾璇的〈春山如笑賦〉（以題爲韻）即屬原稿不清的問題，但依稀可見「山色清新，迎東郊而臣民共樂。」語句〔註17〕，雖然文本部分無法辨識，無法確認「臣民共樂」是否有宣揚殖民統治政績之意，然而彼時臺灣已非屬清朝，本賦又刊載於日資官方雜誌，其中「臣民同樂」隱含之意旨昭然若揭。

第二節　抑鬱與悲秋──臺籍文人之日資報刊雜誌賦（二）

日資官報作爲總督府的傳聲筒，以宣揚殖民統治爲主要目的，如同揚文會一般，許多臺籍作家需要發表頌揚與依附風格的作品。然而除了頌揚與依附的風格之外，日資官報亦出現不少抑鬱賦作。從臺籍作家的立場而言，若無日籍作家於官報發表抑鬱賦作爲前鋒，臺籍作家亦不好發表抑鬱賦作於官報上。雖然日本殖民主因治理政策的考量下，許多來臺的官員，具有漢學背景，能詩能賦。然而這些具漢學背景的官員，未嘗不是因爲明治維新之後失勢而輾轉來臺？這或許是日籍作家於官報上以「辭古而事新，文曲而意悲」等創作意識發表的深層原因，雖然日籍、臺籍作家均有發表抑鬱風格賦作，然而以此類風格寫賦者仍以臺籍爲主。

性的社會活動，雖然招至台灣女性身體解放的機會，但是她們的目地並非引導殖民地女性思想解放（而是爲了殖民統治的便利性）。按：中文題名爲：〈女性作家的殖民地台灣行軍－婦人文化講演會及其文本生產〉；譯者：王淑蕙。

〔註16〕《臺灣愛國婦人》（1908.10～），初名爲《愛國婦人會台灣支部報》，1909 年 1 月更名爲《臺灣愛國婦人》至 1915 年停刊。發行動機爲「明確指引婦人需行之道」詳見大橋捨三郎編輯，《愛國婦人會台灣本部沿革誌》，（臺北：愛國婦人會台灣本部，1941 年），頁 146。

〔註17〕詳見：附錄三，頁 295。

一、日籍文人賦評與賦作──「文曲意悲」的審美意識

（一）日籍文人評臺籍文人賦作

日籍文人第一位於官方報刊發表賦作的是鷹取田一郎的〈玉皇賦〉，至於第一位發表賦評的是中村櫻溪（1852～1921）〔註18〕。1904 年 12 月 25 日《臺灣教育會雜誌》〔註19〕第 33 號，有莊鶴如的〈梅妻賦〉（以「只因誤識林和靖」爲韻）：

> 昔林和靖佳偶別諧，仙家締美。西子湖邊，東君風裏。偕竹外以同心，結枝頭之連理。夢酣紙帳，體態恰是癯仙；影透紗窗，丰姿勝乎舞妓。夜酌合歡之酒，皎月爲媒；早題鳳好之詩，新春燕爾。卿擅美人之號，……

> 未幾綺閣春深，繡幃晝永。仙眷故情，新婚晚景。風吹零落，俱留鏡裏殘妝；月照橫斜，盡是簾開瘦影。香浮水面，夢冷孤山；雪壓枝頭，魂銷瘦嶺。娛是翁於老境，實七實三；憐舊種之香心，逾閒逾靖。

林和靖爲宋朝隱士，一生未娶，有「梅妻鶴子」之譽。莊鶴如引林和靖「梅妻」典故，重寫如梅女被棄之事。中村櫻溪評論此賦曰：

> 聯珠駢玉，累累若銀范雪葩之成林而奇趣異態，雙雙現出，殆使人目眩。

〈梅妻賦〉寫新春燕爾，竹外同心、枝頭連理，未幾即風吹零落、雪壓枝頭、魂銷瘦嶺。林和靖隱於山林，欲超越塵俗之上，但莊鶴如的〈梅妻賦〉卻又著重於紅塵男女的情感糾葛，顯然是借「梅妻」的典故，重作新賦。中村的賦評，不在於〈梅〉賦是否曲解林和靖之隱，而是對於賦體繁類成艷、鋪陳藻飾的肯定。中村櫻溪的肯定，使〈梅〉賦中對屈騷中「香草美人」一派的「美人自傷」辭得到後續的發揚。

〔註18〕 中櫻村溪（1852～1921）於 1899 抵台，1907 年離台。評吳德功，〈澎湖賦〉「寓憂國深表於婉委之中，枚乘、司馬相如之遺響。」

〔註19〕 《臺灣教育會雜誌》（1901～1911），1912 年更名爲《臺灣教育》（1912～1943）爲同化臺灣人的教育會機關誌。詳見：吳明純，《國策、機關誌與再現書寫──以《台灣教育會雜誌》、《台灣愛國婦人》、《新建設》爲例》，（臺南：成功大學台灣文學研究所碩士論文，2008 年 7 月），頁 6。

（二）日籍文人的賦作、賦評

日人於日資官報發表的漢詩極多，賦作極少，寫作形式多以散文賦而非律賦。目前僅見日人於官報上發表的賦作〔註20〕，為 1912 年 9 月 13 日《臺灣日日新報》第4415號，鷹取田一郎（1869.10.19～1933.11.26）〔註21〕發表的〈玉皇賦〉：

> 玉皇朝于紫極之金壇，手按元龜之寶錄。三皇五帝，凤翊洪鈞之轉旋。……
>
> 天子登遐。八音遏密而稽顙泣血，萬國縞素而括髮用麻。亡論鳳皇

〔註20〕《臺灣日日新報》第 1401 號，1903 年 1 月 1 日有屬名「歐所釣侶」的〈望海賦〉，為日治臺灣官報上第一篇賦作，同時也是第一篇抑鬱風格的賦作。作者不知為何人？是日籍作家？還是臺籍作家？彼時臺籍作家從事古典文學的寫作發表，多以本名。反之新詩、小說、諧文等，多以作者不詳或是筆名的方式發表。「歐所釣侶」應是筆名，〈望海賦〉先以極其開闊的視野寫「海」之大：「紛萬象之光昭兮，餐飛霞之明藹。傾耳盈夫喧囂兮，極目翫此蔚薈。曠懷以迎元機兮，叩寂以得天籟。倚宇宙以為小，其視聽之難大。」但極大的天地之間，卻「念布衣可以安身兮，嗟寵祿不足永賴。」嘆息一介布衣無處安身的困窘。顯然作者在布衣之前是有「寵祿」，頗受重用的。因此是指臺籍文士對乙未割臺後的慨嘆？還是因明治維新後，失去政治舞臺的日本漢文人不得不來臺的心聲？筆者傾向偏向後者。原因有三：

其一，因為若本有「寵祿」頗受重用的臺籍士人，則大可如連橫、林獻堂等人西渡離臺，尤其在本籍迴避政策下的任官原則，臺籍士人所任之官職必不在臺灣，因此若本有「寵祿」必不因割臺後成為布衣。但若為日本漢文人則因明治維新後失去政治舞臺，又逢乙未割臺，因治理政策的考量下，需要具有漢學背景者宦臺，抵臺前的望海，或抵臺後的望海，則均可以視為其創作此賦的背景。

其二，鷹取田一郎發表於 1912 年 9 月 13 日《臺灣日日新報》第 4415 號的〈玉皇賦〉，亦屬名為「布衣　鷹取田一郎」，鷹取田一郎於 1911 年 9 月任職臺灣總督府文書課勤務、編纂事務囑託，直到 1917 年 12 月，卻仍以「布衣」自稱，可見〈望海賦〉的作者「歐所釣侶」，有可能是日人。

其三，後科舉時代的臺籍文人仍習慣以「律賦」創作，即使以教化庶民為對主的鸞賦亦然，反之現今所見日人所寫之賦，幾乎為散體賦。〈望海賦〉以散文賦的形式創作，因此似較傾向日人的創作形式。

〔註21〕鷹取田一郎（1869.10.19～1933.11.26），號岳陽，漢學書畫家，日本岡山縣人。1876 年 10 月岡山縣閑谷黌漢文科畢業，1908 年 12 月任臺中廳農會囑託，1909 年 3 月任阿猴廳文書編纂事務囑託，1911 年 9 月任職臺灣總督府文書課勤務、編纂事務囑託，1917 年 12 月兼任博物館、民政部殖產局囑託，1928 年 3 月退職。1916 年編纂《臺灣列紳傳》，詩、文、書畫作品時常刊載於《臺灣日日新報》上。詳見：許雪姬等，《臺灣歷史辭典》（臺北：文建會，2004 年），頁 1366。

與鴟梟，……凡稟生於斯世者，靡不慟哭而怨嗟。……

皇儲登極兮，永感殿宇之廖廓；后配奉奠兮，每泣罇俎之虛陳。……

鷹取田一郎〈玉皇賦〉約五分之四的篇幅寫頌揚日本天皇，僅以五分之一寫日治天皇薨逝之事與人民哀悽之情，與新任天皇繼位登基之事。明治天皇薨逝於 1912 年 7 月，〈玉皇賦〉發表於同年 9 月，顯然爲應時之作。

〈玉皇賦〉之刊載，另一個值得注意之處，爲日籍評論者關口隆正對此賦的評價，全文如下：

> 予嘗聞賦者古詩之流也，然作詩易作賦難。今鷹兄容易作之，雖專門大家或有不及者，蓋出於至誠發露之餘乎！起乎尤極莊重，先能得其體，一轉以下，引彼證此照西應東。辭古而事新，文曲而意悲，所謂賦家之心包合宇宙，總括人物者，讀至四轉使人不堪情，敬敬服服。
>
> 辱知　關口隆正妄評多罪。

由於〈玉皇賦〉寫作時間點爲新任天皇繼位之後 2 個月，因此以較多的篇幅書寫潤色鴻業、發揮皇猷。關口隆正的評論也承襲此目標，故由「予嘗聞賦者古詩之流也，然作詩易作賦難。今鷹兄容易作之雖專門大家或有不及者。」及「所謂賦家之心包合宇宙。總括人物者。」引《西京雜記》卷二所載司馬相如的審美意識，以及自葛洪《抱朴子·鈞世》中毛詩不及〈上林〉、〈羽獵〉博富說以下，所形成的「才弱者往往能爲詩，不能爲賦」的論述。

關口隆正的賦論觀，顯然承襲漢大賦雍容揄揚、體國經野的傳統，這一傳統與楚騷「幽深鬱結」的憂患悲劇意識不同。鷹取田一郎〈玉皇賦〉約五分之四的篇幅寫頌揚體，照理應與關口隆正的賦論相合，但關口氏對該賦較多篇幅的頌揚體僅有「起乎尤極莊重，先能得其體」的評論。該賦較少篇幅書寫明治天皇的薨逝，關口隆正卻以「辭古而事新，文曲而意悲」並引《西京雜記》卷二所載司馬相如「賦家之心包合宇宙，總括人物者。」的審美意識總結之。

1912 年日人關口氏「文曲意悲」的評論，對於日後臺士於日資報刊賦上的賦作、賦評起了作用，繼關口隆正的評論之後，另有臺籍文士陳百川（1897～1987）〔註22〕評論〈玉皇賦〉：

〔註22〕陳百川（1897～1987），爲黃臥松師，黃氏後爲漢文塾師，並主持崇文社。詳見：蘇秀鈴，《日治時期崇文社研究》（彰化：國立彰化師範大學中國文學教育研究所碩士論文，2001），頁 70～76。

取徑獨別，寄意遙深，而一種悲惻之情，又能躍然於毫楮，固不特古節古音見服古之能事已也。

愚弟陳百川拜

陳百川繼關口隆正之後評論〈玉皇賦〉，較「文曲意悲」更進一步，直指「寄意遙深、悲惻之情」。陳百川的評論更接近屈騷忠而離國，悲切難訴的情懷，爲後來臺士於日資報刊上發表「抑鬱賦」起了開端。

二、臺籍文人賦作——「神女」與「傷春、悲秋」書寫的發揚

日資官方報刊關口隆正公開贊揚「文曲意悲」的審美意識後，臺籍文人彷彿受到了啓發與鼓舞，類似「寄意遙深」的楚騷特特質賦作，開始大量發表於日資報刊上。

（一）遠遊求仙——魏潤菴〈日月潭賦〉

1923 年 9 月 28 日《臺灣日日新報》第 8389 號，魏潤菴發表的〈日月潭賦〉：

> 歲秋八月，潤菴子讀書不樂，慨然寄滄洲遐想。客有告以是即無何有廣漠之流，曰：曷若遊日月潭爲佳。……潤菴子乃喜極而起，遂往遊焉。水社新秋，山中落日。林鳥呼羣，谷風入室。仙草得氣以叢生，異果無名而齊實。其山則……。其水則……。其禽則……。其樹則……。是夜潭雲度水，山月行空。乃東投碧山之別館，南望涵碧之幽宮。……潤菴子果腹捨筋離席。曰：醉矣得矣，吾將託夢乎冥濛；潭水無波，仙樂忽作。赤鯉前驅，蒼虬後躍。滅縹渺之煙雲，現玲瓏之樓閣。仙妃冉冉以娉婷，侍女紛紛而唯諾。皆霧綃披，雲鬟掠。霞臉暈，星眸灼。佩珠璣，戴纓絡。腰穠纖而得衷，神閒雅而婥約。感交甫之棄言，嘆洛神之未若。迨夫天雞既唱，好夢亦醒。尚離奇而在眼，聞簫澤之餘馨。覩窗前之蟒甲，類水上之龍軿。……知百幻之隨念，悟至道於隱形。羌澹泊而無欲，等富貴於浮萍。嗚呼！噫嘻！是潭之美，乃竟如是。滌眾生之煩苛，去塵世之渣滓。

本賦主旨在於作者讀書苦悶，前往日月潭夜遊遇「仙妃」，經歷如夢似幻的一夜，其後悟道之事。〈日月潭賦〉的結構以「繁類成艷」的方式，鋪寫日月潭「其山則……。其水則……。其禽則……。其樹則……。」種種景致，

夜宿碧山別館，南望涵碧之幽宮，遇仙妃而後悟道的敘事書寫相對簡易許多。

〈日月潭賦〉結構接近宋玉〈高唐賦〉：首先，〈高唐賦〉以大篇幅描述巫山之山水風物，本賦亦同。其次，楚襄王遊高唐晝寢夢巫山神女，自薦枕席，與本賦遊日月潭夜遇「仙妃」自動前來相同。但作者夜遇「仙妃」的寫法，顯然受到六朝「神女賦」的影響，因此有仙妃後「感交甫之棄言、嘆洛神之未若。」的比擬。〈日月潭賦〉中作者最後了悟：「知百幻之隨念，悟至道於隱形。羌澹泊而無欲，等富貴於浮萍。嗚呼！噫嘻！是潭之美，乃竟如是。滌眾生之煩苛，去塵世之渣滓。」顯然日月潭的美景對作者「讀書不樂，慨然寄滄洲遐想」的身心有著舒解的作用，但是內心對於人生志業的終極追求，乃至於作繭自縛，直到遇日月潭仙妃才獲得舒解，最後悟到「羌澹泊而無欲，等富貴於浮萍」之境界。

許多學者以為六朝是人生艱危的時代，「香草美人」手法成為士人在高壓政治下，懷敘志的理想方式。彼時詩賦中的「神女賦」繼承了楚騷「遠遊求女」的形式，於愛情戀歌中寄托作者現實社會政治情感。對天宮仙女的鋪飾書寫，深藏著對污濁現實的厭倦和恐懼。〔註23〕以及六朝神女賦以「刻畫女性形象為主的唯美表達反映出士人堅守人生理想的悲慨與絕望，……本質是對人生信念與終極理想追求和求而不得後的傷懷作唯美的表達。」〔註24〕魏潤菴的〈日月潭賦〉以深具宋玉〈高唐賦〉、六朝「神女賦」特質，賦末以「羌澹泊而無欲，等富貴於浮萍」等對現實人生的抗拒，發表於日治時期臺灣最大官報《臺灣日日新報》，顯然有特殊的含意。

（二）傷春——賴佐臣〈春遊芝山巖賦〉

「臺灣愛國婦人會」會員為日籍官員及臺籍士紳之妻所組成，《臺灣愛國婦人》作為官方婦女會的機關誌，刊載日治時期臺籍士人賦作數量極多。該刊物配合殖民統治提升台灣女性地位，解放女性的身體權，如纏足、禁止買賣養女等陋習，以宣揚殖民統治的政績，達成進軍世界的最佳宣傳樣本。因此《臺灣愛國婦人》有 1915 年 3 月 25 日第 77 號，施少作的〈戒貪花賦〉（以

〔註23〕 于浴賢，〈楚騷「香草美人」手法在六朝文學中的承傳〉，《遼東學院學報》（社會科學版）12 卷 6 期，（2010 年 12 月），頁 75～7。

〔註24〕 唐英，〈論唐前神女賦的流變〉，《安康學院學報》23 卷 1 期（2011 年 2 月），頁 52。

「入迷途」爲韻）〔註25〕如此勸戒「邪緣必絕，正路宜趨。自不以如花而喪志，不以羞花而忘軀。不以貪戀而成好嫖浪子，不以貪欲而爲犯色狂徒。」等爲上層社會婦女所讚同之內容。

　　日治時期官方報刊之臺灣賦作，有大量的「悲秋」書寫，「傷春」則僅有賴佐臣（？～？）的〈春遊芝山巖賦〉（以題爲韻），刊於1915年5月1日《臺灣愛國婦人》第157號：

> 韶華煥彩，歲月增新。一天若洗，四處無塵。雲淡淡兮可愛，風輕輕兮宜人。氣候殊佳，故邀二三知己；履丈攜手，謳歌曲而賞春。
>
> ……登高於嶺上，眺望於樓頭。有樹皆古，無色不浮。杳然仙鏡，聊寄漫遊。
>
> ……樂世外味，方知半日好；結山中緣，不覺一生悲。但聽晚鐘響，遂忘日暮時。……
>
> ……感時序之遷流，歎光陰之迅度。樂極愁來，躊躇得句。歸後皓月當軒，神疲不關俗務。乃獨坐以興懷，因感之而作賦也已。

本賦乃二三知己，春遊芝山巖，登高而作賦。根據左攀峰〈論中國古代文學中傷春悲秋主題的異同〉歸納傷春之表現形式爲：「傷春之作，主要是對好事物逝去的嘆惋。」〔註26〕〈春遊芝山巖賦〉由對春景「韶華煥彩。歲月增新。一天若洗。四處無塵。雲淡淡兮可愛。風輕輕兮宜人。」的賞心悅目，到登高所見「有樹皆古。無色不浮。杳然仙鏡。聊寄漫遊。」產生由「新」到「古」的視覺差異，由此差異體會到遠離塵囂後「樂世外味。方知半日好。」筆鋒一轉，此地與世外桃源無異的山間春景，竟即刻轉向傷春：「結山中緣。不覺一生悲。但聽晚鐘響。遂忘日暮時。……感時序之遷流。歎光陰之迅度。樂極愁來。躊躇得句。」悲歡一生，顯然爲過去的人生所悲，感嘆時序流逝快速，因此〈春〉賦所嘆惋逝去的「好事物」應是指「時光」。作者所嘆惋逝去的好時光中，於人有青春年華，於世有異族統治不言而喻。

〔註25〕謹錄賦文如下：「邪緣必絕，正路宜趨。自不以如花而喪志，不以羞花而忘軀。不以貪戀而成好嫖浪子，不以貪欲而爲犯色狂徒。不以傾國花容而爲一生貽悞，不以迷人花貌而求片刻歡娛。庶幾寡欲清心，不愧中天地而立，將見居仁由義，何難至聖賢之途。」

〔註26〕左攀峰，〈論中國古代文學中傷春悲秋主題的異同〉，《新鄉學院學報》（社會科學版）23卷1期（2009年2月），頁133。

（三）悲秋──黃贊鈞〈秋水懷人賦〉、郭瓊玖的〈中秋月賦〉、李冠三〈紅蓼花疏水國秋賦〉

「悲秋」主題凡三篇，分別是 1903 年黃贊鈞〈秋水懷人賦〉（以「求之而不可得」為韻）、1913 年郭瓊玖〈中秋月賦〉（以「中秋觀月會」為韻）、1915 年李冠三〈紅蓼花疏水國秋賦〉（以題為韻），均以律賦體裁書寫。茲分述如下：

1. 黃贊鈞〈秋水懷人賦〉

黃贊均曾於《臺灣日日新報》、《漢文臺灣日日新報》撰寫 2 篇〈臺灣神社祭典感賦〉、〈勅題新年雪恭賦〉，均以「抑臺揚日」為筆法的頌揚賦作。然而黃贊鈞亦有如〈秋水懷人賦〉（以「求之而不可得」為韻）之「悲秋」書寫。〈秋水懷人賦〉於 1903 年 12 月 25 日刊載於《臺灣教育會雜誌》第 21 號，全賦緊緊圍繞「秋水」與「懷人」的主題：

> 若夫人睽千里，序屬三秋。寄念則孤懷渺渺，招尋則遠道悠悠。慕他飲水之風，宛寄情於中央中沚；觸我離懷之感，輒擊意於溯洄溯遊。沉吟雲影天光，心腸如結；惆悵蒼葭白露，寤寐相求。……豈不忍平生之素願，安爾日之思維，奚至聽湘月之猿聲，太息伊人宛在；望秋波之鴻影，空懷於彼求之。……幾度魄銷澤國，空自懷君；可憐夢斷秋聲，依然故我。……斯時也舊雨難追，高風空憶。悲宋玉之秋容，愁江淹之別色。……笑他題鳳無緣，何相求而弗得。

〈秋水懷人賦〉緊扣「求之而不可得」之限韻，以悲秋的季節時間，結合黯然銷魂的離別空間，說明求之而不可得的「伊人」與「我」之間，乃是「空自懷君」、「高風空憶」的虛無縹緲關係。篇末引宋玉〈九辯〉「悲哉！秋之為氣也，蕭瑟兮草木搖落而變衰。」與江淹〈別賦〉「黯然銷魂者，唯別而已矣！」顯然〈秋水懷人賦〉為傳統悲秋離人的書寫手法。1903 年黃氏乃臺籍文士中率先寫「悲秋」之賦者，並刊載於日資官方報刊上，6 年之後，1910 年黃贊鈞亦為臺籍文士率先於日資官報上撰寫頌揚賦作的臺籍文人，因此〈秋〉賦更值得注意。「伊人」有如騷怨中「香草美人」的筆法，逐臣對國君的追慕，尤其宋玉亡於秦滅楚之時，黃氏此賦，不諱言「我」與「伊人」間乃是「空自懷君」、「高風空憶」的虛無關係，與臺士對「前清」政權之終結感受有異曲同工之妙。如此〈秋水懷人賦〉是否蘊藏諸多弦外之音？值得深思。

2. 郭瓊玖〈中秋月賦〉

1913 年 11 月 1 日郭瓊玖〈中秋月賦〉（以「中秋觀月會」為韻），是繼 1903 年黃贊鈞〈秋水懷人賦〉之後，第二篇刊載於《臺灣教育會雜誌》第 139 號的悲秋賦：

> 秋光最好，況明月之當中。於是盛招良友，多集名流。或歌或咏，誰唱誰酬。……如此風光月色。忍自悲秋。……愧予性拙才疎，空有庾袁之興；有客金敲玉戛。翻成李杜之壇。……夜過三更，聲停萬籟。好垂簾幕，不堪再引壺觴；且徹杯盤，莫管尚餘羹膾。

郭瓊玖的〈中秋月賦〉（以「中秋觀月會」為韻），由其題、韻可知，此為中秋節觀月賦作，端午、中秋、春節為三大節慶，彼時臺灣傳統文人或於此時懸燈射謎，以慶節日。然而郭氏〈中〉賦卻以「如此風光月色。忍自悲秋。……愧予性拙才疎，空有庾袁之興。……不堪再引壺觴。且徹杯盤。莫管尚餘羹膾。」一再的點明「悲秋」賦旨。

郭瓊玖賦作之「悲秋」較黃贊均賦作更加具體，黃氏所悲懷之人乃虛無縹緲之「伊人」，但郭氏以「愧予性拙才疎，空有庾袁之興。有客金敲玉戛。翻成李杜之壇。」以「予」對比南北朝時之庾信、袁宏與唐朝之李白、杜甫，於諸大名士之前，「愧予性拙才疎」可以理解為作者的謙懷，但「忍自悲秋」、「不堪再引壺觴」則不可理解。尤其「尚餘羹膾」，呈顯作者於日治時期臺灣之物質生活至少置身於中上階層，何以於中秋團圓夜，將自身相比庾、袁之文才；訪客比擬李、杜之詩會，而有悲秋之感？其實庾、袁二人身處動盪之南北朝，庾信更長期羈留北國無法南返，李、杜二人更有不遇與時代興衰之悲感，因此郭氏〈中〉賦若以才能不比四士而悲秋，還不如藉四士之生平遭逢以自況。以四士之生平與所置身之時代自況，所引起臺士於日治時期的悲秋賦寫，確實更能理解郭氏〈中秋月賦〉中「如此風光月色。忍自悲秋。……愧予性拙才疎，空有庾袁之興。……不堪再引壺觴。且徹杯盤。莫管尚餘羹膾」等婉轉的情緒轉折。

3. 李冠三〈紅蓼花疏水國秋賦〉

繼黃、郭二氏，蘊深意於悲秋賦作之後，1915 年 1 月 1 日，有李冠三發表〈紅蓼花疏水國秋賦〉（以題為韻）於《臺灣愛國婦人》第 74 號：

> 秋容冷淡，秋色空濛，花開近水，枝梢迎風。……花以蓼名，種亦稱紫。時而芳氣偏蒸，香聞闤里；時而雅艷方生，青施洲沚。花得

人而增妍，人因花而至止。是以觀物起興，想樂意於春江；觸景生
愁，悵人於秋水。則有佳客思鄉，旅人返側。驚花事之頻催，聆秋
聲而嘆息。

此賦之悲與前引黃、郭二氏的賦作不同，以詠紅蓼花、與秋容水色為主，所
觸及的僅有「觸景生愁，悵人於秋水。則有佳客思鄉，旅人返側。驚花事之
頻催，聆秋聲而嘆息。」純粹藉物起興，而未蘊深意於悲秋。

第三節　沈潛與昂揚——臺籍文人之臺資報刊雜誌賦

　　日治時期臺灣媒體賦之發表園地，除了《臺灣日日新報》、《臺灣民報》、《臺
南新報》、《臺法月報》、《臺灣教育會雜誌》、《臺灣愛國婦人》等日資官方報刊
雜誌之外，1919 年首份臺資創辦的《臺灣文藝叢誌》（1919〜1925）、《臺灣文
藝旬報》（1921.5〜1922.12）（《旬報》與《文藝叢誌》相同，均為臺灣文社之發
行刊物），繼之而起的有《臺灣詩薈》（1924.2〜1925.10）、《三六九小報》（1930.9.9
〜1935.9.6）、《風月》（1935.5.9〜1936.2.8）等代表臺資報刊賦作〔註27〕逐漸掘
起。尤其 1937 年皇民化運動開始，總督府禁止報刊雜誌「漢文欄」，但仍有《孔
教報》（1936〜1938）、《風月報》（1937.7.20〜1941.6.15）、《南方》（1941.7.1〜
1944.1.1）等，竟能於禁漢文的命令下，持續成為臺士發表賦作的園地，尤其值
得關注。

　　相較臺籍文人於日資官方報刊賦作上發表「頌揚與依附」、「傷春悲秋」
兩大主題，臺籍文人於臺資報刊賦上並無任何一篇「頌揚與依附」殖民主的
賦作，然而「傷春」、「悲秋」為賦題的賦作篇數，與臺籍文人於日資報刊賦

〔註27〕許多臺資報刊作品，往往有轉載自中國文人的作品，如《臺灣文藝叢誌》中
　　　　的小說多是如此，雖然該《叢誌》中的賦作不多，但許俊雅認為亦很有可能
　　　　為中國文人的作品。轉載他人之作，這其實與雜誌發行的目的與風格有關。《臺
　　　　灣文藝叢誌》同人如：林獻堂（1881〜1956）、林幼春（1879〜1939）、蔡惠
　　　　如（1881〜1929）等人，均為當時臺灣民族運動中重要的決策性人物，當抗
　　　　日活動逐漸由武力轉向文化抗日時，啓發民智、鼓勵民心，成為《臺灣文藝
　　　　叢誌》創刊的主要目的。為了吸引漢文菁英的讀者群，再由此讀者群影響更
　　　　多的人，因此內容的設計上多有徵文比賽、科學新知、世界歷史、小說、詩
　　　　文等，以徵文吸引漢文菁英投稿，又以兼具學習與娛樂效果的內容，達成其
　　　　轉介現代性知識的目的。《臺灣文藝叢誌》創刊之目的在於啓迪民智，其賦作
　　　　風格亦多昂揚，因此在目前沒有直接證據的情況下，或許可將其偏向昂揚的
　　　　賦作風格，作為該誌同人們欲達成文化抗日的手段之一。

作上發表的篇數完全一致。臺資報刊賦作中，以「傷春」爲主題的有：1921年嘯雲於《臺灣文藝叢誌》發表的〈春閨怨賦〉（以「小姑居處怨無郎」爲韻）一篇。「悲秋」主題有：1937年芹芬於《風月報》發表的〈秋蟲賦〉、1940年楊輔臣於《風月報》發表的〈感秋賦〉（以「一年容易又秋風」爲韻）、1943年楊輔臣於《南方》〈中秋觀月賦〉（以「爲樂當及時」爲韻）〔註28〕3篇。與臺士發表於日資報刊賦作之 3 篇「悲秋」賦作相比，首先在時間點上：臺資「悲秋」報刊賦，均發表於 1937 年禁漢文欄之後，於戰爭開啓下書寫的賦作，「悲秋」賦之創作有時代的悲音；日資傳媒之「傷春悲秋」賦作多集中於 1937年之前，顯然作者身分與書寫主題相關。其次，就「悲秋」題材的開創性上，最值得關注的是：楊輔臣的〈中秋觀月賦〉（以「爲樂當及時」爲韻），寫於日本殖民統治臺灣的最後兩年，觀月悲嘯之際，卻能有昂揚奮發之情：

> 願天下義士烈夫，臥薪嘗膽，發奮爲雄。毋虛擲駒光之荏苒，餒壯志之長虹。……行見秋水揚耆，跋濯破三千層逆浪；秋高奮翮，扶搖乘九萬里長風。

楊氏〈中秋觀月賦〉是日治時期臺士賦寫秋景中，目前少見的昂揚奮發之作。依篇數比例：以目前所僅見，日治時期臺士於報刊賦寫「傷春悲秋」之賦作，表面看來日資、臺資之報刊賦篇數一致，然而「臺資報刊賦」篇數較「日資報刊賦」略多〔註 29〕，因此「傷春悲秋」之賦作頗能代表臺士於日資報刊傳媒發表賦作之無奈，或者配合官方而發表的「依附、頌揚」賦作，有其不得不然的原因。相對的，臺資「傷春悲秋」賦作占總篇數比例較低，又發表的時間點均於戰爭時期，於此時空下的「悲秋」賦作亦屬自然，因此臺資報刊賦作之「沈潛自信」、「昂揚奮發」特質，更具臺士「以賦寫志」之特質。

一、沈潛與自信

相對日治時期臺士於日資官報上所發表的「依附、頌揚」或對現實產生幻滅而有的「遊仙求女」、無奈傷感而寄託於季節變化的「傷春悲秋」之作，由以文化抗日爲著名的文社所創辦的《臺灣文藝叢誌》（1919～1925），開啓了「既沈潛又自信」的賦寫風格。大正 8 年（1919）旭初發表於《臺灣文藝

〔註28〕按：1922 年冬菱於《臺灣文藝叢誌》發表的〈秋月賦〉，雖以「秋」爲主題，但與「悲秋」意識無關。

〔註29〕日治時期臺資報刊賦與日資報刊賦篇數統計，持續發掘中，詳見書末〈附表二〉。

叢誌》第 2 號的〈萊園春遊賦〉：

> 右軍蘭亭之宴，阮籍竹林之遊。……雖極當時之暫歡，而亦懷無窮
> 之古愁。況我生多艱，遇沉鱉於滄洲。食土壤其如蚓，泯機心其若
> 鷗。當陽春之佳麗，集吟嘯之朋儔。鳥久困而思奮，民勞止似小休。

《臺灣文藝叢誌》為日治時期第一份漢文雜誌，霧峰林獻堂（1881～1956）
為《臺灣文藝叢誌》的主要出資者，〈萊園春遊賦〉萊園即臺灣四大名園霧峰
林家花園，作者顯然與《臺灣文藝叢誌》同人關係密切，或甚至即為同人之
一。以林獻堂為首的文社於日治時期帶有鮮明的抗日意識，作者故而以萊園
春遊，雖有短暫的遊園之樂但卻懷抱無窮的古愁，「我生多艱」本有影射臺士
於異族統治下無解的沈鬱之情，然而〈萊〉賦與楊輔臣的〈中秋觀月賦〉（以
「為樂當及時」為韻）相同，愁鬱之情終將轉向昂揚與奮發。無論是以李白
自許有胸襟開開闊之意的「滄洲釣鱉客」、或者是引《孟子‧滕文公下》喻「蚓
為廉潔第一」、《列子‧黃帝》中的無機巧之心「鷗鷺忘機」的寓言，都有「沈
潛與自信」的融合。賦末更以「鳥久困而思奮，民勞止似小休」，期許目前的
沈潛只是小休，未來的奮發是可以期待的。

大正 8 年（1919）5 月 15 日許子文以〈訪夢蝶園故址賦〉（以題為韻），
發表於《臺灣文藝叢誌》第 1 年 11 號：

> 有李茂春者，漳之產，周之棟。鄙塵氣，樂巖洞。詩盈古錦之囊，
> 手抱灌畦之寶。惟石隱之為懷，況黍離之抱痛。……迄今野色淒迷，
> 樓臺突崎。飛閣流丹，晚烟凝紫。……園亭荒廢，惟餘古寺清鐘；
> 蜂蝶紛飛，莫覓當時舊趾。予也緬想芳徽，感懷時數。歎前哲之如
> 斯，知吾生之有素。泥塗非辱，何妨潦倒風塵；聲價自高，遑問騰
> 驤雲路。樂好山兮遊好水，盡日流連；對古跡憶古人，終身景慕。

「夢蝶園」為明鄭時期流寓李茂春故宅，身後故居幾經改建為今日臺南法華
寺，許子文〈訪夢蝶園故址賦〉即遊賞夢蝶園之作。根據康熙三十五（1696）
高拱乾《臺灣府志‧人物志‧流寓》記載：

> 李茂春，字正青；漳之龍溪人也，登明隆武丙戌鄉榜。遯跡至臺，
> 好吟詠，喜著述；仙風道骨，性生然也。日放浪山水間，跣足岸幘，
> 旁若無人。搆一禪亭，名曰「夢蝶處」；與住僧誦經自娛，人號李菩
> 薩。尋卒，因葬於臺。〔註30〕

〔註30〕〔清〕高拱乾纂輯，《臺灣府志》，（臺北：文建會，2004 年 11 月），頁 365。

李茂春隨明鄭流寓來臺，懷抱黍離之思，卻終日放浪於山水間，成為流寓士人而有「李菩薩」的美名，身後故居夢蝶園，幾經改建為如今的法華寺。許子文對於李茂春明亡來臺之經歷感同身受，故而「緬想芳徽」有效法前哲心意。反省己身「尸位素餐」的自棄生活，認同李氏放浪山水，跣足岸幘的自適生活，因此體會：「泥塗非辱。何妨潦倒風塵，聲價自高。遑問騰驤雲路。樂好山兮遊好水，盡日流連；對古跡憶古人，終身景慕。」的道理。「騰驤雲路」對身受科舉教育者，是無法輕棄的終生企慕，但「夢蝶園」遊後，受到李茂春生平的啟發，許子文體會凡塵塗的庶民生活並不可恥，合光同塵反而將受世人肯定，因此重新調整步伐，賦末以尋得之新契機，並依此自勉。

1937 年 8 月 30 日丘贊融〈石門賦〉，發表於《孔教報》第 11 期：

> 吾鄉有石門者，靜愛宮藏，鬧憐市近；山有清音，泉無俗韻。此中幽雅，塵可避囂。……常見亭中過客，遨遊不厭辛勤；細觀石上題詩，姓氏堪稽甲第。

丘氏以家鄉的石門為主要賦寫對象，「鬧憐市近」寫石門一地之便利、「山有清音，泉無俗韻」寫該地山水之清幽，「石上題詩」更寫遊客風雅，彷如舊時名登金榜一般。〈石〉賦表面寫作者家鄉勝景，深層寫出異族統治下臺士對「舊時名登金榜」的眷戀意識。而如何自處，更是無法逃避的問題：

> 無如悵望名山，幽居狹室。未得嘯歌，空懷著述，何時卜築？效屈蠖以藏身，漫說躬耕；此臥龍之抱膝，登高遠眺。或作賦以凌雲，得意忘言，或讀易以終日。講學則心專貫石，禮樂且訂夫三千；承先而道悟入門，鍾毓稍酬乎萬一。

幽居狹室，悵望名山，外人看來是屈蠖藏身、躬耕著述，但作者卻自許「臥龍抱膝」，賦寫「凌雲之志」。如同旭初的〈萊園春遊賦〉與許子文〈訪夢蝶園故址賦〉（以題為韻），均以「沈潛與自信」寓志於賦，可謂為 1919 年之後崛起的臺資報刊賦之自勵特質。

二、昂揚與奮發

（一）策論時局、登高作賦

當日資報刊賦以「文曲意悲」、「傷春悲秋」為主要賦寫特色時，臺資報刊賦則是歷經「沈潛自信」之後展現「昂揚奮發」的賦寫特質。1915 年臺島武裝抗日於西來庵事件一役後，為了避免無畏的犧牲，逐漸轉向文化抗日。

1919 年臺灣第一份漢文雜誌《臺灣文藝叢誌》設立,臺士賦寫之文,頗能展現「昂揚與奮發」的心志。1920 年吳德功(1850〜1924)〔註31〕以〈澎湖賦〉,發表於《臺灣文藝叢誌》第 2 年第 2 號:

> 有天涯逸客問於澎島主人曰:「……卅六島地瘠民分貧,大半編茅作屋;五十嶼沙飛石走,絕少播穀分秧。……縱使易錢糴穀,難資糊口之供。願備聞乎不敏,期請道乎其詳。」

> 主人正襟危坐而答曰:「子未知湖地之險要,徒陋澎疆之褊狹也。……」

> 客於是望洋興嘆,鼓掌再談,曰:「聞子之言,則斯島之廢興,似與臺陽相表裡。如廣東之瓊島,互作輔車;若上海之舟山,依為唇齒。觀法寇之憑陵,洵令人而髮指。冀圖福省,竟從馬尾以興師;欲噬臺疆,先向澎洋以戾止。……有國者當修我戈矛,屬厥將士。扼重洋以嚴保障,建海國之屏藩;據要隘以善籌防,作中流之柱砥。……」

> 中村中誠評:寓憂國深表於婉委之中。

1920 年臺灣島內武力抗日方歇,吳德功素來關心戰事政局,故以〈澎湖賦〉論述澎湖對臺灣安定的論點,以「海島」對「上海」之重要性比擬「澎湖」之於「臺灣」,歷來欲占領臺灣,多以澎湖為重要的中繼點,吳氏以清法戰爭(1883.12〜1885.4)為例,1885 年法軍曾攻佔澎湖,因此「有國者當修我戈矛,屬厥將士。扼重洋以嚴保障,建海國之屏藩;據要隘以善籌防,作中流之柱砥。」中村中將以「寓憂國深表於婉委之中」評論〈澎湖賦〉,中村此評與 1912 年 9 月關口隆正評〈玉皇賦〉「文曲意悲」之說,映現彼時日籍文士偏好婉委之賦作風格。

　　1921 年 8 月 15 日,定洋〈招寶山望海賦〉(用「蘇長公前赤壁賦」體),

〔註31〕吳德功,字汝能,號立軒。世居彰化,同治十三年(1874)中秀才。光緒十七年(1891)臺灣省設通志局,受聘主修《彰化縣志》。光緒二十年(1894)原已完成彰化縣採訪冊,因乙未割臺,遂佚失。日軍入臺北城之初,吳德功曾應臺中知府孫傳袞之邀,計議防範事宜,並籌設「聯甲局」,募練勇、捕盜賊,對彰化社會秩序的維持,貢獻頗大。明治 33 年(1900)應臺灣總督之邀參加「揚文會」,明治 35 年(1902)獲頒紳章。《臺灣士紳錄》評之曰:「忠誠悃篤,急公好義,邑中大小事件,人無不就謀,謀而莫不通」畢生重視社會福利,彰化育嬰堂、忠義祠、節孝祠之籌建,皆由吳氏主其事。詳見:〈內容簡介〉《吳德功先生全集》(南投市:國史館臺灣文獻館,1992 年 5 月)。

發表於《臺灣文藝叢誌》3 年 8 號，接續吳德功〈澎湖賦〉論述如何重洋保障，登招寶山而作賦：

> 甲申之秋，八月既望，王生與客登臨乎招寶山之巔。……法人入寇，徧地烽煙。……弔前朝之往事，御萬里之長風。恨古今人之不相見，悲天地間之無終窮。

> 客於是舞劍而歌曰：……奈無路以請纓兮，安得不望洋而長歌。……環顧左右，莫能仰視，淚下如霰。……此東浙藩籬，四明門戶。虎蹲金雞，兩山砥柱。……曾日月之幾何，而同歸黃土。況吾與子之窮愁，如屈原與漁父。觀海而目擊橫流，登山而手無柯斧。滔滔者天下皆是也，能不撫今時而思往古？

> 王生曰：……時也命也。盛極必衰，窮極必反。……彼鬼方狂寇，海國強胡。……不外乎賊仁與賊義，終難逃夫天討與天誅。吾與子手不秉鈞，身不當局。無是無非，無榮無辱。……客乃呼酒更酌，破涕為笑。

與吳氏〈澎湖賦〉相同，以「述客主以首引」的方式做為結構。〈招寶山望海賦〉同樣談及清法戰爭，賦中之「客」以「奈無路以請纓兮，安得不望洋而長歌。」將自己懷憂家國之心比為屈原，但「王生」最終以狂寇、強胡，均為賊仁、賊義之徒，難逃天討與天誅。與客二人不在當局，故無是非，亦無榮辱，一番論述，既有忠愛之心，但又有開闊之態，最終二人並不耽溺於無解之國恨家愁之中，而呼酒更酌，笑看一切。

（二）代價而沽、乘勢而起

1921 年 8 月 15 日嘯雲〈春閨怨賦〉（以「小姑居處怨無郎」為韻），發表於《臺灣文藝叢誌》3 年 8 號：

> 日暖風柔，簾疏窗曉。梁間紫燕關關，林上黃鶯繞繞。憑情生恨，豈非並蒂之花；睹物傷懷，則是雙棲之鳥。問紅樓何寂寞，形孤影單；看翠帶刖圍鬆，腰肢瘦小。怨天既生彩鳳，何乏青梧。明珠守價，美玉俟沽。……

〈春閨怨賦〉表面是女子春日閨怨之賦，有王昌齡〈閨怨〉「閨中少婦不曾愁，春日凝妝上翠樓。忽見陌頭楊柳色，悔教夫婿覓封侯。」的敘事輪廓，於閨怨之中夾引《論語・子罕》篇：

> 子貢曰：「有美玉於斯，韞匵而藏諸？求善賈而沽諸？」

> 子曰：「沽之哉！沽之哉！我待賈者也！」

此爲春秋時期孔子周遊列國時，回答弟子原爲明君所用之意，今〈春閨怨賦〉引爲典故，作者隱然暗指雖目前沈潛，但亦隨時做好將爲世用的準備。1940年5月1日林錫牙〈賣花聲賦〉（以「簾外輕陰人未起」爲韻），發表於《風月報》63期：

> 樓上春風春雨添。妝臺曉起日炎炎。玉人香夢初驚醒，薄寒侵袂懶開簾。試窺眉黛菱花影，梳罷雲鬟筆未拈。一聲聲喚過牆角，撩動韶光新意兼。……

> 既徹遍於樓臺，復遙傳於街市。人雖渺渺，音猶在耳。出第一之京華，爲無雙之屈指。詞曰：「狀元臚唱動，太覺今已矣。……」

林錫牙〈賣花聲賦〉以女子午時夢醒妝扮爲主要內容，賦作中隱含有兩場夢，分別是玉人的「香夢」與士子的「仕夢」，香夢平常可得，但仕夢難再。走出閨房，進入市井，人雖渺渺，音猶在耳，有恍若隔世之感。將賣花聲比爲狀元臚唱聲，更顯出「說者無心，聽者有意」，原來科舉考試已是前清取士之法，但置身於日治臺灣的晚期，仍隱然挑動臺士之心神。

　　1940年11月15日楊輔臣〈感秋賦〉，發表於《風月報》119、120期：

> 囑世間亂臣賊子，匿影潛蹤。願天下義士烈夫，臥薪嘗膽，發奮爲雄。毋虛擲駒光之荏苒，餒壯志之長虹。……行見秋水揚鰭，跋濯破三千層逆浪；秋高奮翮，扶搖乘九萬里長風。

楊輔臣所感觸之秋並非爲黃贊鈞〈秋水懷人賦〉、郭瓊玖〈中秋月賦〉、李冠三〈紅蓼花疏水國秋賦〉等人創作的「悲秋」，而是承嘯雲〈春閨怨賦〉、林錫牙〈賣花聲賦〉等願爲世所用之心意，楊輔臣大力賦寫出「願天下義士烈夫，臥薪嘗膽，發奮爲雄。毋虛擲駒光之荏苒，餒壯志之長虹。」以正義節烈之士，趨逐世間的亂臣賊子，氣魄雄偉，感歎萬千，完成日治時期臺士「代價而沽、乘勢而起」奮起昂揚之賦作。

第十章 結 論

　　本書以臺灣賦文本，分「志賦、試賦與媒體賦」三階段為主軸，論述「官方意識」的介入或推行，探究「作品產生」及臺籍文人於不同階段的「賦寫意識」。運用「文本與志書同步閱讀」、「文獻文本之搜採缺逸」、「細讀文本」、「傳媒概念之運用」等研究方法，凸顯臺灣賦不同階段創作的影響與演變。以下執「研究成果」、「研究價值」與「未來展望」三端，依次論述之。

一、研究成果

（一）初步勾勒臺灣賦三階段發展

　　依目前所掌握之文獻史料所見，經本書第二章至第九章之研究分析，已初步勾勒臺灣賦三階段發展：

1. 第一階段「志賦」──

　　「志賦」肇始於《大清一統志》，依有清一代臺灣約有四十餘本志書〈藝文志〉，不計重復收錄總數，共有 27 篇志賦，可細分為三個時期：

　　第一個時期是清初沈光文、季麒光開創的「踏察紀源」時期：

　　清治臺灣之初，季氏借沈氏寓臺多年所累積而首創《臺灣郡志》稿，《臺灣郡志》稿即蔣毓英上繳福建的《臺灣府志》，均僅守志書〈藝文志〉當採錄本土文學之原則，未曾收錄己作、同仁賦作。沈、季二氏開創的「踏察紀源」賦寫風格，原本有不錯的發展契機，可惜隨季氏離臺、沈氏離世而結束，後繼者有乾隆二十九年（1764）本土士人卓肇昌以「自注形式」書寫地方賦，但臺灣賦發展之脈絡也已進入「試賦」階段，臺士傾力投入科舉活動，無暇他顧。此「踏察紀源」的賦寫風格，未曾於清代臺灣根深而形成主流的創作

風氣，其因有三：

(1) 明鄭遺臣被遣回中原——原本臺灣賦最佳開端的可能，如久居於臺又具賦寫能力之明鄭遺臣、太學學生，隨著施琅上奏〈移動不如安靜疏〉，將明鄭遺臣、太學學生載入內地而連根拔除。

(2) 清宦駐臺時間短暫，不可能實際踏察紀源——整個清代對臺灣全島之掌控性是「政治上」的象徵性，大於「管理上」的實質性。加上清制官員任期原本三年一任，雍正七年（1729）增加新舊人員在臺交接半年，實際宦臺時間只剩一年半，如此短暫的時間不可能如沈光文以二十餘年的時間，實際「踏察紀源」創作志賦。

(3) 「官方意識」的快速介入——無論是康熙三十五年（1696）高拱乾開創的「中原想像」賦寫風格，或者是臺士學習「尊唐」、「清真雅正」之御定拔文準則，種種主客觀因素都限制了「踏察紀源」賦寫風格發展的可能。

第二個時期是康熙三十五年（1696）高拱乾所開創的「中原想像」時期：

「踏察紀源」時期雖然較接近臺地真實的生活經驗，極具創作上及史料上的價值，然而真正影響清代臺灣志賦發展的是第二時期。康熙六十年（1721）巡臺御史黃叔璥認為「高拱乾〈臺灣賦〉率藉中土景物渲染，似不足以形容。無錫季麒光所著〈客問〉，獨不作泛設語，頗極臺地山川物產之勝；諸《志》略而不載，……」正式區別「志賦」不同的兩個時期。總計由高拱乾所開創的第二個時期的特點，除了內容上以「中原想像」與「踏察紀源」有所區別之外，另有以下兩點特色：

(1) 「志賦」作者兼志書編者，甚至是地方首長——如：高拱乾作〈臺灣賦〉、主編《臺灣府志》，又是當時臺灣最高行政首長。林謙光作〈臺灣賦〉，又是臺灣首任臺灣府學教授等，彼時「志賦」內容具有強烈的官方色彩與典範作用，寓政令於文藝，從此由「以賦佐志」發展到「以賦佐治」，影響最為久遠。

(2) 為志書〈藝文志〉收錄自己、同仁賦作，故於〈凡例〉預設賦作收錄準則——於乾隆十七年（1752）年之前，「志賦」多由具官方身分之宦臺官員執筆，賦作內容因此具有極其強烈的官方色彩與典範作用。為達寓政令於文藝之效用，志書〈凡例〉有「為收錄己作、同仁賦作，預設收錄準則」，以達「以賦佐志」及「保留文獻」之作用。

第三個時期是臺籍文人「修志作賦」的時期：

季麒光首創《臺灣郡志》稿，僅守志書〈藝文志〉當採錄本土文學之原則。康熙五十八年（1719）以李欽文為首，開啓臺籍文人藉由修志而其作賦得以收錄，總計清代臺灣共收錄志賦 27 篇，臺籍賦家即占有 14 篇。根據史料可知：雍正五年（1727）明定「在臺地之人有田、有屋入籍既定者，取具里鄰結狀，方准考試」，乾隆二十年（1755）諸羅縣紳樹立「嚴禁冒籍應考條例碑」，為臺灣「科舉社羣」的合力抵制「冒籍應考」最具代表性的宣言，意謂本土士子自雍正五年起逐漸興起。此 14 篇臺籍賦家賦作，如卓肇昌〈臺灣形勝賦〉因作者參修志書而具有些許官方色彩，但由章甫〈臺陽形勝賦〉、施瓊芳〈蔗車賦〉、洪繻〈九十九峰賦〉，映現官方志賦對民間賦作之影響。

2. 第二階段「試賦」

現存清代臺灣賦 127 篇中，以律賦形式創作的有 74 篇之多，顯然清代臺灣賦深受科舉考試所影響。「試賦」可細分為兩個論述面向：

第一個面向是清代「以賦取士」政策對臺灣賦學發展的影響：

（1）試牘之編纂——根據本書第五章第一節〈清代臺灣試集列表〉，可見自康熙五十年（1711）至咸豐元年（1851）間，至少編有 13 本以科舉為主的試牘。首先，試牘之主編多為巡臺御史兼主考官，由試牘多編於雍正六年（1728 年）之後，顯然御臺御史亦認同自雍正五年（1727）起對寄冒臺籍限制日嚴的規定。其次，雍正十年（1732）至乾隆十年（1745）間形成的「清真雅正」之拔文準則正式下達之前，臺士之文風由雍正八年（1730）巡臺御史夏之芳〈海天玉尺編二集序〉云臺士之文「多曠放，各寫胸臆，不能悉就準繩。」及乾隆十四年（1749）巡臺御史楊開鼎〈梯瀛集序〉亦云臺生之文「各成一家言，而不能以一律繩。」顯然臺士賦作的開端，並不完全以朝廷準繩為主，但可惜前述試牘僅存《瀛洲校士錄》。

（2）賦學之教育——由清代臺灣方志〈義塾・塾規〉、〈學約〉與〈書院學規〉可見，義塾負責童蒙教育，賦的學習並非主要，另有專攻科舉的書院，其賦學教育依朝廷御定拔文準則為主，賦學入門書籍為余丙照的《賦學指南》，該書總結前代和清乾隆、嘉慶年間律賦學的集大成之作。進一步精熟則以《昭明文選》賦類為首選。

　　第二個面向是「御定拔文準則」對臺灣賦學的影響：

　　由清代臺灣方志所載，試賦之御定準則為「清眞雅正」。根據朱一飛《增訂律賦揀金錄初刻·賦譜》所云習賦者應學習「清、氣格（氣韻和風格）」與「眞、典實（典故）」。也就是說御定拔文準則之一「清」的落實，於「氣韻、風格」，亦即以「宗唐」為尚。御定拔文準則之二「眞」的落實，於「典實（典故）。因此分別從「宗唐」與「典實」兩端說明之：

　　　（1）「宗唐」之影響──現存清代臺灣律賦有 74 篇，扣除 7 篇以律賦形式創作的志賦，含試賦在內則總數 67 篇。以唐詩（文）為題、韻共有 18 例，以唐人佚事或著作為題、韻共有 3 例，以唐史為題、韻共有 6 例，，約占清代臺灣私人律賦 67 篇總數的 40%，顯然清代臺灣律賦之題、韻深受「宗唐」影響。

　　　（2）「典實」之影響──依「臺灣學子七歲至十五歲讀書計劃表」，以四書與六經為題、韻者共 10 例，若再擴其範圍，則十三經有 1 例，占總比例約 16%。漢六朝詩文 9 篇，宋史、詩、文有 8 篇，共 17 篇，占總比例約 25%，顯然清代臺灣律賦之題、韻深受「典實」影響。

3. 第三階段「媒體賦」

　　乙未割臺，臺士面對歷史家國與個人志業的雙重斷裂，同時臺灣賦再一次因政治力的強力介入而進入第三階段「媒體賦」。不同立場的「媒體」，有其刊登標準，僅以臺資與日資為兩大觀察面向。

　　　（1）「臺資」部分──1896～1915 之間，選擇留臺的部分士人參與鸞堂事務，藉殖民主初期對民俗的尊重，與人神共創鸞賦的形式，以「代天治民」、「天爵」的追求，延續前清志業。1915 年之後因西來庵事件的影響，鸞賦幾乎全面終止。1919 年臺資報刊雜誌興起至 1943 年止，針對不同報刊雜誌之發行策略，而有「沈潛與自信」、「昂揚與奮發」等賦作的發表。

　　　（2）「日資」部分──殖民主始政的隔年，即引入日資媒體，作為政令之傳聲筒，以利殖民統治之施行。截至目前所僅見，臺士發表於日資報刊雜誌，約有《漢文臺灣日日新報》、《臺灣日日新報》、《臺南新報》、《臺灣愛國婦人》、《臺法月報》、《臺灣教育會雜誌》等報刊賦 34 篇。

（二）臺士創作主體對官方典範意識的接受與轉化

賦本為貴族文學，卻能於草昧初開的臺地快速發展，主因在於官方典範意識之強力介入，如「志賦」作為「治書」之用，初期的作者既為宦臺官員，必將宣揚國威、維護朝廷之創作意識，融入志賦之中。以下執「以賦佐志」、「以賦佐治」、「以賦寫志」三端，分述之：

1. 以「以賦佐志」觀點，論述臺士創作主體對官方典範意識的接受與轉化

臺士對清代「以賦佐志」典範之接受，本書第三章論述清代臺灣志賦具有「以賦佐志」之特色，其私人賦作亦學習此官方典範，並表現於地理物產賦作內容中。如章甫〈臺陽形勝賦〉仿志書之「排比分類」；施瓊芳〈蔗車賦〉可「以賦佐志」，補足志書《物產志・果之屬》「甘蔗」目下之不足。

2. 以「以賦佐治」觀點，論述臺士創作主體對官方典範意識的接受與轉化

臺士對清代「以賦佐治」典範之轉化，本書第四章清代臺灣志賦中「鄭逆與王師」具「以賦佐治」之敘事模式研究，由康熙二十六年（1687）至乾隆二十七年（1762）近 80 年間，有四篇分別具有「學、治、軍、史」四種背景的官方賦家，均以「鄭逆、王師與盛世（聖世）」為敘事模式作為志賦中「以賦佐治」的典範書寫。臺籍賦家自康熙五十八年（1719）至乾隆二十九年（1764）止，集中於此 50 年間，對於官方色彩強硬的「鄭逆、王師與盛世（聖世）」為敘事模式，有轉化的書寫，如：淡化「鄭清對抗」的有李欽文〈紅毛城賦〉、〈赤嵌城賦〉，跳脫「鄭清對抗」的有陳輝〈臺海賦〉、卓肇昌〈臺灣形勝賦〉、林夢麟〈臺灣形勝賦〉等。乾隆二十九年（1764）之後臺籍賦家僅有咸豐 2 年（1852）兩篇〈龜山賦〉未再敘及「鄭清」歷史。

清代「以賦佐治」，除了運用於臺灣志賦，尚且以御定拔文準則推行全國，君王有意使天下才子均以「清真雅正」之文，成為政局穩定的力量。然而，幾乎所有官方意識所主導的文學發展，當時局衰頹已預作警鈴。「清真雅正」的書寫風格，既無法觀照作家創作主體的內心活動，又無法反映時代脈動，時至晚清其負面影響已昭然若揭。因此有李逢時的〈銅貢賦〉（以「銅貢立文魁區賦」為韻），以俗賦手法寫科舉不公，亦有曹敬以「仕進」與「隱逸」等，反映「生逢科舉累人之世」的系列賦寫主題。雖然李逢時與曹敬賦作篇幅，占整體清代臺灣主流風格之比例不高，然而二氏賦作呈現之意義，在於臺士

轉化官方典範意識後的創作主題與內涵，有其特殊的意義。

3. 以「以賦寫志」觀點，看臺士創作主體如何面對官方的典範意識

臺士由雍正八年（1730）夏之芳、乾隆十四年（1749）楊開鼎所云：不能悉就「御定拔文」準繩的文風，顯示漢化未深之臺地，創作上的靈動性。然而清代臺灣志賦，既「以賦佐志」又「以賦佐治」。試賦欲以「清眞雅正」反映天下「雍熙氣象」，又何嘗不是「以賦佐治」的作用？歷經官方典範意識百餘年的淘洗，臺士創作幾乎定「清眞雅正」於一尊，反映於賦之題、韻上。時至晚清雖有曹敬寫一生功名止於秀才的無奈，李逢時〈銅貢賦〉諷刺購買功名的醜惡，雖然試圖於律賦中表現內心意識，但仍視「由試而仕」爲生平志業，自主完成的「以賦寫志」仍未及形成「群體」意識，因此直到日治時期才眞正達到成熟的「以賦寫志」。

日治時期的臺籍賦家，站在歷史的斷裂處，賦作的發表園地有日資與臺資可供選擇。當殖民主極力以「糖飴」的政策拉攏具前清功名的臺士，此時究竟要依附、頌揚而發表於日資媒體？還是隱於鸞堂中，以「天爵」達成「代天治民」的志業？劉熙載所云：「古人一生之志往往於賦寓之」，成爲日治初期臺籍賦家最好的寫照。

二、研究價值

（一）補足臺灣古典文學中「賦」研究之不足

當臺灣古典文學的研究已蔚爲風氣時，本書立足於前人「點」的研究基礎上，進一步參酌「史料文獻」深化、廣化爲「面」的發展脈絡。全面爬梳文本，並置之於當時獨特之時空環境，研究其「群」體發展之面向，初步勾勒臺灣賦發展脈絡，其研究成果將補足臺灣古典文學「賦」研究之不足。

（二）初步勾勒臺灣賦發展脈絡

現階段臺灣賦研究之文本仍持續搜輯、補足中。第一階段「志賦」文本之來源有二：一爲志書〈藝文志〉；二爲私人地理風物賦。第二階段「試賦」文本之來源有二：一爲巡臺御史所編纂之各種試牘；二爲「試賦」所影響之大量律賦形式之賦作。第三階段日治時期「媒體賦」，文本之來源有二：一爲創作類的鸞賦、日資臺資報刊雜誌賦。二爲賦論與流傳的賦集。上述「臺灣賦文本」資料中，唯有「志賦」第一類文本來源：「志書〈藝文志〉」近乎完備之外，其餘仍可持續搜輯、補足。因此本書目前所勾勒之臺灣賦發展脈絡，

僅能說是「截止目前所見」文獻文本，呈現由「賦」與「治」的依存關係，由「官方」與「臺士」的創作意識，初步貫串起臺灣賦整體之發展脈絡。即使是「初步勾勒」臺灣賦發展脈絡，但對整體臺灣古典文學研究發展，仍具有以小觀大的作用。

（三）臺灣賦創作意識由「模擬典範」至「自主創作」之過程

賦本為貴族文藝、貴遊文學。清代臺灣賦於草昧初闢中開端，猶如平地起高樓，臺士創作必須歷經「模擬典範」至「創作自主」的過程：

1. 志賦

（1）以賦佐志

「志賦」初期由參修志書具官方色彩的臺士，如卓肇昌〈臺灣形勝賦〉全賦之結構同《重修鳳山縣志・輿地志》，具以賦佐志之「模擬典範」特質。中期為章甫〈臺陽形勝賦〉仿志書之「排比分類」；施瓊芳〈蔗車賦〉能有佐志書之效用。晚期為橫跨清日兩代的洪繻〈九十九峰賦〉，該賦具有「依附」前朝志書之情懷，但又顯出「偏離」中原的情懷。

（2）以賦佐治

志書既為治書之用，臺灣又作為反清復明的最後堡壘，故於清初即著手重塑鄭成功形象，其步驟由奏議、傳說、賦篇。官方意識有 3 篇〈臺灣賦〉、1 篇〈平南賦〉，套用以「王師」弭平「鄭逆」達成「一統盛世」的敘事模式，完成鄭成功之「妖、逆」負面形象，並且長期以來成為臺灣賦敘述「鄭清對抗」史的書寫模式，影響長遠甚至於臺籍參修志書的賦家。經爬梳分析諸賦作可見，李欽文〈紅毛城賦〉、〈赤嵌城賦〉淡化「鄭清」對抗，陳輝〈臺海賦〉、卓肇昌〈臺灣形勝賦〉、林夢麟〈臺灣形勝賦〉則跳脫「鄭清」對抗，顯然「以賦佐治」之官方創作意識，其影響力並不如預期。

2. 試賦

根據本書第六章研究：臺灣賦模擬「試賦」典範部分，表現於律賦題、韻的有 40%「宗唐」，律賦題、韻合經、史的有 25%。可見試賦是臺士受「模擬典範」影響力最深遠的時期，尤其以律賦為創作形式一直延續至日治時期臺灣媒體賦。因此要超越典範書寫，而表現創作自主，本書第七章試圖由曹敬一系列的「仕進」與「隱逸」文本分析，佐以「理想自我（ideal self）」與「壓力下的反向作用（reaction formation）」等心理學分析方法，呈現身兼「塾

師」與「考生」兩種身分下，臺籍賦家呈現「超越御定拔文準則」的生命書寫。

3. 媒體賦

本書第二章、第三章探究「以賦佐志」的肇始與發展，第四章「以賦佐治」的運用與影響，第五、六兩章的「以賦取士」的影響，第七章「超越御定拔文準則」的生命書寫，呈現臺灣賦幾乎長期位居於「工具」性地位，未能充分發展「自主創作」的空間。無論是曹敬還是李逢時，「以賦寫志」於晚清只是個別賦家的開端，尚未呈現「群」體的創作意識。

直到日治時期廢除科舉，賦不再是取士入仕的標準，臺灣賦終於進入「以賦寫志」的時期。臺士之「志」表現於發表園地的選擇問題，究竟是要選擇日資還是臺資？根據本書第九章的研究，以「頌揚與依附」作為日資報刊賦之書寫手法者占極少數，較多數是「抑鬱與悲秋」的書寫手法。呈現多數投稿至日資報刊賦的臺籍賦家有其不得已的心志。反之投稿至臺資媒體者，前期（1896～1915）為鸞賦，根據本書第八章的研究，呈現臺士置身異族的統治之下，極欲延續前清志業，不畏強權的心志。後期（1919～1943）為報刊賦，根據本文第九章的研究，正與「抑鬱與悲秋」的書寫手法相反，展現於「沈潛與昂揚」的自勉心志。

三、未來展望

（一）建立兩岸史料交流管道，增補臺灣賦之文本資料

清代臺灣賦之文本因乾隆二十年之前，寄冒臺籍限制不嚴，使閩、粵子弟或宦臺官員先以攜子弟赴任，再以臺籍身分考取功名後，衣錦榮歸。或者乾隆二十年之後，臺士子弟考取功名，離臺就任，後落籍他鄉等，以至於臺灣賦文本仍有待補足，以利臺灣賦研究更為周延與全面。清代臺灣賦文本之搜羅，若能建立兩岸史料交流管道，則有極大之助益，如：本書第二章搜採缺逸，現存臺灣志書〈藝文志〉所錄之季麒光〈客問〉【六條】為刪減版，對照 2006 年廈門大學李祖基教授取自上海圖書館的《蓉洲詩文集》，選出季麒光宦臺期間的詩文作品，依原書原次序排列，點校出版《蓉洲詩文稿選輯、東寧政事集》，原來季麒光〈客問〉本為賦體中之〈七〉體。又如本書第五章研究寄冒臺籍，2009 年 9 月臺灣開臺進士蘇峨的〈皇清鄉進士截選文林郎巍庵蘇公暨配孺人懿勤葉氏合葬墓誌銘〉，原碑由南安豐州王贊成發現，後由泉

州「閩臺緣博物館」典藏，由碑文可以證實蘇峨原藉泉州同安人，寄冒臺籍取得開臺舉人的功名。因此兩岸若能建立史料交流管道，增補臺灣賦之文本資料，未來對臺灣賦發展脈絡，乃至於臺灣整體古典文學之研究，將有極大之助益。

（二）日治時期「賦論」之搜集與「賦集」之流通研究

爬梳相關史料文獻時，發覺清代兩百年來賦於臺士而言，僅為科舉應試的「項目」而已，並未孕育出具有「一家之言」的理論型賦家。然而日治時期臺灣《風月》第 5 期至第 9 期，刊有〈詮賦〉（二）至（六），乃以《楚辭》為主的一系列賦論，顯然日治時期對於「賦」的概念是包含《楚辭》的，因此發表於《臺灣文藝叢誌》第 3 年 5 號的守拙〈新歸去來辭〉，亦應視為日治時期的報刊賦。其次日治時期所流行之「賦集」，當以夏思沺的《少甫賦草》為主，學者已持續關注與搜羅資料，待日後發表專論之研究。

參考書目

壹、專著

一、辭賦總集、選集、賦學論著

1. 〔清〕聖祖,〈序〉,陳元龍主編,《御定歷代賦彙》,任繼愈、傅璇琮總主編《欽定四庫全書》,第 473 冊(北京市:商務印書館,2005 年)。

2. 〔清〕李調元,詹杭倫等校正,《雨村賦話》,(臺北:新文豐出版,1993 年 6 月)。

3. 〔清〕余丙照,《賦學指南校正》,陳文新主編,《歷代律賦校注》(附錄三),《歷代科舉文獻整理與研究叢刊》(武漢:武漢大學出版社,2009 年 9 月)。

4. 〔清〕徐松,〈新疆賦〉,《新疆史志》,第 2 部第 5 本,《中國邊疆史志集成》(北京市:全國圖書館文獻縮復制中心出版,2003 年)。

5. 〔清〕袁枚,〈歷代賦話序〉,浦銑,《歷代賦話》,《續修四庫全書》(上海:上海古籍出版,2002 年)。

6. 〔清〕陸次雲,〈與友論作賦書〉,《北墅緒言》,《四庫全書存目叢書·集部》,第 237 冊(臺南縣:莊嚴文化事業公司,1997 年 6 月)。

7. 〔清〕朱一飛著,〔清〕蕭誠參訂,〔清〕劉暄校閱,《國朝律賦揀金錄註釋·賦譜》,(哈佛大學漢和圖書館藏本)。

8. 〔清〕孫梅,《四六叢話》,王水照編,《歷代文話》,第五冊,(上海市:復旦大學出版社,2007 年)。

9. 王冠輯,《賦話廣聚》全六冊(北京:北京圖書館出版,2006 年 12 月)。

10. 伏俊璉,《俗賦研究》(北京:中華書局,2008 年 9 月)。

11. 詹杭倫等校注,《歷代律賦校注》《歷代科舉文獻整理與研究叢刊》(北京:中華書局,2009 年 9 月)。

12. 詹杭倫、李立信、廖國棟,《唐宋賦學新探》,(臺北:萬卷樓,2005 年 3 月)。

13. 趙逵夫主編,《歷代賦評注》(成都市:四川出版集團巴蜀書社,2010 年 2 月)。

14. 許俊雅等主編,《全臺賦》(臺南:國家臺灣文學館籌備處,2006 年 12 月)。

15. 許俊雅等主編,《全臺賦影像集》(上)(下)(臺南:國家臺灣文學館籌備處,2006 年 12 月)。

16. 簡宗梧、許俊雅主編,《全臺賦校訂》,(臺南:國立臺灣文學館,2014 年)。

17. 許俊雅、簡宗梧主編,《全臺賦補遺》,(臺南:國立臺灣文學館,2014 年)。

18. 黃哲永、吳福助主編,《臺灣賦集》(臺中市:文听閣圖書,2007 年)。

19. 許結,《中國賦學歷史與批評》(南京市:江蘇教育出版社,2001 年 7 月)。

20. 許結,《賦體文學的文化闡釋》(北京:中華書局,2005 年 9 月)。

21. 許結,徐宗文主編,《中國賦學》(南京:江蘇教育出版,2007 年 7 月)。

22. 趙成林,《唐賦分體敘論》(湖南:湖南大學出版社,2009 年 6 月)。

23. 梁淑媛,《飛登聖域:臺灣鸞賦文學書寫及其文化視域研究》,(臺北:五南出版社,2012 年 2 月)。

24. 廖國棟,《魏晉詠物賦研究》,(臺北:文史哲,1990 年 10 月)。

二、清代、日治時期臺灣方志、詩文集

(一)臺灣方志

1. 〔清〕金鋐主修,《康熙福建通志臺灣府》(臺北:文建會,2004 年 11 月)。

2. 〔清〕蔣毓英,《臺灣府志》(臺北市:文建會,2004 年 11 月)。

3. 〔清〕高拱乾纂輯,《臺灣府志》(臺北:文建會,2004 年 11 月)。

4. 〔清〕周鍾瑄主修,《諸羅縣志》(臺北:文建會,2005 年 6 月)。

5. 〔清〕王禮主修,《臺灣縣志》(臺北:文建會,2005 年 6 月)。

6. 〔清〕李丕煜主修,《鳳山縣志》(臺北:文建會,2005 年 6 月)。

7. 〔清〕尹士俍纂修,《臺灣志略》(臺北:文建會,2005 年 6 月)。

8. 〔清〕周于仁纂輯,《澎湖志略》(臺北:文建會,2005 年 6 月)。

9. 〔清〕劉良璧纂輯,《重修福建臺灣府志》(臺北:文建會,2005 年 6 月)。

10. 〔清〕六十七,范咸纂輯,《重修臺灣府志》(上)(臺北:文建會,2005 年 6 月)。

11. 〔清〕六十七,范咸纂輯,《重修臺灣府志》(下)(臺北:文建會,2005 年 6 月)。

12. 〔清〕王必昌總輯,《重修臺灣縣志》(上)(臺北市:文建會,2005 年 6 月)。

13. 〔清〕王必昌總輯,《重修臺灣縣志》(下)(臺北市:文建會,2005 年 6 月)。

14. 〔清〕胡建偉纂輯,《澎湖紀略》,(臺北:文建會,2004 年 12 月)。

15. 〔清〕王瑛曾編纂,《重修鳳山縣志》(上)(臺北市:文建會,2006 年 6 月)。

16. 〔清〕王瑛曾編纂,《重修鳳山縣志》(下)(臺北市:文建會,2006 年 6 月)。

17. 〔清〕余文儀主修,《續修臺灣府志》(上)(中)(下)(臺北市:文建會,2007 年 6 月)。

18. 〔清〕謝金鑾、鄭兼才總纂,《續修臺灣縣志》(上)(下)(臺北:文建會,2007 年 6 月)。

19. 〔清〕穆彰阿奉敕修,《大清一統志臺灣府》(臺北:文建會,2007 年 6 月)。

20. 〔清〕陳國瑛等採集,《臺灣采訪冊》(臺北:文建會,2007 年 6 月)。

21. 〔清〕蔣鏞纂修,《澎湖續編》(臺北:文建會,2007 年 6 月)。

22. 〔清〕周璽總纂,《彰化縣志》(臺北:文建會,2006 年 12 月)。

23. 〔清〕鄭用錫纂輯,《淡水廳志稿》(臺北:文建會,2006 年 12 月)。

24. 〔清〕柯培元纂輯,《噶瑪蘭志略》(臺北:文建會,2006 年 12 月)。

25. 〔清〕陳淑均總纂,《噶瑪蘭廳志》(臺北:文建會,2006 年 6 月)。

26. 〔清〕陳壽祺總纂,《道光福建通志臺灣府》(上)(中)(下)(臺北:文建會,2007 年 12 月)。

27. 〔清〕陳培桂主修,《淡水廳志》(臺北:文建會,2006 年 6 月)。

28. 〔清〕林豪總修,《澎湖廳志》(臺北:文建會,2006 年 6 月)。

29. 〔清〕屠繼善纂修,《恒春縣志》(臺北:文建會,2007 年 12 月)。

30. 〔清〕盧德嘉纂輯,《鳳山縣采訪冊》(臺北:文建會,2007 年 12 月)。

31. 〔清〕《臺灣史料集成‧明清臺灣檔案彙編》第貳輯第九冊(臺北市:遠流,2006 年 8 月 30 日)。

（二）臺灣詩文集

1. 〔清〕季麒光撰，李祖基點校，《蓉洲詩文稿選輯、東寧政事集》（香港：香港人民，2006 年 1 月）。

2. 〔清〕江日昇，《臺灣外紀》，《臺灣文獻叢刊》第 60 種（臺北：臺灣銀行經濟研究室，1960 年 2 月）。

3. 〔清〕黃叔璥，《臺海使槎錄》《臺灣文獻叢刊》第 4 種（臺灣銀行經濟研究室編印，1957 年）。

4. 〔清〕李元春，《臺灣志略》，《臺灣文獻叢刊》第 18 種（臺灣銀行經濟研究室編印，1958 年 10 月）。

5. 〔清〕李元春，《四書文法摘要》《歷代文話》第 5 冊（上海市：復旦大學出版社，2007 年）。

6. 〔清〕郁永河，《裨海紀遊》，《臺灣文獻叢刊》第 44 種（臺北：臺灣銀行經濟研究室編印，1960 年 2 月）。

7. 〔清〕徐宗幹，《斯未信齋文編》，《臺灣文獻叢刊》第 87 種（臺北：臺灣銀行經濟研究室編印，1960 年 2 月）。

8. 全臺詩編輯小組編撰，《全臺詩》（臺南：國家文學館，2004 年 2 月）。

9. 尹全海等，《清代巡臺御史巡臺文獻》（北京：九州出版社，2009 年 12 月）。

10. 黃純青，《晴園詩草》，收入《臺灣先賢詩文集彙刊》第 2 輯（臺北市：龍文，1992 年 6 月）。

11. 張文環，《張文環集》（臺北：前衛出版社，2000 年 3 月）。

12. 龍瑛宗，《龍瑛宗集》（臺北：前衛出版社，2000 年 3 月）。

13. 賴辰雄主編，《法曹詩人壺仙賴雨若詩文全集》（嘉義市：嘉義市文化局，2007 年 12 月）。

14. 蛻萻老人，《大屯山房譚薈》，《臺北文獻》，直字一、二、三、四期合刊。

15. 陳文石，〈三六九小報發刊周年祝祠〉，《三六九小報》（昭和六年九月九日第一百八號）。

16. 佐倉孫三，《臺風雜記》，《臺灣文獻叢刊》第 107 種（臺灣銀行經濟研究室編印，1958 年 10 月）。

17. 大橋捨三郎編輯，《愛國婦人會台灣本部沿革誌》（臺北：愛國婦人會台灣本部，1941 年）。

18. 增田福太郎，古亭書屋編譯，《臺灣漢民族的司法神：城隍信仰的體系》（臺北市：眾文，1999 年）。

19. 增田福太郎原著，黃有興譯，《臺灣宗教論集》（南投縣：臺灣省文獻委員會，2001 年）。

20. 增田福太郎原著,黃有興譯,《臺灣宗教信仰》(臺北市:東大,2005 年)。

21. 鷹取田一郎,《臺灣列紳傳》(桃園市:華夏書坊,2009 年)。

22. 王見川、李世偉等主編,《民間私藏臺灣宗教資料彙編》第 1 輯《民間信仰、民間文化》(臺北縣:博揚文化,2009 年 3 月)。

三、經籍、詩文集

1. 〔漢〕毛亨傳,《毛詩注疏》,〔唐〕孔穎達等正義,《十三經注疏本》(臺北:藝文印書館,1989 年)。

2. 〔漢〕鄭元注,《禮記注疏》,〔唐〕孔穎達疏,《十三經注疏本》(臺北:藝文印書館,1989 年)。

3. 〔漢〕何休注,《公羊傳》,〔唐〕徐彥疏,《十三經注疏本》(臺北:藝文印書館,1989 年)。

4. 〔魏〕何晏注,《論語注疏》,〔宋〕刑昺疏,《十三經注疏本》(臺北:藝文印書館,1989 年)。

5. 〔漢〕趙岐注,《孟子注疏》,〔宋〕孫奭疏,《十三經注疏本》(臺北:藝文印書館,1989 年)。

6. 〔晉〕郭璞注,《爾雅注疏》,〔宋〕邢昺疏,《十三經注疏本》(臺北:藝文印書館,1989 年)。

7. 〔晉〕陳壽撰,〔宋〕裴松之注,楊家駱主編,《三國志·蜀書·馬良傳》(臺北市:鼎文書局,1993 年 2 月)。

8. 〔晉〕葛洪,《抱朴子》(臺北:新文豐書局,1998 年 3 月)。

9. 〔後晉〕劉昫撰,楊家駱主編,《舊唐書》(臺北市:鼎文書局,1985 年 3 月)。

10. 〔南朝〕劉義慶,《世說新語》,《文津閣四庫全書·子部·類書類·小說家類》(北京市:商務印書館,2005 年)。

11. 〔唐〕馮贄,《雲仙雜記》,《文津閣四庫全書·子部·小說家類》,第 1035 冊(北京市:商務印書館,2005 年)。

12. 〔宋〕歐陽修,宋祈撰,楊家駱主編,《新唐書》(臺北市:鼎文書局,1981 年 1 月)。

13. 〔宋〕黃庭堅,《全宋詩》第 17 冊,(北京:北京大學出版社,1998 年 12 月)。

14. 〔宋〕翁卷,《全宋詩》第 50 冊(北京:北京大學出版社,1998 年 12 月)。

15. 〔宋〕陸游,《全宋詩》第 39 冊(北京:北京大學出版社,1998 年 12 月)。

16. 〔宋〕洪邁,《容齋五筆》卷六,《四庫全書精華》第 25 冊(北京:國際

文化出版，1995 年）。

17. 〔明〕胡應麟，《詩藪》卷一，周維德集校，《全明詩話》第 3 冊（濟南：齊魯書社，2005 年 6 月）。

18. 〔明〕徐師增，《文體明辨序說》，王水照編，《歷代文話》，第 2 冊，（上海市：復旦大學出版社，2007 年）。

19. 〔清〕王夫之等，《清詩話》第 3 冊（上海：上海古籍出版社，1999 年）。

20. 〔清〕清聖祖編撰，《全唐詩》第 3 冊、第 4 冊、第 5 冊、第 7 冊、第 10 冊、第 16 冊、第 17 冊、第 20 冊、第 21 冊（北京：中華書局，1990 年 2 月）。

21. 〔清〕清高宗，〈序〉，《欽定四書文》收入《文津閣欽定四庫全書》第 485 冊（北京市：商務印書館，2005 年）。

22. 〔清〕方苞，〈欽定四書文凡例〉，《欽定四書文》，收入《文津閣欽定四庫全書》第 485 冊（北京市：商務印書館，2005 年）。

23. 〔清〕王士禛，《池北偶談》《山東文獻集成》，第三輯，（濟南市：山東大學出版社，2009 年）。

24. 〔清〕王夫之等，《清詩話》第 3 冊（上海：上海古籍出版社，1999 年）。

四、其它相關專著

1. 尹章義，《臺灣開發史研究》（臺北：聯經書局，1989 年 12 月）。

2. 王國璠編撰，《臺灣先賢著作提要》（新竹市：省立新竹社會教育館，1974 年 6 月）。

3. 王先明：《近代紳士——一個封建階層的歷史命運》（天津：天津人民出版社，1997 年）。

4. 王啓宗，《臺灣的書院》（臺中：臺灣省政府新聞處，1987 年）。

5. 江仁傑，《解構鄭成功——英雄、神話與形象的歷史》（臺北市：三民書局，2006 年 4 月）。

6. 李鎮岩，《台灣的書院》（臺北：遠足文化，2008 年 1 月）。

7. 李兵，《書院教育與科舉關係研究》（臺北：國立臺灣大學出版中心，2005 年 4 月）。

8. 李兵，《千年科舉》（湖南：岳麓書社出版社，2010 年 11 月），頁 98。

9. 吳密察監修，遠流臺灣館編著，《台灣史小事典》（臺北：遠流，2009 年 9 月）。

10. 李逢時著，《泰階詩稿》（臺北：龍文出版社，2001 年）。

11. 林文龍，《台灣的書院與科舉》（臺北：常民文化，1999 年）。

12. 林錫牙，凌淨嫆，林安邦吟唱；張國裕製作；楊維仁主編，《天籟元音：

天籟吟社先賢吟唱專輯》（臺北：萬卷樓，2010 年 9 月）。

13. 林衡道口述，楊鴻博整理，《鯤島探源：台灣各鄉鎮區的歷史與民俗》，《貳》（臺北：稻田出版，1996 年 5 月）。

14. 林衡道，《臺灣史》，（臺北：眾文圖書，2004 年，12 月）。

15. 洪炎秋，《教育老兵談教育》（臺北市：三民書局，1970 年）。

16. 胡光夏，《媒體與戰爭》（臺北市：五南出版社，2007 年 9 月，初版）。

17. 施懿琳、廖美玉主編，《臺灣古典文學大事年表》（臺北：里仁書局，2008 年 11 月）。

18. 涂麗生、洪桂己，〈卓肇昌〉，《臺灣民間故事（一）》（臺北：公論報社，1957 年）。

19. 許雪姬總策畫，《臺灣歷史辭典》（臺北：文建會，2004 年）。

20. 陳興德，《二十世紀科舉觀之變遷》（湖北：華中師範大學，2008 年 11 月）。

21. 陳捷先，《清代臺灣方志研究》（臺北：臺灣學生書局，1996 年 8 月）。

22. 陳平原，《觸摸歷史進入五四》（臺北市：二魚文化，2003 年）。

23. 陸峻岭、林幹合編，《中國歷代各族紀年表》（內蒙古：內蒙古人民出版社，1987 年 4 月）。

24. 陸德海，《明清文法理論研究》，（上海：上海古籍出版社，2007 年 10 月），頁 178。

25. 葉世榮吟唱，楊維仁主編，《天籟吟風》（臺北：萬卷樓，2010 年 9 月）。

26. 張仲禮，《中國紳士》（上海：上海社會科學院出版社，2002 年）。

27. 張子文，《臺灣歷史人物小傳——明清暨日據時期》（臺北：國家圖書館，2003 年 12 月）。

28. 張素卿，《敘事與解釋——《左傳》經解研究》，潘美月・杜潔祥主編《古典文獻研究輯刊》第 6 編第 5 冊（新北市：花木蘭文化出版，2008 年 3 月）。

29. 楊翠，《日據時期台灣婦女解放運動——以《台灣民報》為分析場域（1920～1932）》（臺北市：時報，1993 年）。

30. 楊維仁主編，歐陽開代製作，《天籟吟社九十週年紀念集》（臺北市：萬卷樓，2010 年 10 月）。

31. 歐天發，《俗賦之領域及類型研究》，（臺北縣：新文京，2010 年 5 月 15 日）。

32. 劉兆璸，《清代科舉》（臺北：東大圖書，1979 年，10 月）。

33. 潘玉蘭，《天籟吟社研究》（臺北市：萬卷樓，2010 年 6 月）。

34. 臺南縣永康市公所，《永康市志》（上卷）靜宜大學人文暨社會科學院台

灣研究中心編纂，（臺南縣：臺南縣永康市公所出版，2010 年 11 月）。

35. 賴玉析，《博學鴻儒與清初學術轉變》（北京：中國社會科學出版社，2010
    年 4 月）。

36. 謝浩，《科舉論叢》（南投：臺灣省文獻委員會，1995 年 10 月）。

37. 謝崇耀，《清代臺灣宦遊文學研究》（臺北市：蘭臺出版社，2002 年 3 月）。

38. 戴文峰，《永康的歷史遺跡與民間仰文化》（臺南縣：臺南縣永康市公所
    出版，2010 年 12 月）。

五、外文譯介專著

1. 【美】本杰明・艾爾曼（Benjamin Elman），《經學・科舉・文化史──
   艾爾曼自選集》（北京：中華書局，2010 年 4 月）。

2. 【美】艾金森、西爾格德等著，鄭伯壎等編譯《心理學》（臺北市：桂冠
   圖書，1990 年 9 月）。

3. 【德】哈拉爾德・韋爾策編，季斌等譯，〈社會記憶〉，《社會記憶：歷史、
   回憶、傳承》（北京：北京大學出版社，2007 年 5 月）。

4. Melvin L.DeFleur, Everette E. Dennis《Understanding Mass Communication:
   A Liberal Arts Perspective（7E）》戴皖文、王筱璇、勤淑瑩合譯：《大眾
   傳播概論》（臺北市：雙葉書廊，2005 年）。

5. 駒込武，《植民地帝国日本の文化統合》（岩波書店，2004 年，8 刷）。

6. 吉見俊哉著，蘇碩斌譯，《媒介文化論──給媒介學習者的 15 講》（臺北
   市：群學出版社，2009 年 9 月）。

貳、單篇論文

一、期刊論文

1. 于浴賢，〈楚騷「香草美人」手法在六朝文學中的承傳〉，《遠東學院學報》
   （社會科學版），12 卷 6 期（2010 年 12 月），頁 74～79。

2. 王允亮，〈招隱與遁世──「七」體和「設論」交映下的東漢文人心態〉，
   《河南社會科學》，第 18 卷第 4 期（2001 年 7 月），頁 166～168。

3. 王明珂，〈集體歷史記憶與族群認同〉，《當代》第 91 期（1993 年 11 月 1
   日），頁 6～19。

4. 王見川，〈關於碧霞宮──兼答林靜怡之質疑〉，《宜蘭文獻雜誌》27 期
   （1997 年 5 月），頁 75～94。

5. 王學玲，〈晚清易氏兄弟之臺灣凝望與蹈海奮戰：從易順豫〈哀臺灣賦〉
   談起〉，《臺灣古典文學研究集刊》第 4 號（2010 年 12 月），頁 209～242。

6. 王樹森，〈「賦代志乘」說評議──以都邑賦為中心〉，《中國韻文學刊》，

第 23 卷第 1 期（2009 年 3 月），頁 51～56。

7. 王淑蕙，〈從《蓉洲詩文稿選輯、東寧政事集》論季麒光宦臺始末及與沈光文之交遊〉，《臺灣古典文學研究集刊》第 5 號（2011 年 6 月），頁 97～148。

8. 王淑蕙，〈隱藏的參與者——《臺灣府志》纂修與沈光文貢獻研究〉，《臺陽文史研究》第三期（2018 年 1 月），頁 67～99。

9. 毛曉陽，〈清代臺灣進士名錄考訂〉，《集美大學學報：哲學社會科學版》，2011 年第 2 期，頁 30～36。

10. 田啓文，〈沈光文〈臺灣賦〉幾處地名考證的問題〉，《國立臺灣科技大學人文社會學報》，第二十七期（2006 年 8 月），頁 76～86。

11. 左攀峰〈論中國古代文學中傷春悲秋主題的異同〉，《新鄉學院學報》（社會科學版），23 卷 1 期（2009 年 2 月），頁 131～133。

12. 衣殿臣，〈「鋪采摘文體物寫志」——關於賦的幾點認識〉，《學理論》（哈爾濱市社科院），第 15 期（2008 年），頁 81～4。

13. 李兵等，〈清初文教政策與書院科舉化關係論略〉，《大學教育科學》，第 4 期（2005 年）。

14. 李時銘，〈論臺灣賦之編纂〉，《臺灣古典文學研究集刊》，第三號，（2010 年 6 月），頁 43～88。

15. 李知灝，〈清代臺灣賦作海洋書寫中的神怪想像：以《全臺賦》為研究中心〉，《臺灣古典文學研究集刊》第 3 號（2010 年 6 月），頁 197～218。

16. 吳炳輝，〈王必昌〈臺灣賦〉臺灣風土書寫之研究〉，《明新學報》，三十二卷二期（2008 年 8 月），頁 53～76。

17. 吳福助，吳蘊宇，〈〈駐色酒賦〉考釋〉，《東海大學圖書館館訊》，92 期（2009 年 5 月），頁 64～72。

18. 余霞，〈《雲仙雜記》的主要內容及文學價值〉，《重慶教育學院學報》第 19 卷第 4 期（2006 年 7 月），頁 44～47。

19. 林美容，〈殖民者對殖民地的風俗記錄——佐倉孫三所著《臺風雜記》之探討〉，《臺灣文獻》第 55 卷 3 期，頁 7～24。

20. 林美容、林承毅，〈從臺灣人類學史來看增田福太郎的臺灣研究〉，《增田福太郎與臺灣研究紀念研討會》，中央研究院民族學研究所、淡江大學歷史系主辦，（臺北南港，12 月 5 日），頁 1～17。

21. 林淑慧，〈臺灣清治中期淡北文人曹敬及其手稿的詮釋〉，《臺北文獻》直字第一五二期，2005 年 6 月，頁 59～94。

22. 施懿琳，〈從《臺灣府志》〈藝文志〉看清領前期臺灣散文正典的生成〉，《臺灣文學學報》第 4 期（2003 年 8 月），頁 1～36。

23. 施懿琳，〈假面英雄鄭成功——從鄭清往來書信談起〉，《島語》第 3 期

（2003 年），頁 4～18。

24. 柯喬文，〈它者的觀看：清代臺灣賦的權力話語〉第六屆《文學與文化》研討會（2002 年 4 月 11 日）。

25. 盛成，〈遺文‧臺灣輿圖考〉，《臺灣文獻初祖——沈光文斯菴先生專集》（臺北市：寧波同鄉月刊社，1977 年）。

26. 唐英，〈論唐前神女賦的流變〉，《安康學院學報》23 卷 1 期（2011 年 2 月），頁 49～53。

27. 孫津華，〈從文獻著錄看「七體」的演變〉，《河南教育學院學報（哲學社會科學版）》第 27 卷第 2 期（2008 年），頁 70～74。

28. 孫津華，〈「七體」題材的突破與創新——唐後「七體」創作管窺〉，《中國韻文學刊》第 22 卷第 4 期（2008 年 12 月），頁 47～51。

29. 馬曉斌，〈物為人用民先君後——柳宗元〈晉問〉研究〉，《忻州師範學院學報》，第 23 第 6 期（2007 年 12 月），頁 54～57。

30. 許俊雅，〈談談《全臺賦》、《臺灣賦文集》未收的作品〉，《臺灣古典文學研究集刊》第 3 號（2010 年 6 月），頁 1～42。

31. 許惠玟，〈由〈西螺柑賦〉看清代至日治臺灣在地物產的書寫〉，《臺灣古典文學研究集刊》第 3 號（2010 年 6 月），頁 157～196。

32. 徐慧鈺，〈賦寫園林見真趣：《全臺賦》所賦之園林及文人審美生活之研究〉，《臺灣古典文學研究集刊》第 4 號（2010 年 12 月），頁 83～122。

33. 游適宏，〈「七」：一個文類的考察〉，《國立編譯館館刊》第 27 卷第 2 期（1998 年 12 月），頁 205～220。

34. 游適宏，〈題聚一唐：清代臺灣賦涉納唐代詩文的書寫趨向〉，《人文社會學報：國立臺灣科技大學》第 9 卷第 4 期（2013 年 12 月），頁 307～331。

35. 游適宏，〈賦海迎鮮：毛士釗〈比目魚賦〉試析〉，《海洋文化學刊》第 21 期（2016 年 12 月），頁 119～143。

36. 陳芳汶，〈東寧才子施瓊芳及其〈蔗車賦〉初探〉，《國立臺灣科技大學人文社會學報》第 3 期（2007 年 3 月），頁 205～224。

37. 陳姿蓉，〈清代臺灣賦與臺灣竹枝詞之比較研究〉，《中華學苑》第 56 期（2003 年 2 月），頁 113～145。

38. 陳姿蓉，〈臺灣賦用韻考：校勘篇〉，《臺灣古典文學研究集刊》第 3 號（2010 年 6 月），頁 89～120。

39. 陳瑤玲，〈日治時期「臺灣賦」中的「色／戒」書寫〉，《臺灣文學評論》10 卷 4 期（2010 年 10 月），頁 85～99。

40. 崔成宗，〈臺灣先賢洪棄生賦研究〉，東亞人文學會《東亞人文學》第 9 輯（2006 年 6 月），頁 245～272。

41. 梁淑媛，〈眾神花園中善意的缺席：《全臺賦》中的「藏名賦」析論〉，《臺灣古典文學研究集刊》第 3 號（2010 年 6 月），頁 121～156。

42. 常建華，〈試論中國地方誌的社會史資料價值〉，《中國社會歷史評論》第 7 卷（天津：天津古籍出版社，2006 年 10 月）。

43. 黃麗正，〈清代邊區儒學的發展與特質：臺灣書院與內蒙古書院的比較〉，《臺灣師大歷史學報》第 34 期（2005 年 12 月），頁 97～136。

44. 黃麗月，〈遣春日之情思，踵南朝之遺韻：洪棄生春思賦作研究〉，《臺灣古典文學研究集刊》第 5 號（2011 年 6 月），頁 209～314。

45. 張二文，〈高雄縣客家鸞堂的起源──月眉樂善堂與其鸞書之研究〉，《臺灣學研究》第 5 期（2008 年 6 月），頁 32～53。

46. 張鳳玲，〈虛擬與實感──曹敬〈繰了蠶桑又種秧賦〉析論〉，《輔仁國文學報》41 期（2015 年 10 月），頁 125～153。

47. 馮莉，〈統論《文選》賦設目與編次──兼談蕭統的賦學觀〉，《天津大學學報》第 12 卷第 3 期（社會科學版）（2010 年 5 月），頁 259～262。

48. 曾光光，〈戴名世與桐城派關係辨析〉，《安徽史學》第 5 期（2008 年），頁 92～98。

49. 詹杭倫，〈清代賦格著作《賦學指南》考論〉，《成大中文學報》第 10 期，（臺南市：國立成功大學中文系，2002 年 10 月），頁 131～148。

50. 賈尚軒，〈沈光文〈臺灣賦〉的地誌與戰略意識〉，《鵝湖》486 期（2015 年 12 月），頁 47～62。

51. 廖國棟、王淑蕙，〈清代臺灣士子的科舉挫折感──以曹敬賦作為觀察對象〉，《嘉大中文學報》第 8 期（2012 年 9 月），頁 195～227。

52. 蔡錦堂，〈台灣宗教研究先驅增田福太郎與台灣〉，《第六屆中華民國史專題論文集‧二十世紀台灣歷史與人物》，國史館（2002 年 12 月），頁 1～13。

53. 劉全波，〈魏晉南北朝類書發展史論綱〉，《天府新論》第 1 期（2011 年），頁 145～149。

54. 歐天發，〈臺灣諷刺賦的表現形態〉，《寧夏師範學報（社會科學）》第 31 卷第 4 期（2010 年 8 月），頁 105～117。

55. 錢汝平，〈魏晉南北朝的類書編撰〉，《圖書館雜誌》第 7 期（2006 年），頁 73～76。

56. 簡宗梧、游適宏：〈律賦在唐代「典律化」之考察〉《逢甲人文社會學報》第 1 期（2000 年 11 月），頁 1～16。

57. 簡宗梧，〈試論賦體設辭問對之進程〉，收入許結主編，《中國賦學》（南京市：江蘇教育出版社，2007 年 8 月），頁 58～67。

58. 簡宗梧，〈《全臺賦》編校之商榷──以曹敬賦為例〉，《長庚人文社會學

報》第 1 卷第 1 期（2008 年），頁 85～108。

59. 簡宗梧，〈試論《文苑英華》的唐代賦體雜文〉，《長庚人文社會學報》第 1 卷第 2 期（2008 年），頁 389～432。

60. 簡宗梧，〈臺灣登鸞降筆賦初探──以《全臺賦》及其影像集為範圍〉，《長庚人文社會學報》第 3 卷第 2 期（2010 年 10 月），頁 275～302。

61. 嚴賀，〈御選唐詩與清代文治〉，《山西大學學報》第 30 卷第 1 期（2007 年 1 月），頁 56～62。

62. 顧敏耀，〈建構文學地景與召喚地方感受：臺灣賦作中的山岳書寫〉，《臺灣古典文學研究集刊》第 3 號（2010 年 6 月），頁 219～273。

63. 楊智景，〈女性作家の植民地台湾への行進──「婦人文化講演会」とその文芸的所産をめぐって──〉，《F-GENS ジャーナル》，6（2006 年 9 月），頁 103～110。

二、專書論文

1. 尹章義，〈臺灣↔福建↔京師──「科舉社羣」對於臺灣開發以及臺灣與大陸關係之影響〉，《臺灣開發史研究》（臺北：聯經，1989 年 12 月）。

2. 谷口洋，〈從〈七發〉到〈天子游獵賦〉──脫離上古文學傳統，確立漢賦表現世界〉，收入許結、徐宗文主編，《中國賦學》（南京：江蘇教育出版，2007 年 7 月），頁 6～25。

3. 宋元強，〈清代的科目選士與競爭機制〉，陳文新主編，《二十世紀科舉研究論文選編》，《歷代科舉文獻整理與研究叢刊》（武漢：武漢大學出版社，2009 年 9 月），頁 523～536。

4. 李新達，〈清代科舉考試概述〉《中國科舉制度史》（臺北：文津，1995 年 9 月）。

5. 許結，〈論賦的地理情懷與方志價值〉，《賦體文學的文化闡釋》（北京：中華書局，2005 年 9 月），頁 139～158。

6. 商衍鎏，〈科舉考試的回憶〉，劉海峰編：《二十世紀科舉研究論文選編》《歷代科舉文獻整理與研究叢刊》（武昌：武漢大學出版社，2009 年 9 月），頁 149～158。

7. 夏德儀，〈弁言〉，《臺風雜記》，《臺灣文獻叢刊》第 107 種（臺灣銀行經濟研究室編印，1958 年 10 月）。

8. 游適宏，〈地理想像與臺灣認同：清代三篇〈臺灣賦〉的考察〉，原刊《台灣文學研究學報》第 1 期（2000 年 6 月），後收錄於許俊雅主編，《講座 FORMOSA：台灣古典文學評論合集》（臺北：萬卷樓圖書，2004 年 6 月），頁 159～193。

9. 游適宏，〈研究物情與褒贊國家──王必昌〈台灣賦〉的兩個導讀面向〉，

《試賦與識賦——從考試的賦到賦的教學》（臺北：秀威資訊出版，2008年 11 月），頁 165～188。

10. 游適宏，〈《全臺賦》所錄八篇應考作品初論〉，《試賦與識賦——從考試的賦到賦的教學》（臺北：2008 年 11 月），頁 47～77。

參、學位論文

1. 王惠琛，《清代臺灣科舉制度的研究》，（臺南：國立成功大學歷史語言研究所碩士論文，1990 年 7 月）。

2. 黃美娥，《清代台灣竹塹地區傳統文學研究》，（臺北：輔仁大學中文研究所博士論文，1999 年 7 月）。

3. 蘇秀鈴，《日治時期崇文社研究》，（彰化：國立彰化師範大學中國文學教育研究所碩士論文，2001）。

4. 塗怡萱，《清代邊疆輿地賦研究》，（南投：暨南國際大學中國文學系碩士論文，2003 年）。

5. 張鈺翎，《清代臺灣方志中藝文志之研究》，（臺北：政治大學中國文學系碩士論文，2004 年 7 月）。

6. 王嘉弘，《清代臺灣賦的發展》，（臺中：東海大學中國文學系碩士論文，2005 年 6 月）。

7. 高明揚，《科舉八股文專題研究》，（浙江：浙江大學人文學院中國古典文獻學博士論文，2005 年 11 月）。

8. 黃阿有，《日治前牛稠溪流域發展之研究·第七章　移民鄉貫別與庄廟關係》，（臺南：成功大學歷史所博士論文，2006 年 7 月）。

9. 林麗鳳《詩說噶瑪蘭，說噶瑪蘭詩——清代宜蘭地區古典詩研究》，（國立政治大學國文教學碩士論文，2006 年 7 月）。

10. 許惠玟，《道咸同時期(1821～1874)臺灣本土文人詩作研究》，（國立中山大學中文研究所博士論文，2007 年 1 月）。

11. 許博凱，《帝國文化邏輯的展演——清代臺灣賦方志之空間書寫與地理政治》，（新竹：清華大學台灣文學研究所碩士論文，2007 年 9 月）。

12. 涂敏華，《歷代都邑賦研究》，（福建：福建師範大學博士論文，2007 年 5 月）。

13. 歐天發，《俗賦類型研究》，（高雄：高雄師範大學國文學系博士論文，2008 年 6 月）。

14. 吳明純，《國策、機關誌與再現書寫——以《台灣教育會雜誌》、《台灣愛國婦人》、《新建設》為例》，（臺南：成功大學台灣文學研究所碩士論文，2008 年 7 月）。

15. 孫科鏤，《中國古代「七」體考論》，（哈爾濱：黑龍江大學中國古代文學

組碩士論文，2010 年 5 月）。

16. 黃君名，《臺灣書院的功能性研究》（臺南：臺南大學臺灣文化研究所碩士論文，2010 年 6 月）。

17. 李淑芳，《清代以來台灣宣講活動發展研究──以高雄地區鸞堂為例》，（高雄：高雄師範大學臺灣歷史研究所碩士論文，2010 年 7 月）。

肆、研討會論文

1. 宋光宇、李世偉，〈台灣的書房、書院及其善書著作活動──從清代到現在〉，國立成功大學中國文學系主編，《第一屆臺灣儒學研究國際學術研討會論文集》，（臺南：成功大學中文系，臺南市：臺南市文化中心，1997 年），頁 1～75。

2. 戴思哲，〈談萬曆《新昌縣誌》編纂者的私人目的〉，上海圖書館編，《中華譜牒研究──邁入新世紀中國族譜國際學術研討會論文集》，（上海市：上海科學技術文獻出版社，2000 年），頁 156～162。

3. 洪健榮，〈知識／權力的空間──清代臺灣方志輿圖中的政治文化意識〉，《空間新思維－歷史輿圖學國際學術研討會》（臺北市：國立故宮博物院，2008 年 11 月 7 日），頁 319～340。

4. 翁佳音，〈看得見與看不見的：清初輿圖所展現的臺灣歷史圖像〉，《「清代臺灣史研究」學術研討會》（臺北：中央研究院臺灣史研究所，2010 年 12 月 2 日）。

5. 陳成文，〈「七」體考〉，《第八屆漢代文學與思想國際學術研討會》（政治大學中國文學系，2011 年 10 月 29～30 日），頁 1～14。

6. 楊晉龍，〈神仙佛的經學傳播──臺灣地區民國前扶鸞賦經學訊息探論〉，《第七屆中國經學國際學術研討會論文集》（政治大學中國文學系，2011 年 8 月），頁 199～236。

伍、書評

1. 張顯成，〈《全臺賦》評介〉，《東海大學文學院學報》，第 48 卷（2007 年 7 月），頁 515～522。

2. 張玉金、蔣曉薇，〈臺灣賦文的集大成之作──評許俊雅、吳福助主編《全臺賦》〉，《東海大學文學院學報》，第 48 卷（2007 年 7 月），頁 523～530。

3. 詹杭倫，〈臺灣賦論略──評《全臺賦》〉，《東海大學文學院學報》，第 48 卷（2007 年 7 月），頁 531～542。

陸、資料庫

1. 臺灣大百科全書（文建會）http://taiwanpedia.culture.tw/

2. 臺灣記憶 Taiwan Memory──國家圖書館
   http://memory.ncl.edu.tw/tm_cgi/hypage.cgi

3. 智慧型全臺詩知識庫 http://cls.hs.yzu.edu.tw/TWP/

4. 中央研究院歷史語言研究所，http://catalog.digitalarchives.tw/dacs5/System/
   Exhibition/Detail.jsp?OID=2571137。

5. 日治時期臺灣日日新報（漢珍／YUMANI 清晰電子版）資料庫
   http://cdnete.lib.ncku.edu.tw:8001/LiboPub.dll?Search1

6. 日治時期期刊全文影像系統
   http://stfj.ntl.edu.tw/cgi-bin/gs32/gsweb.cgi/login?o=dwebmge

附錄一　開臺舉人蘇峨（1639～1698）墓誌銘全文 [註1]

採訪時間：2011 年 3 月至 5 月間。

採訪方式：筆者先後以信件與 e-mail 與報載之泉州文庫楊清江先生取得連繫，承蒙楊先生鼎力協助，終於將「開臺舉人」蘇峨墓誌銘全文抄錄於下。

皇清鄉進士截選文林郎巍庵蘇公暨配孺人懿勤葉氏合葬墓誌銘 [註2]

賜進士出身大理寺右寺副加一級，前國子監博士、吏部稽勳清吏司員外郎、文選清吏司主政、知陝西漢中府沔縣事，已卯／[註3]科鄉試同考試官、年弟林洪烈頓首拜撰文／

壬子科舉人、署順昌縣學教諭、前長汀縣學教諭、年姻家會弟葉在茲頓首拜篆額／

已丑科歲貢生、候選訓導、姻晚生葉道坦頓首拜書丹／

〔註 1〕　蘇峨墓誌銘全文〈皇清鄉進士截選文林郎巍庵蘇公暨配孺人懿勤葉氏合葬墓誌銘〉與〈附記〉，為筆者訪談泉州文庫楊清江先生，承楊先生惠予提供，特此致謝。

〔註 2〕　原件此行為「篆額」。

〔註 3〕　按：文中有「／」者，為泉州文庫楊清江先生抄錄時所加，為「換行」之意，筆者以為不影響閱讀，又可協助讀者想像原刻文字，故予以保留。

　　幽宮之有志石，所以志先人之德行，垂於不朽也。必得熟知其生平者，以闡揚之。茲年侄紹祖等造廬而言曰：先嚴先慈／葬有期矣，請爲志之。餘屬年誼，不容辭。蘇君諱峨，字眉生，巍庵其別號也。系出宋宰相、崇祀名宦，諱頌公，簪纓世代，歷／傳至曾祖鄉進士、郡司馬喬嶽公，有政績可稱，再傳至少鯤公，生雁行四，公居其次，出嗣童吉公。君生而聰穎，方質有氣／，形貌魁碩，司馬公即深器之，令從名宿周確巖先生學，講貫經史詩歌，爲時文不事雕琢，而自合乎矩度。眾咸謂蘇氏繼／起有人矣。及壯，娶進士、參政葉諱明元公胞侄孫女。屢試未遊泮，益篤志勵學。爲浮海計，家務悉委葉孺人理之。癸亥年〔註4〕／，王師底定臺灣，置郡建學，君遂以鳳山弟子員登丁卯賢書。昔閩之科目，歐陽詹開其先，今台之科目，巍庵開其先，俱稱盛事／焉。至若敦行篤修，事嗣祖母、生祖母，孝養畢至，且有報本追遠之思。祖祠頹壞，急爲鳩眾重新。處族党言行必飭，在知交／咸醉於醇，而以行己無過，學古有成，課孫子，皆其身範之正也。截選報至，未贋民社以大展其才，惜哉！君既棄世，葉孺人／以母道兼父道，出自右族，而天性孝慈，克勤克儉，治家皆有節法，內外肅如也。君與孺人之德行，眞可垂於不朽矣！生男／四，長思繩，庠生，娶萬曆乙未進士、江西憲副劉諱夢松公曾孫、儒士諱繼彰公長女；次一鳴，歲貢生，娶庠生賴諱嘉圖公／女；三紹祖，庠生，娶崇禎壬午舉人紀諱許國公胞弟、儒士諱璧國公次女；四思維，娶康熙庚午舉人、任福清縣學教／諭葉諱自南公胞弟、庠生諱墀公長女。孫男八，賢夢，娶庠生呂諱暐公胞姐；賢輔，娶丘諱育成公長女；賢佔，娶葉諱楚璣／公長女；思繩出。賢秀，聘崇禎壬午舉人張諱炘公孫、儒士諱於鼎公三女；賢雅，未聘；一鳴出。賢俊，未聘，紹祖出。賢標，聘康／熙庚申舉人、任仙遊縣學教諭張諱金友公次君、太學生諱迪公長女；賢樽，聘太學生葉諱雲翔公女；思維出。孫女四，長／出者，一適邵諱裕浸公次君；三出者，一未許；四出者二，長未許，次許歲貢生葉諱道坦公三君。曾孫男三，允暹、允昇，賢夢／出，以允昇出繼賢輔；允暈，賢佔出，俱未聘。曾孫女二，賢夢出者一，許庠生葉諱兆先公次君；賢輔出者一，未許，端好靜秀／，克振家聲也。君生於崇禎丁丑十月初一巳時，卒於康熙戊寅正月廿四日酉時，享年六十有二。孺人生於崇禎巳卯／正月初八日酉時，卒於康熙壬辰四月廿一日卯時，享年七十有四。以癸巳年七月二十七日午時合葬於朔風裏十四／都後

〔註4〕　康熙二十二年（1683），歲次癸亥。

倉保洋塘鄉，墳坐壬向丙，內兼子午，用辛亥分金，外兼亥巳。銘曰／：

山萃海濱兮，勢遠力雄。左右纏護兮，穴藏其中。吉地待人兮，有德之宮。鬱蒼佳氣兮，啓佐蕃昌／。

孤哀子紹祖、思維

承重孫賢夢全泣血稽顙

杖期孫賢秀

期服孫賢佔、賢標、賢雅、賢俊、賢樽

曾孫允暹、允暈、允昇全稽首勒石

晉水興殖堂鏤

泉州文庫楊清江先生

〈附記〉：

此銘爲南安豐州王贊成於 2009 年 9 月購於同安後倉村一農家，品相完好。碑石質地爲黑葉岩，長 66 釐米，寬 44 釐米，拱首，上部中爲篆書「皇清」兩字，左右爲祥雲行龍圖案。橫書篆額「鄉進士截選文林郎巍庵蘇公暨配孺人懿勤葉氏合葬墓誌銘」。篆文字徑 1.5×3.1 釐米。中下部銘文四周加框，框內雕花卉纏枝圖案。志銘計 31 行，楷書，每行最多 48 字，最少 6 字，每字字徑約 1 釐米見方，字跡娟秀端好。圖爲：泉州文庫楊清江先生接受媒體訪問照。

本圖取自 http://bbs.dfsc.com.cn/redirect.php?tid=34360&goto=lastpost

附錄二　賴世觀（1857～1918）
〈玉壺冰賦〉

賴世觀（1857～1918）〈玉壺冰賦〉（以「一片冰心在玉壺」〔註1〕爲韻）

入袍和風，映懷朗日。〔註2〕一段清閒，隻清品逸。想到松風水月，爽朗偏如；〔註3〕任他松露明珠，晶瑩莫匹。中邊不隔，品是天下無雙；〔註4〕堅白兼全，人推世間第一。

皎潔頸頭，玲瓏面面。〔註5〕霽月堪稱，光風足羨。買春何處，最宜價值千金，櫂魄經年，詛使塵污一線。懷情屢潔，也應式度金如三鑑空衡平，何止折獄片言。〔註6〕

箇中光透，象外輝增多瑩瑩心澈，朗朗氣凝。明月前身，擬冰輪而宛肖多流水今日，比玉盛而何會。笑難語之夏蟲，堆成潔玉；〔註7〕夕殊苛政之猛，

〔註1〕　「洛陽親友如相問，一片冰心在玉壺。」詳見：〔唐〕王昌齡，〈芙蓉樓送辛漸〉二首之一，《全唐詩》4 冊 143 卷（北京：中華書局，1990 年 2 月），頁 1448。

〔註2〕　本文抄自：賴辰雄主編，〈嘉義賴家開臺五世祖賴世觀傳記（1857～1918）〉《法曹詩人壺仙賴雨若詩文全集》，頁 17。
原件此處爲「；」，承簡宗梧先生指出依韻腳，應更正爲「。」。

〔註3〕　原件此處爲「，」，承簡宗梧先生指出依韻腳，應更正爲「；」。

〔註4〕　原件此處爲「，」，承簡宗梧先生指出依韻腳，應更正爲「；」。

〔註5〕　原件此處爲「，」，承簡宗梧先生指出依韻腳，應更正爲「。」。

〔註6〕　本段韻腳在「片」字，然而「言」字又無法歸於下段，目前尚無原件可供對照的情況下，暫保留〈嘉義賴家開臺五世祖賴世觀傳記（1857～1918）〉引文之原貌，以待日後若能尋得原件時再修正。

〔註7〕　原件此處爲「，」，承簡宗梧先生指出依韻腳，應更正爲「；」。

自矢清冰。

　　彼夫琉璃盛進，琥珀盃臨，瑤臺月朗，珠柱風侵。黃濕之玉尺絕塵，原為上品三文同之晴雲去滓，亦守良箴。耳過如風，吳札不同庸耳；〔註8〕二心清似水，鄭崇自表臣心。

　　孰若此一志堅貞，千秋不改。〔註9〕三字養情田，永清性海。開虛靈之肺腑，名著來茲，湊望了聰明，疊局往載。呆氬節，我見猶憐，王璧束卜躬，人其宛在。

　　事則瀟灑超重，空明脫俗，半空之斜月同清，伊人之高風足錄。其珍在我，休誇雪盛銀瓶三佳味如茲，一莫說牙筒玉局。霜華精白，勝他士行似銅，虹氣空靈，訝是可人如玉。

　　以故開來玉蕊，吐出心珠，煙霞幽賞，水月清娛。色相圓融，若虛若實，中外潔白，疑有疑無。妙品評來，除是藍田之種，夕真情寫出，如攜玉女之壺。

〔註8〕原件此處為「，」，承簡宗梧先生指出依韻腳，應更正為「；」。
〔註9〕原件此處未段句，承簡宗梧先生指出依韻腳，應更正為「。」。

附錄三 黃爾璇〈春山如笑賦〉

黃爾璇，〈春山如笑賦〉，《臺灣愛國婦人》（出版日期不詳），頁 53～4。

按：本書第九章第一節論述黃爾璇的〈春山如笑賦〉（以題為韻），原稿不清，但依稀可見「山色清新。迎東郊而臣民共樂」語句，附錄於此，以供對照。

附表一　清代臺灣方志〈凡例〉與賦作收錄表

年代	志書	凡例	賦篇
康熙二十五年（1686）	康熙福建通志臺灣府〔註1〕	持籌下吏，宣上德而達下情，兢兢以奉職爲事。〔註2〕 大之忠臣孝子、名宦列女之必詳道存鼓勵；小之藝文方技、名勝物產之必登識資博採，……即《禹貢》〔註3〕，《職方》猶之此物此志焉爾。〔註4〕	
康熙三十五年（1696）	臺灣府志	志載藝文，務關治理，苟有裨於斯郡，宜無美而不收。然考獻徵文，前此遠在殊域；揆天華國，十年生聚方新。今惟先集所見，上自宸章，下逮新詠；後有作者，當俟之踵事增華。〔註5〕	林謙光〈臺灣賦〉、高拱乾〈臺灣賦〉

〔註1〕　由於蔣毓英纂修之《臺灣府志》於康熙二十五年呈交福建巡撫後，福建史館即擷取了此一成果，同年補刻入《福建通志》中，故本表既有《康熙福建通志臺灣府》，故無蔣氏之《臺灣府志》。

〔註2〕　〔清〕馬斯良，〈全閩通志序〉，〔清〕金鋐主修，《康熙福建通志臺灣府》（臺北：文建會，2004 年 11 月），頁 24。

〔註3〕　「爰是總其地、天、人、物，而爲郡志。其精詳，則〈禹貢〉、《周官》也。」詳見：〔清〕朱繡謹，〈跋〉，〔清〕高拱乾纂輯，《臺灣府志》，（臺北：文建會，2004 年 11 月），頁 36。

〔註4〕　〔清〕丁蕙，〈福建通志敘〉，〔清〕金鋐主修，《康熙福建通志臺灣府》（臺北：文建會，2004 年 11 月），頁 27。

〔註5〕　〔清〕高拱乾纂輯，〈凡例〉，《臺灣府志》（臺北：文建會，2004 年 11 月），頁 46。

康熙五十六年（1717）	諸羅縣志	藝文之選，所重在文。古人一語不合，棄不入選，蓋其慎也。若功德碑記、上下文移，敗炙殘羹，一概濫充樽俎，觀者氣塞矣。〔註6〕	
康熙五十九年（1720）	臺灣縣志	雜文、詩、賦必於風土有相關涉、文足傳世者，始爲採入；非是，雖有鴻儒著述，不登焉。若夫吟詠新篇，選其尤者，以附於後；勿謂捃藻摘華，海外遂無文字也！〔註7〕	高拱乾〈臺灣賦〉
康熙五十九年（1720）	鳳山縣志	藝文，最宜慎選。邑治新拓，搜輯無自。就《郡志》中擇其事之有關於化理，文之有係於風教，而又採其新篇，略加次第而登載之。外此，概不錄焉。雖不敢謂摛藻擷華，亦庶幾不失立言之體云。〔註8〕	高拱乾〈臺灣賦〉、李欽文〈紅毛城賦〉
雍正十三年（1735）	臺灣志略	按：無凡例說明。	高拱乾〈臺灣賦〉
乾隆六年〔註9〕（1741）	重修福建臺灣府志	《舊志》「藝文」頗繁，今稍爲釐訂，擇其愷切詳明有關政教、風土者錄之，以資考鏡，亦佐志乘所不逮焉。〔註10〕（「劉良璧在臺前後近十一年，公餘究心地方風土，於分巡臺灣道任內，除撰述《臺灣風土記》外，更纂輯本志。……本志大量徵引有關臺灣史事之著述、時人著作、前賢遺書與已刊刻之舊府、縣志爲其特色，並力求豐富、詳實。計達二十卷，逾二十五萬言，幾倍舊志。」〔註11〕）	周澎〈平南賦〉、高拱乾〈臺灣賦〉、林謙光〈臺灣賦〉

〔註6〕 〔清〕周鍾瑄主修，〈凡例〉，《諸羅縣志》（臺北：文建會，2005 年 6 月），頁31。

〔註7〕 〔清〕王禮主修，〈凡例〉，《臺灣縣志》（臺北：文建會，2005 年 6 月），頁35。

〔註8〕 〔清〕李丕煜主修，〈凡例〉，《鳳山縣志》（臺北：文建會，2005 年 6 月），頁40。

〔註9〕 「郡志初作於康熙三十三年，觀察高君拱乾成之，其後副使劉君良璧重修於乾隆六年。」詳見：〔清〕六十七、范咸纂輯，〈凡例〉，《重修臺灣府志》（上）（臺北市：文建會，2005 年 6 月），頁52。

〔註10〕 〔清〕劉良璧纂輯，〈凡例〉，《重修福建臺灣府志》（上）（臺北：文建會，2005年 6 月），頁70。

〔註11〕 楊永彬，〈點校說明〉，〔清〕劉良璧纂輯，《重修福建臺灣府志》（上）（臺北：文建會，2005 年 6 月），頁13～4。

乾隆八年（1743）	澎湖志略	余承乏茲土，即欲集成一冊，為一方考據；……爰就余見聞所及，纂輯成帙，名曰《志略》。〔註12〕	周于仁〈觀海〉、周于仁〈文石〉（有序）
乾隆十二年（1747）	重修臺灣府志	臺郡初闢，中土士大夫至止者，類各有著述以紀異，然多散在四方，島嶼固鮮藏書之府也。范侍御奉命巡方，……諸集，按藉搜索，並得全書。惟《沈文開集》，向時寓臺諸公所艷稱而未得見者，亦輾轉覓諸其後人。凡得詩文雜作鈔本九卷，半皆蠹爛；但字跡猶可辨識，既不忍沒前人之苦心，故所徵引較前志尤多。……以存海外之文章，令後來有據耳。〔註13〕	林謙光〈臺灣賦〉、沈光文〈平臺灣序〉、季麒光〈客問〉【六條】
乾隆十七年（1752）	重修臺灣縣志	畫疆正域，先辨星野，地承天者也。次詳沿革；見國朝武功文德，邁越隆古，敢或略歟？……鹿耳鯤身，全臺鎖鑰。若羅漢門之谿谷險仄、澎湖之澳嶼縈迴，皆守土所當知也。〔註14〕 藝文，標其書目與卷帙之多寡，倣班固漢書也。 凡志，略斯遺，詳或疑濫。然志臺灣，與其略也寧詳。〔註15〕	周澎〈平南賦〉、林謙光〈臺灣賦〉、高拱乾〈臺灣賦〉、王必昌〈臺灣賦〉、張從政〈臺山賦〉、陳輝〈臺海賦〉、張湄〈海吼賦〉、王必昌〈澎湖賦〉、李欽文〈赤嵌城賦〉
乾隆二十九年（1764）	重修鳳山縣志	今姑就諸體文分類，登其尤雅者。至文移、稟札實關風俗化理之大者，亦間綴一二，以資實用。〔註16〕	朱仕玠〈夾竹桃賦〉、林萃岡〈秋牡丹賦〉、卓肇昌〈臺灣形勝賦〉、〈鼓山賦〉、〈鳳山賦〉、〈三山賦〉、〈龍目井泉賦〉、〈莿桐花賦〉、林夢麟〈臺灣形勝賦〉、陳洪圭〈秀峰塔賦〉

〔註12〕〔清〕周于仁纂輯，〈序〉，《澎湖志略》（臺北：文建會，2005年6月），頁370。
〔註13〕〔清〕范咸纂輯，〈凡例〉，《重修臺灣府志》，頁55。
〔註14〕〔清〕王必昌總輯，〈凡例〉，《重修臺灣縣志》（上）（臺北市：文建會，2005年6月），頁43。
〔註15〕註同上，頁44。
〔註16〕〔清〕王瑛曾編纂，《重修鳳山縣志》（上）（臺北市：文建會，2006年6月），頁40。

乾隆三十六年（1771）	澎湖紀略	澎湖原有志略一本二十篇，然事多不核，集中並未引入，僅列其觀海賦、文石賦二章而已。 藝文一門，鉅製鴻章雖堪千古，必其有關於澎湖者，方為採入。集中所錄，僅得諸《臺郡志》內而已。此外因澎島題詠者，或業經問世、或向貯錦囊，散見疊出，諒必甚富；但余限於耳目，致有遺珠，應俟搜羅；或承惠教，自當源源增入，以昭全璧。〔註 17〕	周于仁〈觀海〉、周于仁〈文石〉（有序）
乾隆三十九年（1774）	續修臺灣府志	臺郡初闢，中土士大夫至止者，類各有著述以紀異，然多散在四方，島嶼固鮮藏書之府也。范侍御奉命巡方，……諸集，按籍搜索，並得全書。惟《沈文開集》，向時寓臺諸公所艷稱而未得見者，亦輾轉覓諸其後人。凡得詩文雜作鈔本九卷，半皆蠹爛；但字跡猶可辨識，既不忍沒前人之苦心，故所徵引較前志尤多。……以存海外之文章，令後來有據耳。 略同《范志》〔註 18〕	林謙光〈臺灣賦〉、周澎〈平南賦〉、高拱乾〈臺灣賦〉、王必昌〈臺灣賦〉、張從政〈臺山賦〉、陳輝〈臺海賦〉、張湄〈海吼賦〉
嘉慶十二年（1807）	續修臺灣縣志	志書之作，所以紀其地之山川、人物，使後人有藉以考稽；既非以耀詞華、誇藻麗，而又惡夫庸陋膚淺、泛填習套，於真跡無所徵實、於要義倫理無所發明，未可信今而傳後。 史之所重者在時事，志之所重者在地產【山川、疆域為地，人與物皆為產】。〔註 19〕 志書之作，記事修詞，兩者並重·……其參稽實跡，賴於群士，非能臆為也。……藝文之收採，則韓必昌之力而勤之者黃汝濟。〔註 20〕	周澎〈平南賦〉、林謙光〈臺灣賦〉、高拱乾〈臺灣賦〉、張湄〈海吼賦〉、李欽文〈赤嵌城賦〉、張從政〈臺山賦〉、陳輝〈臺海賦〉、王必昌〈臺灣賦〉、〈澎湖賦〉

〔註 17〕 〔清〕胡建偉纂輯，〈凡例〉，《澎湖紀略》，（臺北：文建會，2004 年 12 月），頁 36。

〔註 18〕 〔清〕余文儀主修，〈凡例〉，《續修臺灣府志》（臺北市：文建會，2007 年 6 月），頁 54。

〔註 19〕 〔清〕謝金鑾、鄭兼才總纂，〈凡例〉，《續修臺灣縣志》（臺北：文建會，2007 年 6 月），頁 36。

〔註 20〕 註同上，頁 40～1。

道光十二年（1832）之後	澎湖續編	已登舊志者，只存其題目、姓名，以備查考。〔註21〕 詩才罕覯，賦手尤難。……向來勉亭所輯，只有周仙〈觀海〉、〈文石〉二賦，已登舊志。賦海既乏元虛，登山亦少康樂；其他騷壇吟社，非無摘豔流香之句；而水花雪蕊既於風土無關，水佩風裳復非霜毫能罄·姑從割愛，豈憚摭聞！（生員蔡廷蘭）〔註22〕	
道光十四年（1834）	淡水廳志稿	（按：開臺進士鄭用錫擔任主編，未錄己作於志書中。）	
道光十六年（1836）	彰化縣志	志者，紀也。紀其地之山川、人物，俾後之君子因時立政，因地制宜，得所稽考；而藉以觀感而興也。〔註23〕	
咸豐二年（1852）	噶瑪蘭廳志	長洲沈氏選《今詩別裁》，用前例不錄現人詩，近日修《臺邑志》者仿而刪之，誠不爲無見。獨蘭陽一廳，徵文考獻，時事爲多，舉凡籌議章程、標題名勝，其政舉者，其人猶存，若緣是而弗登，則門目之缺漏滋甚。因考歷來志體，原與選家不同，且有自收己作，如《諸羅志》之載陳少林詩、《臺邑志》之編王后山賦，其源出於兩漢，又不獨爲唐《國秀集》所濫觴也。故是編於「附考」及「紀文」諸條，初終仍用志例。〔註24〕	黃學海〈龜山賦〉、李祺生〈龜山賦〉
同治十年（1871）	淡水廳志	史家志藝文，皆紀「著述書目」而已；若載文章，是選文，非志也。淡廳人文初啓，著述難立專志；舊稿所載之文，亦資考證，未可以不合志例而廢之。今依章氏學誠《文史通義》之論，列爲「文徵」。〔註25〕	

〔註21〕 〔清〕蔡廷蘭，〈藝文紀〉，〔清〕蔣鏞纂修，《澎湖續編》（臺北：文建會，2007年6月），頁394。

〔註22〕 〔清〕蔡廷蘭，〈藝文紀·賦〉，〔清〕蔣鏞纂修，《澎湖續編》（臺北：文建會，2007年6月），頁414。

〔註23〕 〔清〕周璽總纂，〈例言〉，《彰化縣志》（臺北：文建會，2006年12月），頁69。

〔註24〕 〔清〕陳淑均總纂，〈例言〉，《噶瑪蘭廳志》（臺北：文建會，2006年6月），頁37。

〔註25〕 〔清〕陳培桂主修，〈凡例〉，《淡水廳志》（臺北：文建會，2006年6月），頁33。

光緒二十年（1894）	澎湖廳志	前書〈藝文志〉所錄詩文甚夥，就中率爾之作略汰一二；……志以記事，非爲選詩而作；〔註26〕	周于仁〈觀海〉、周于仁〈文石〉（有序）
光緒二十年（1894）	恒春縣志	志書即古國史之遺，史載其大者、要者，志則無論大小鉅細，悉賅無遺。……故其書不在文詞之工拙，而第求考核之精詳，纖悉不訛，差告無憾。〔註27〕	屠繼善〈遊瑯嶠賦〉、康作銘〈瑯嶠民番風俗賦〉
光緒二十年（1894）	鳳山縣采訪冊	文藝雜著，宜廣其搜羅也。大而輔經翼史，闡道明德尙矣。〔註28〕	

〔註26〕〔清〕林豪總修，〈凡例〉，《澎湖廳志》（臺北：文建會，2006 年 6 月），頁59。

〔註27〕〔清〕屠繼善纂修，〈凡例〉，《恒春縣志》（臺北：文建會，2007 年 12 月），頁 24。

〔註28〕〔清〕盧德嘉纂輯，〈凡例〉，《鳳山縣采訪冊》（上）（臺北：文建會，2007年 12 月），頁 29。

附表二　目前所見日治時期臺灣報刊雜誌賦列表

　　「類別」指資料來源，依出版年代先後，分別以甲、乙、丙、丁、戊的方式標示之。「甲」、指 2006 年許俊雅等主編之《全臺賦》；「乙」、指 2007 年黃哲永、吳福助主編之《臺灣賦集》；「丙」指 2010 年許俊雅發表之〈談談《全臺賦》、《臺灣賦文集》未收的作品〉，《臺灣古典文學研究集刊》；「丁」指 2011 年筆者所補正之資料；「戊」指 2014 年許俊雅主編之《全臺賦補遺》〔註1〕。

類別	年代		報刊	作者	賦題	律賦（用韻）
戊	1895	甲種永久保存書類第一卷（明治 28 年 11 月 3 日）	臺灣總督府公文類纂	闕名	天長令節大慶賦	以「日麗萬年枝」為韻
戊	1897	第 316 號（明治 30 年 9 月 28 日）	臺灣日日新報	趙階	澎湖豐年賦	以「德政孚天心」為韻
戊	1899	第 463 號（明治 32 年 11 月 16 日）	臺灣日日新報	汪鳴鳳	祝天長節賦	以題為韻
戊	1900	第 780 號（明治 33 年 12 月 5 日）	臺灣日日新報	劍菴主人	慶賞豐美汽船開輪賦	

〔註1〕　前述蒐集各處之賦作，國立臺灣文學館於 2014 年合為《全臺賦補遺》出版。

戊	1900	第 793、794號（明治 33 年 12 月 20、21 日）	臺灣日日新報	劍菴主人	戒吃鴉片賦	
乙	1902	第 1354 號（明治 35 年 11 月 6 日）	臺灣日日新報	中村櫻溪	石壁潭賦	
丙	1903	第 1401 號（明治 36 年 1 月 1 日）	臺灣日日新報	歐所釣侶	望海賦	
乙	1909	第 3452 號（明治 42 年 10 月 28 日）	漢文臺灣日日新報	黃贊鈞	臺灣神社祭典感賦	
戊	1909	第 4009 號（明治 42 年 11 月 3 日）	漢文臺灣日日新報	黃贊鈞	天長節恭賦	
乙	1910	第 3540 號（明治 43 年 1 月 1 日）	漢文臺灣日日新報	黃贊鈞	勅題新年雪恭賦	
乙	1911	第 4089 號（明治 44 年 10 月 12 日）	漢文臺灣日日新報	吳澤民	石畫賦（並序）	
丙	1912	第 4415 號（明治 45 年 9 月 13 日）	臺灣日日新報	鷹取田一郎	玉皇賦	
丙	1914	第 5511 號（大正 3 年 7 月 6 日）	臺灣日日新報	縮天	知事賦	以「下民易虐上天難欺」為韻
丙	1915	第 5511 號（大正 4 年 11 月 10 日）	臺灣日日新報	羅秀惠	今上戴冠式大典賦	以題為韻
丙	1915	第 5531 號（大正 4 年 11 月 19 日）	臺灣日日新報	佚名	諫果賦	以題為韻

甲	1922	第 8500 號（大正 11 年 9 月 9 日）	臺灣日日新報〔註2〕	魏清德	新店賦	
丙	1923	第 8389 號（大正 12 年 9 月 28 日）	臺灣日日新報	魏潤菴	日月潭賦	以題爲韻
丁	1925	第 9153 號（大正 14 年 10 月 31 日）	臺灣日日新報	羅秀惠	恭祝天長節賦	以「願上南山壽一杯」爲韻
丙	1927	第 9580 號（昭和 2 年 1 月 1 日）	臺灣日日新報	黃贊鈞	待兔賦	以「守株」爲韻
丙	1927	第 9612 號（昭和 2 年 2 月 2 日）	臺灣日日新報	佚名	戲代張天師鳴不平賦	以「張天師逃出龍虎山」爲韻
丁	1912	6 卷 12 號（明治 45 年 12 月 20 日）	臺法月報	佚名	戒吃雅片煙賦	
丙	1903	第 21 號（明治 36 年 12 月 25 日）	臺灣教育會雜誌	黃贊鈞	秋水懷人賦	以「求之而不可得」爲韻
丙	1904	第 33 號（明治 37 年 12 月 25 日）	臺灣教育會雜誌	莊鶴如	梅妻賦	以「只因誤識林和靖」爲韻
丙	1913	第 139 號（明治 37 年 11 月 1 日）	臺灣教育會雜誌	郭瓊玖	中秋月賦	以「中秋觀月」爲韻
甲	1905	第 36 號（明治 38 年 3 月 25 日）	臺灣教育會雜誌〔註3〕	吳德功	蜜柑賦	

〔註 2〕魏清德的〈新店賦〉，《全臺賦》與《臺灣賦集》均云錄自《臺灣時報》，實爲筆誤，應錄自《臺灣日日新報》。

〔註 3〕吳德功的〈蜜柑賦〉，首先發表於日資的《臺灣教育會雜誌》，《全臺賦》所收錄的版本爲《瑞桃齋文稿》手鈔本，《臺灣賦集》所收錄的版本爲《瑞桃齋文稿》手鈔本及《臺灣文藝叢誌》，唯吳氏〈蜜柑賦〉最先發表的期刊爲《臺灣教育會雜誌》，故特別附註。

丙	1915	第 157 號（大正 4 年 5 月 1 日）	臺灣教育會雜誌	賴佐臣	春遊芝山巖賦	以題爲韻
丙	1915	第 163 號（大正 4 年 12 月 1 日）	臺灣教育會雜誌	賴佐臣	奉祝御大禮賦	以「祈聖壽無疆」爲韻
丙	1915	第 74 號（大正 4 年 1 月 1 日）	臺灣愛國婦人	李冠三	紅蓼花疏水國秋賦	以題爲韻
丙	1915	第 77 號（大正 4 年 3 月 25 日）	臺灣愛國婦人	汪式金	瓊島春陰賦	
丙	1915	第 77 號（大正 4 年 3 月 25 日）	臺灣愛國婦人	施少作	戒貪花賦	以「入迷途」爲韻
丙	1915	第 77 號（大正 4 年 3 月 25 日）	臺灣愛國婦人	陳元南	教書賦	以「大半生涯在硯田」爲韻
丙	1915	第 78 號（大正 4 年 2 月 27 日）	臺灣愛國婦人	陳慶瑞	不倒翁賦	以「不○安眠缺老成」爲韻〔註4〕
丙	1915	第 79 號（大正 4 年月日不詳）	臺灣愛國婦人	陳慶瑞	蓮蓬人賦	以「獨立平生重此翁」爲韻〔註5〕
丙	1915	第 79 號（大正 4 年月日不詳）	臺灣愛國婦人	黃爾璇	春山如笑賦	以題爲韻

〔註4〕 許俊雅〈談談《全臺賦》、《臺灣賦文集》未收的作品〉誤爲「以題爲韻」，今據原件修正。詳見：許俊雅，〈談談《全臺賦》、《臺灣賦文集》未收的作品〉，《臺灣古典文學研究集刊》第 3 號（2010 年 6 月），頁 8。按：「不○安眠缺老成」中，○字難以辨識。

〔註5〕 許俊雅〈談談《全臺賦》、《臺灣賦文集》未收的作品〉誤爲「以題爲韻」，今據原件修正。詳見：許俊雅，〈談談《全臺賦》、《臺灣賦文集》未收的作品〉，《臺灣古典文學研究集刊》第 3 號（2010 年 6 月），頁 9。

丙	1915	第 85 號〔註6〕（大正 4 年 12 月 1 日）	臺灣愛國婦人	汪式金	五指山賦	
丙	1919	大正 8 年第？號 11 月 15 日	臺灣文藝叢誌	許子文	訪夢蝶園故址賦	以題爲韻
甲	1919	大正 8 年第 2 號？月？日	臺灣文藝叢誌	旭初	萊園春遊賦	
甲	1920	大正 9 年第 2 號 5 月 15 日	臺灣文藝叢誌	丘逢甲	澎湖賦	以「洗盡〔註7〕甲兵長不用」爲韻
甲	1920	大正 9 年第 2 號 5 月 15 日	臺灣文藝叢誌	吳德功	澎湖賦	
乙	1920	大正 9 年第 2 號 5 月 15 日	臺灣文藝叢誌	吳德功	蜜柑賦	
甲	1920	第 2 年 4 號（大正 9 年 8 月 15 日）	臺灣文藝叢誌〔註8〕	棄生	楮先生躞蹀金王孫賦	
丁	1921	第 3 年 5 號（大正 10 年 5 月 15 日）	臺灣文藝叢誌	守拙	新歸去來辭	用淵明原韻
丙	1921	第 3 年 5 號（大正 10 年 5 月 15 日）	臺灣文藝叢誌	小芹	張賦	以「弓長」爲韻

〔註6〕　《臺灣愛國婦人》由 74 號起至 85 號，均標示大正 4 年（1915），今據許俊雅〈談談《全臺賦》、《臺灣賦文集》未收的作品〉，注七所云：「《臺灣愛國婦人》卷期、刊名有些凌亂，……」，筆者亦存而不論。

〔註7〕　《全臺賦》所錄丘逢甲〈澎湖賦〉（以「洗畫甲兵長不用」爲韻），其中「畫」爲「盡」之誤用，今據《臺灣賦集》更正之。詳見：許俊雅等主編，《全臺賦》（臺南：國家臺灣文學館籌備處，2006 年 12 月），頁 260。黃哲永、吳福助主編，《臺灣賦集》（臺中市：文听閣圖書，2007 年），頁 155。

〔註8〕　洪繻的〈楮先生躞蹀金王孫賦〉，首先發表於臺資的《臺灣文藝叢誌》，後以〈楮先生譏諷金王孫賦〉之名發表於臺資的《孔教報》。《全臺賦》所收錄的版本爲《寄鶴齋駢文集》、《寄鶴齋文矕駢文補遺》，《臺灣賦集》所收錄的版本爲《洪棄生先生遺書》。又《臺灣文藝叢誌》所錄之作者爲「棄生」。詳見：許俊雅等主編，《全臺賦》，頁 277、278。黃哲永、吳福助主編，《臺灣賦集》，頁 174。

丙	1921	第 3 年 8 號（大正 10 年 8 月 15 日）	臺灣文藝叢誌	嘯雲	春閨怨賦	以「小姑居處怨無郎」爲韻
甲	1921	第 3 年 8 號（大正 10 年 8 月 15 日）	臺灣文藝叢誌	定洋	招寶山望海賦	
甲	1923	第 5 年 1 號（大正 12 年 12 月 15 日）	臺灣文藝叢誌	作者不詳	駐色酒賦	
戊	1924	第 3 號（大正 13 年 4 月 12 日）	臺灣詩報	林述三	礪心齋聞爭賦	
戊	1924	第 6 號（大正 13 年 7 月 10 日）	臺灣詩報	林述三	坐懷不亂賦	
戊	1924	第 11、12 號（大正 13 年 11 月 16 日	臺灣詩報	林述三	病賦	
甲	1925	第 3 卷第 4 號（大正 14 年 2 月 1 日）	臺灣民報	雪谷	入獄賦	
甲	1925	第 13 號（大正 14 年 1 月 15 日）	臺灣詩薈	任雪崖	美人蕉賦	
甲	1922	第 8 號（大正 11 年 9 月 20 日）	臺灣文藝旬報	冬菱	秋月賦	
甲	1923	大正 12 年 1 月 1 日	臺南新報	陳授時	恭賀新禧賦	以題爲韻
甲	1923	大正 12 年 1 月 1 日	臺南新報	陳欽甫	海不揚波賦	以「知中國有聖人」爲韻
甲	1923	大正 12 年 11 月 18 日	臺南新報	江夏杏春生	痘疹辯疑賦	
戊	1925	第 3 卷第 4 號（大正 14 年 2 月 1 日）	臺灣民報	蔣渭水	入獄賦 仿〈赤壁賦〉	

戊	1926	第 9452 號 （大正 15 年 8 月 26 日）	臺灣日日新報	闕名	銷毀軍用票賦	
甲	1930	昭和 5 年 2 月 12 日	臺南新報	李玉輝	北香湖懷古賦	以「今日已無蓮」爲韻
甲	1930	昭和 5 年 5 月 12 日	臺南新報	彭啓明	壺仙花果園賦	以「陽春召我以煙景」爲韻
甲	1930	昭和 5 年 5 月 21 日	臺南新報	白璧甫	蝴蝶蘭賦	以「夏日訪桂園賞蝴蝶蘭」爲韻
戊	1931	第 27 號 （昭和 6 年 4 月）	臺灣皇漢醫界	李德馨	漢醫振興賦	
甲	1931	120 號 （昭和 6 年 10 月 19 日）	三六九小報	天天	逐客賦	以「天上清光留此夕」爲韻
甲	1931	131 號 （昭和 6 年 10 月 19 日）	三六九小報	仰霄	賭鬼賦	以「東南西北」爲韻
甲	1932	142 號（昭和 7 年 1 月 3 日）	三六九小報	黃拱五	沐猴而冠賦	
甲	1932	222 號（昭和 7 年 10 月 3 日）	三六九小報	陶醉	假曲唱悽洛喉賦	
戊	1933	第 9 號 （昭和 6 年 4 月）	南雅文藝	謝國文	狗屁賦	
甲	1935	414、415 號 （昭和 10 年 1 月 26、29 日）	三六九小報	古先	某大出殯賦	
甲	1935	424 號 （昭和 10 年 3 月 3 日）	三六九小報	張振樑	擲骰子賦	
丙	1937	?卷?期 （昭和 12 年 8 月 30 日）	孔教報	丘寶融	石門賦	以「勝運無雙圓山第一」爲韻

甲	1938	2 卷 9 期 （昭和 13 年 12 月 15 日）	孔教報	洪繻	楮先生譏諷金王孫賦〔註9〕	
甲	1935	第 9 期 （昭和 10 年 6 月 9 日）	風月	作者不詳	鍾馗捉鬼賦	以「寬我度量以包容」爲韻
乙	1935	第 12 期 （昭和 10 年 6 月 23 日）	風月	作者不詳	讀書人不與賭博僉爲對賦	以「寬我度量以包容」爲韻
甲	1937	第 48 期 （昭和 12 年 9 月 21 日）	風月報	林錫牙	繩床賦	以「靜來花外鳥頻啼」爲韻
乙〔註10〕	1937	第 48 期 （昭和 12 年 12 月 1 日）	風月報	芹芬	秋蟲賦	
甲	1938	第 61 期 （昭和 13 年 4 月 1 日）	風月報	林錫牙	鞦韆賦	以「佳人春戲小樓前」爲韻
甲	1938	第 61 期 （昭和 13 年 4 月 1 日）	風月報	林錫牙	風月賦	以「清風明月無人管」爲韻
甲	1938	第 63 期 （昭和 13 年 5 月 1 日）	風月報	林錫牙	賣花聲賦	以「簾外輕陰人未起」爲韻
甲	1940	第 100 期 （昭和 15 年 1 月 1 日）	風月報	林錫牙	《風月報》第一百期紀念賦	

〔註9〕 洪繻〈楮先生譏諷金王孫賦〉發表於《孔教報》2 卷 9 期（昭和 13 年 12 月 15 日），與發表於《臺灣文藝叢誌》第 2 年 4 號（大正 9 年 8 月 15 日）之篇名，略有差異，故特別附註。

〔註10〕 芹芬的〈秋蟲賦〉，《全臺賦》〈提要〉以刊載於《風月》，《臺灣賦集》以刊載於《風月報》。由於以《風月》之名發行期間爲（1935 年 5 月 9 日至 1936 年 2 月 8 日），以《風月報》之名發行期間爲（1937 年 7 月 20 日至 1941 年 6 月 15 日），芹芬的〈秋蟲賦〉爲 1937 年 12 月 1 日，顯然應爲《風月報》，故以《臺灣賦集》爲準。

甲	1940	第 108 期 （昭和 15 年 5 月 5 日）	風月報	癡音	新竹南投兩 音樂團來北 演奏賦	
甲	1940	第 111 期 （昭和 15 年 6 月 15 日）	風月報	賴獻瑞	胭脂窟賦	以「白鳥飛來也 染紅」爲韻
甲	1940	第 119、120 期 （昭和 15 年 11 月 15 日）	風月報	楊輔臣	感秋賦	以「一年容易又 秋風」爲韻
甲	1942	第 151 期 （昭和 17 年 5 月 1 日）	南方	耐紅	詩妓賦	
甲	1942	第 146 期 （昭和 17 年 2 月 1 日）	南方	鄭坤五	假詩醫賦	以「腳穿看做斧 頭傷」爲韻
甲	1942	第 158 期 （昭和 17 年 8 月 15 日）	南方	鄭坤五	放屁狗賦	以「四兩人講一 斤話」爲韻
甲	1943	第 186 期 （昭和 18 年）	南方	高文淵 〔註 11〕	中秋觀月賦	以「爲樂當及 時」爲韻
甲	1932	第 28 號 （昭和 7 年 1 月 15 日）	詩報	呂溪泉	秋宵偶感賦	以題爲韻
丙	1932	第 39 號 （昭和 7 年 7 月 15 日）	詩報	陳潭	討蝶檄賦	
甲	1933	第 71 號 （昭和 8 年 12 月 1 日）	詩報	呂溪泉	曉雞聲賦	以題爲韻
甲	1936	第？號 （昭和 11 年 6 月 1 日）	詩報	李逢時	銅貢賦 〔註 12〕	銅貢立文魁區 賦

〔註 11〕 高文淵另有〈秋陽賦〉（以「秋日懸清先」爲韻）、〈鼓山觀海賦〉（以「大江
流日夜」爲韻），詳見：黃哲永、吳福助主編，《臺灣賦集》，頁 291～293。
〔註 12〕 李逢時的〈銅貢賦〉（以「銅貢立文魁區賦」爲韻），《全臺賦》及《臺灣賦集》
均有收錄，唯所取錄的版本爲《泰階詩稿》，本論文爲彰顯日治時期後科舉時
代賦於公開、流動性強的報刊媒體上賦作發表的研究，故以《詩報》之版本
選錄。

丙	1938	第 168 號 （昭和 13 年 1 月 1 日）	詩報	佚名	賦	銅貢立文魁區賦
甲	1942	第 267 號 （昭和 17 年 3 月 7 日）	詩報	呂溪泉	羅山彩雲歌妓賦	（以「文君終不負長卿」爲韻）
甲	1942	第 279 期 （昭和 17 年 9 月 1 日）	詩報	鄭坤五	放屁狗賦	以「四兩人講一斤話」爲韻
戊	1945	第 1 卷第 1 期 （民國 34 年 11 月 15 日	臺灣詩報	林述三	慶祝臺灣光復賦	
戊	1948	第 2 輯 （民國 37 年 11 月 30 日	臺灣詩學叢刊	吳紉秋	蓮潭賦	以「夕陽無限好」爲韻

佚名，〈戒吃雅片煙賦〉，《臺法月報》第 6 卷第 12 號（明治 45 年 12 月 20 日）

臺法月報第六卷第十二號　30

慣習.

△戒吃雅片煙賦

歲月忙過。年華虛屈。如醉如癡。不廉不介。情已戀乎燕。安心詎驚夫蜂蠆。一挑半剔。只求爐火純青。七倒八顛。奚怪膏盲病塲。銷盡英雄志氣。我見猶憐。喪茲士子廉隅。吾儕足戒。原夫鴉片之為物也。名曰芙蓉。味同荊棘。酒解三分。藥當四物。盡可吞雲吐霧。我藥如何。同來握管吹簫。爾思豈不曲包餘味。直數沁入心脾。裝能頭腦。自爾相將口吃。而其為害也。身甘屈蟻。行若驚蛇。短笛頻吹。氣力因之頓減。孤燈獨對。精神自覺多差。天終息偃在床。何勞況瘁。鎮日昏迷入夢。

登異沈痾。廢事荒功。顧不肯天齋雄。玩時愒日，忍自慣於洋鴉，是蓋志淵愒安。情多迷戀。不肯洗心。何憂垢面。只嫌管可自慎。惟燃火之是煉。毒何殊於鴆酒。自此身疲。患更甚於龍瘵。從茲家變。骨稜肉瘦。那知病起萬端。頭暈目昏。總覺毒生一片。由是身心漸憊。盡夜長眠。半晌分兩眶鶴淚。一蹙分瀾口龍涎。日政法嚴。總要身藏莫露。煙霞辟嗜。管他事大如天。可憐凍餒妻兒。全家受累。只為貪迷洋藥。一口吹煙。迨至一業艱售。三餐莫顧。嗜此若狂。趨之如驚。和盤托出。花粟無事安排。餘爐吸吞。枕席何須展布。悔當時花前月下。每借朋友以銷閒。到此日火樹刀山。定觸閻王之大怒。此所以大聲疾呼。而不禁登壇作賦也。

一二四

？，〈詮賦〉（二），《風月》5 期，昭和 10 年 5 月 26 日(1935 年)。

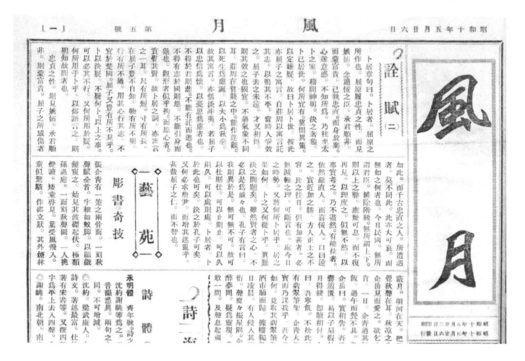

羅秀惠，〈恭祝天長節賦〉（以「願上南山壽一杯」為韻），《臺灣日日新報》大正 14 年（1925 年 10 月 31 日），日刊 4 版

◎恭祝天長節賦

羅秀惠　以願上南山壽一杯為韻

天子當陽。天行實健。卜世亙長。斯年於萬。神武之國祚綿延。皇極之圖籙丕建。大一統之車書。子庶民為觸勸。集冠裳於列邦。滋王香於靈畹。神仙眷屬。不須歲朮之餐。王母呈圖。競進胡麻之飯。拓地則撫有邊陲。得壽而如操左券。旭日重光。莞酒載獻。新高拔四百仞之海涯。窮四島以嵩呼。大橋祝八千歲為春秋。筭大千之遐齡。「景運天開。一人天相。命受天昌。節宜天貺。南極星輝。東瀛春曠。草盡條蘇。傾城施自九重。雲霓徯望。天貺悠長。壽乃無量。謳歌而羅幬衆望。拜舞而群仙齊抗。會歸有極。安厗莫名。踐祚以來。驚無匕鬯。華封之多福苞桑。立德立功。不朽而立德立功之數。衍五十而四十用餘。鳳兮來儀。媲德化之傳。風雲供形。宸階闌出。祖述。楓陛雲形。其照臨。風雲供其咤吒。威武奮揚。日月耀。物則自菜流根。含生則春華秋實。天地蕩巍。天登洋溢。天宇廓清。天下定壹。神明風。瞻雲就日。戴天知高。縮地無術。天則崇高。福維載厚。朝班拜覬。祗候鳳凰。薄海稻觴。粤惟我后。進九齡之寶鑑。上祝二典則放勳重華。六也而高明悠久。位自二典則放勳重華。百祿降受。永言齊上介眉。大老自尋元首。霜飲靈瓊紫。黃耇祈以大斗。繁祉介釐。西池群玉之山。極應天星。宴猶藥。當北陸載陽之候。極應天星。聖敬躋攀。大星帝壽。小陽春還。南嶠風以上。文明極歐風亞雨之間。天和頤養。

颙星地益。契問天參。大德莫與京。推之得位得祿得名得壽。極以自東自西自北自南。」望華無弗屆。說有臺灣。得位得祿得名得壽。頌聲無弗屆。雲開景慶。海瀾波瀾。陽春華麗。瑞靄梅醰。邊城之風雨和甘。式欽闔九。瘠地之草木霑沐。春滿臺三。紀華年。三萬六千日。剛逢嵩祝。四十有五回。慶天保則如川如阜。咏南山則有臺有萊。岡陵頌禱。松柏很徠。覘生珉筆。詠大羅之天上。慶復旦於中天。靈生珉筆。粗異仙才。期風雅而吐嚼。受倩之諸詠。隆升年之期風雅而吐嚼。慶祝嘏之尊彛。穿盧總集福蔭。壽宇更上春臺。愛日熱誠。靈效野人之獻曝。嘉什詠麟。趾詵詵斯。赤。深宮則綵舞烏花斑。身鹿耳。光華被烏花斑。於天顏。歸然島國。奄有喜臺灣。望雲引領。願傾東海以浮杯」

附表三　目前所見臺灣鸞賦列表

　　「類別」指資料來源，依出版年代先後，分別以甲、乙、丙、丁、戊的方式標示之。「甲」、指 2006 年許俊雅等主編之《全臺賦》；「乙」、指 2010 年 6 月許俊雅發表之〈談談《全臺賦》、《臺灣賦文集》未收的作品〉，《臺灣古典文學研究集刊》第三集；「丙」指《全臺賦》未列，列入《全臺賦影像集》（下）者；「丁」指 2010 年 5 月歐天發《俗賦之領域及類型研究》所補錄的資料；「戊」指 2014 年許俊雅主編之《全臺賦補遺》〔註1〕。

類別	年代	鸞書	作者	賦題	律賦（用韻）
丙	1891	覺悟選新	闕名	戒唆人爭訟賦	（以題爲韻）
戊	1891〔註2〕	善錄金篇	闕名（舜）〔註3〕	耕歷山賦	（以題爲韻）
戊	1891	善錄金篇	闕名（岳飛）	行述賦	
戊	1891	善錄金篇	闕名	戒洋煙賦	（以題爲韻）
戊	1891	善錄金篇	闕名	戒煙花賦	（以題爲韻）
戊	1891	善錄金篇	闕名	戒頭人賦	（以題爲韻）
戊	1891	善錄金篇	闕名	戒狀師賦	（以題爲韻）
戊	1891	善錄金篇	闕名	謀淫賦	（以題爲韻）
戊	1891	善錄金篇	闕名	戒訟賦	（以「實爲虛有作無」爲韻）

〔註1〕 前述蒐集各處之賦作，國立臺灣文學館於 2014 年合爲《全臺賦補遺》出版。
〔註2〕 光緒十七年（1891）宜蘭醒世堂刊行。
〔註3〕 按：鸞賦作者由神人共作，賦篇作者通常署名某神聖仙眞或古代著名文人，本處以闕名標誌，（ ）爲原署名。

戊	1891	善錄金篇	闕名（太史公）	節署賦	
甲	1896	渡世慈帆	闕名（張子房）	戒官紳賦	（以題為韻）
甲	1896	渡世慈帆	闕名（宜邑城隍）	戒刀鎗賦	（以題為韻）
甲	1896	渡世慈帆	闕名（齊天大聖）	分曲直賦	（以題為韻）
甲	1896	渡世慈帆	闕名（韓湘子）	勸和衷賦	（以題為韻）
甲	1896	渡世慈帆	闕名（孚佑帝君）	戒洋煙賦	（以題為韻）
甲	1896	渡世慈帆	闕名（蘇東坡）	遊蘭陽賦	（以題為韻）
甲	1896	渡世慈帆	闕名（韓湘子）	戒烟花賦	（以題為韻）
甲	1896	治世金針	闕名（鵝眉山普淨聖者）	新枝重設蘭陽賦	（以題為韻）
丙	1897	濟世新篇	闕名（安溪縣城隍）	戒食洋煙賦	（以「宜痛改」為韻）
戊	1897	現報新新	闕名	教書賦	（以「誤人子弟」為韻）
甲	1899	挽世太平	闕名（九天駕前掌印顏）	戒烟花賭賦	（以題為韻）
甲	1900	挽世金篇	闕名（南宮張祖師）	詠隆東賦	（以題為韻）
甲	1900	挽世金篇	闕名（柳星君、許梓桑）	繼文德馨賦	（以題為韻）
甲	1900	挽世金篇	劉繼文	基隆設鸞堂賦	（以「濟世施方集著金篇」為韻）
甲	1900	挽世金篇	闕名（柳星君）	奠祭一杯酒賦	（以題為韻）
甲	1900	挽世金篇	闕名（李鐵拐、柳星君、韓湘子）	正心賦	（以題為韻）
甲	1900	挽世金篇	闕名（基隆正心堂副主席徐氏）	如松占梅賦	（以題為韻）
甲	1900	挽世金篇	闕名（文殊廣法天尊）	文殊廣法天尊賦	（以題為韻）
甲	1900	挽世金篇	闕名（基隆正心堂副主席徐氏）	赤腳大仙賦	（以題為韻）
甲	1900	挽世金篇	闕名（如來尊佛、文昌帝君、關聖帝君、孚佑帝君、徐天官）	一讚金篇賦	（以題為韻）

甲	1900	挽世金篇	闕名（孚佑帝君、文昌帝君、徐天官、韓湘子、李鐵拐）	修德耀呈賦	（以題為韻）
甲	1900	挽世金篇	闕名（李青蓮、孚佑帝君、柳星君、徐天官、李鐵拐	智三秀山賦	（以題為韻）
甲	1900	挽世金篇	闕名（梁武帝、柳星君）	戒酒色財氣賦	（以題為韻）
甲	1900	挽世金篇	闕名	福祿壽星賦	（以題為韻）
甲	1900	繼世盤銘	闕名（崑崙島淨虛境韓仙翁）	戒貪花賦	（以「習棲迷途」為韻）
甲	1900	繼世盤銘	闕名（司禮神）	士農工商賦	（以題為韻）
丙	1900	忠孝集	闕名（清聖叔齊）	戒勢賦	（以「溫良恭儉讓」為韻）
丙	1900	忠孝集	闕名（孫武子）	戒力賦	（以「剛用自持」為韻）
丙	1900	忠孝集	闕名（孫武子）	戒洋煙賦	（以「洋煙害人不淺」為韻）
丙	1900	忠孝集	闕名（南宮孚佑帝君）	戒飲賦	（以「食無求飽」為韻）
丙	1900	忠孝集	闕名（清聖伯夷）	戒財賦	（以「無貪非義」為韻）
丙	1900	濟世清新	闕名（曹仙翁）	貪財賦	（以題為韻）
丙	1900	忠孝集	闕名（文衡聖帝）	戒廉賦〔註4〕	（以「非義莫取」為韻）
戊	1900	刪增忠孝集	闕名（玄天上帝）	勸士子賦	（以「家修期廷獻」為韻）
戊	1900	刪增忠孝集	闕名（李仙翁太白）	勸幼學賦	（以「人生不學如牛羊」為韻）
戊	1900	刪增忠孝集	闕名（九天司命眞君張）	勸忠賦	（以「事君能致其身」為韻）
戊	1900	刪增忠孝集	闕名（赤松子）	勸仁賦	（以「仁者安仁」為韻）

〔註4〕 本篇為臺灣芝蘭行忠堂《忠孝集》卷七，民國38年（1949）刊載於臺北縣淡水孔學會。

戊	1900	刪增忠孝集	闕名（崑崙山惜修道人）	勸義賦	（以「窮神達化」爲韻）
戊	1900	刪增忠孝集	闕名（西天準提菩薩）	勸禮賦	（以「先王之道」爲韻）
戊	1900	刪增忠孝集	闕名（風火山如意道人）	勸信賦	（以「一諾千金」爲韻）
戊	1900	刪增忠孝集	闕名（李淳風）	勸智賦	（以「先幾燭照之明」爲韻）
戊	1900	刪增忠孝集	闕名（袁天罡）	戒恥賦	（以「不恥不若人何若人有」爲韻）
戊	1900	刪增忠孝集	闕名（孫仙臏）	戒嫖賦	（以「戒之在色」爲韻）
戊	1900	刪增忠孝集	闕名（秦相張儀）	戒賭賦	（以「傾家蕩產」爲韻）
戊	1900	刪增忠孝集	闕名（六國相張儀）	戒飲賦	（以「禹惡旨酒」爲韻）
戊	1900	刪增忠孝集	闕名（清聖伯夷）	戒財賦	（以「無貪非義得之有道」爲韻）
戊	1900	刪增忠孝集	闕名（清聖叔齊）	戒勢賦	（以「毋倚勢作威」爲韻）
戊	1900	刪增忠孝集	闕名（孫武子）	戒力賦	（以「聖語德不語力」爲韻）
戊	1900	刪增忠孝集	闕名（伍子胥）	戒洋煙賦	（以「洋煙害人不淺」爲韻）
戊	1900	刪增忠孝集	闕名（南天文衡聖帝關）	勸廉賦	（以「廉者潔不濫濁」爲韻）
戊	1900	刪增忠孝集	闕名（南宮孚佑帝君）	勸孝賦	（以「能竭其力」爲韻）
戊	1900	刪增忠孝集	闕名（先天豁落靈官王）	勸節賦	（以「玉潔冰清」爲韻）
戊	1900	刪增忠孝集	闕名（楊仙翁二郎）	戒煙花害人賦	（以題爲韻）
戊	1900	訓世良箴	林法仁	集福堂賦	（以「招建鸞堂訓世良箴著成」爲韻）
甲	1901	牖民覺錄	闕名（李仙翁太白）	崇德堂賦	（以「神人共樂」爲韻）

甲	1901	洗甲波心	闕名（李仙翁太白）	詠四湖雲梯書院賦	（以「即今修省堂」為韻）
甲	1901	洗甲波心	闕名（白仙翁樂天）	詠遊苗疆賦	（以題為韻）
甲	1901	喚醒新民	闕名（白鶴仙翁）	訪土牛感化堂賦	（以題為韻）
丙	1901	醒世新篇	闕名（副主席柳星君）	正心福善賦	（以題為韻）
丙	1901	醒世新篇	闕名（副主席柳星君）	德馨如松賦	（以題為韻）
丙	1901	醒世新篇	闕名（副主席柳星君）	慶月賜川賦	（以題為韻）
丙	1901	醒世新篇	闕名（副主席柳星君）	文眞江波賦	（以題為韻）
丙	1901	醒世新篇	闕名（副主席柳星君）	心田介卿賦	（以題為韻）
丙	1901	醒世新篇	闕名（副主席柳星君）	吟水旺咏準繩賦	（以題為韻）
戊	1901	節義寶鑑	闕名	戒煙花賦	
戊	1901	節義寶鑑	闕名（先天谿落靈官王）	勸世賦	
戊	1901	節義寶鑑	闕名（廣澤尊王）	雪心賦	
戊	1901	節義寶鑑	闕名（福省水仙王）	戒船戶無良賦	
戊	1901	節義寶鑑	闕名（廣澤尊王）	戒青年女子入廟進香賦	
戊	1901	節義寶鑑	闕名（朱衣帝君）	勸脩德以重功名賦	
戊	1903	廣集醒迷金編	闕名（竹子港祖師）	仁壽梓鄉賦	（以題為韻）
戊	1903	廣集醒迷金編	闕名（南宮孚佑帝君）	建設鸞臺賦	（以題為韻）
戊	1903	廣集醒迷金編	闕名（南鯤身池王）	三相下凡賦	（以題為韻）
戊	1903	廣集醒迷金編	闕名（北港聖母）	醒迷金篇賦	（以題為韻）

戊	1903	廣集醒迷金編	闕名（何仙姑）	求壽延年賦	（以題爲韻）
戊	1903	廣集醒迷金編	闕名（南天主宰）	善化堂賦	（以題爲韻）
戊	1903	廣集醒迷金編	闕名（韓湘子）	酒色財氣賦	（以題爲韻）
戊	1903	廣集醒迷金編	闕名（諸葛武侯）	仁壽梓鄉賦	（以題爲韻）
戊	1903	廣集醒迷金編	闕名（青蓮大仙）	醒迷金編賦	（以題爲韻）
戊	1903	廣集醒迷金編	闕名（太上李老君）	建設鸞臺賦	（以題爲韻）
戊	1903	廣集醒迷金編	闕名（原始天尊）	三相下凡賦	（以題爲韻）
戊	1903	廣集醒迷金編	楊春元	醒迷金編賦	（以題爲韻）
戊	1903	廣集醒迷金編	劉金聲	醒迷金編賦	（以題爲韻）
丙	1906	樂道新書	闕名（關聖帝君）	啓明堂賦（其一）	（以題爲韻）
丙	1906	樂道新書	闕名	啓明堂賦（其二）	（以題爲韻）
甲	1914	覺夢眞機	監壇天君柳（氏）	孝於親賦	（以題爲韻）
甲	1914	覺夢眞機	太醫院孫（氏）	戒庸醫賦	（以題爲韻）
甲	1914	覺夢眞機	闕名（燃燈道人）	戒頭人賦	（以題爲韻）
戊	1922 〔註5〕	錄善奇篇	闕名（臺南城隍）	蘭陽賦	（以題爲韻）
戊	1922	錄善奇篇	闕名（三殿宋帝王）	戒荒淫賦	（以題爲韻）
戊	1922	錄善奇篇	闕名（南天周將軍）	鸞堂賦	（以題爲韻）
戊	1922	錄善奇篇	闕名（副馳騁南天天君辛）	戒頭人賦	（以題爲韻）
戊	1922	錄善奇篇	闕名（辦理堂務沈）	心正身修賦	（以題爲韻）

〔註5〕 大正十一年（1922）宜蘭喚醒堂刊行。

戊	1922	錄善奇篇	闕名（辦理鸞務朱）	喚醒堂賦	（以題爲韻）
丙	1929〔註6〕	妙化新篇	闕名（高雄月眉樂善堂恩主）	樂善堂賦	（以題爲韻）
丙	1929〔註7〕	覺頑良箴	闕名	戒不遵訓誨文	（以題爲韻）
丙	1929	覺頑良箴	闕名	陰律難逃文	（以題爲韻）
丙	1929	覺頑良箴	闕名（中壇元帥李）	良箴勸世賦	（以題爲韻）
丙	1929	覺頑良箴	闕名（貧道太上道君　李賦）	重整善化堂賦	（以題爲韻）
丙	1929	覺頑良箴	闕名（貧道元始天尊　賦）	再集良箴賦	（以題爲韻）
丙	1929	覺頑良箴	洪裕	再集良箴賦	（以題爲韻）
戊	1935〔註8〕	玉冊金篇	闕名（大成至聖先師孔夫子）	廣善堂賦	（以題爲韻）
戊	1937〔註9〕	喚醒金鐘	闕名	忠孝廉節賦	（以題爲韻）
戊	1948〔註10〕	天降明燈	闕名	樹湖賦	（以題爲韻）
乙	不詳	閱閱人心	闕名（北極玄天上帝）	賦	
乙	不詳	引古鳴箴	闕名（南宮孚佑帝君）	賦	
丙	不詳	警心篇	闕名	臺灣形勝賦	（不拘韻）
丁	不詳	春秋之道	闕名（蘇東坡仙翁）	賦	
丁	不詳	春秋之道	闕名（孟浩然仙翁）	賦	
丁	不詳	春秋之道	闕名（文天祥夫子）	賦	

〔註6〕　昭和四年（1929）高雄杉林月眉樂善堂刊行。
〔註7〕　昭和四年（1929）高雄岡山郡彌陀庄梓官善化堂刊行。
〔註8〕　昭和十年（1935）高雄美濃廣善堂刊行。
〔註9〕　昭和十年（1935）高雄美濃廣善堂刊行。
〔註10〕　民國三十七年（1948）臺南懿德堂刊行。